Frank Baschab
Angela Kolovos

Tipps für Betriebsrats- und Ausschussvorsitzende

Rechtliche Grundlagen – Führungswissen – Soziale Kompetenzen

aktiv im Betriebsrat

Frank Baschab/Angela Kolovos

Tipps für Betriebsrats- und Ausschussvorsitzende

Rechtliche Grundlagen – Führungswissen – Soziale Kompetenzen

5., aktualisierte und neu bearbeitete Auflage

BUND
VERLAG

Bibliografische Information der Deutschen Nationalbibliothek
Die Deutsche Nationalbibliothek verzeichnet diese Publikation in der Deutschen Nationalbibliographie; detaillierte bibliografische Daten sind im Internet über *http://dnb.d-nb.de* abrufbar.

5., aktualisierte und neu bearbeitete Auflage 2025

Umschlag: Bernd Adam, Weinheim
Satz: Dörlemann Satz, Lemförde
Druck: CPI books GmbH, Birkstraße 10, 25917 Leck

ISBN 978-3-7663-7512-4

kontakt@bund-verlag.de
www.bund-verlag.de

Vorwort

Wir, die Autorin und der Autor dieses Buchs, haben den Auftrag, diesen bereits erfolgreich etablierten Titel vollständig neu zu bearbeiten mit großer Freude aber auch mit Stolz angenommen. Zum einen haben wir große Fußstapfen vorgefunden, die es auszufüllen galt, und zum anderen ergab sich die Frage, wie ein so bewährtes Buch überarbeitet werden kann, so dass es zumindest nicht uninteressanter für die Leserinnen und Leser wird. Die fachliche Grundlage, diesen Titel neu zu verfassen, entnehmen wir unseren erfolgreich verlaufenden Trainings und Seminaren für Vorsitzende von Betriebsratsgremien aber auch aus Seminaren mit Betriebsräten oder Klausuren mit kompletten Betriebsrats-Gremien. Es waren die vielen Fragen, die positiven Rückmeldungen, das Interesse an aktuellen Themen und die Neugierde an neuen Themen, die uns darin bestätigt haben, den Schritt zu wagen und viele neue Themen in das vorliegende Buch mit aufzunehmen.

Autorin Angela Kolovos hat den Teil I dieses Buchs geschrieben. Dieser Teil behandelt die rechtlichen Grundlagen der Betriebsratsarbeit mit Fokus auf der Arbeit von Vorsitzenden und ihren Stellvertreter*innen und ist aus dieser Perspektive verfasst. Zwar wird die Lektüre des Buchs Euch nicht zu Jurist*innen machen, es geht vielmehr darum, Euch ein belastbares (formelles) Grundgerüst an die Hand zu geben. Dieses kann dann die Basis für Eure erfolgreiche Interessenvertretung im Betrieb bilden; sind diese Basics einmal bekannt, so kann die Arbeit des Gremiums darauf viel leichter aufgebaut werden. Dann ist klar, wer was darf oder eben nicht, welche Rechte wem unter welchen Bedingungen zustehen und auch wie diese Rechte durchgesetzt werden können. Insoweit sind die Inhalte das kleine, aber doch so wichtige 1x1 für Vorsitzende und Stellvertreter*innen. Erwartet jedoch nicht, mit einem Lesen all die Grundlagen direkt zu beherrschen – seid geduldig mit Euch! Das Buch kann auch sehr gut als erstes kleines Nachschlagewerk dienen. Die Autorin hat insofern bewusst auf wissenschaftliche Theorien, Literatur und Rechtsprechung verzichtet; der Anspruch ist eine möglichst kurze, praxisnahe, einfache und verständliche Darstellung ohne Chichi zu verfassen. Auf dieses solide Fundament können dann die sozialen Kompetenzen aufsetzen, die im Teil II–VII dieses Buches behandelt werden.

Autor Frank Baschab zeichnet verantwortlich für den Teil II–VII des Buchs, für alle Themen, die aus der Perspektive der sogenannten weichen Faktoren wichtig für die Arbeit in und mit Gruppen sind. Diese sozialen Kompetenzen zu kennen und sie in der Praxis umsetzen zu können, erleichtert die Arbeit des Vorsitzes und der Stellvertretung von Gremien ungemein. Es sind diese Faktoren, die in Gruppen stets mitschwingen und die eine Gruppe entweder zu gemeinsamen Erfolgen führen können oder aber, die Gruppe verliert sich in einem Gestrüpp aus gruppendynamischen Spielchen, Status- oder Machtkämpfen und unklarer und unorganisierter Kommunikation, was zu Teilnahmslosigkeit und Demotivation bei den Beteiligten führen kann. Im schlimmsten Falle kann die Menge aller Störungen am Ende dazu führen, dass die Verantwortlichen, Vorsitz und Stellvertretung, in die Überlastung schlittern. Der Erhalt mentaler Gesundheit ist demzufolge ein ebenso wichtiges Thema für Menschen in der Verantwortung für Gruppen, wie der konstruktive Umgang mit Konflikten und wird ausführlich im vorliegenden Buch behandelt, neben den großen Schwerpunktthemen Führung und Leitung des Gremiums und der Durchführung erfolgreicher Verhandlungen mit dem Arbeitgeber.

Der Sozialwissenschaftler Gregory Bateson hat die sozialen Kompetenzen wunderbar mit dem Bild einer menschlichen Hand beschrieben. Die Frage, was eigentlich der evolutionäre Vorteil der menschlichen Hand sei, kann leicht damit beantwortet werden, dass es die verschiedenen Finger sind. Unterschiedliche Finger, die jeweils einen eigenen Namen haben, die unterschiedlich aussehen, sich unterschiedlich bewegen können und unterschiedlich stark sind. Das ist unbestritten ein großer Vorteil, der im Verlauf der Entwicklungsgeschichte des Menschen vieles ermöglicht hat. Bateson reichte das aber nicht. Für ihn besteht der wirkliche evolutionäre Vorteil der Hand aus dem, was man beim Betrachten einer Hand eben nicht sehen kann. Das, was zwischen den Fingern ist, das, was im Zusammenspiel der Finger möglich ist, das, was die Finger zusammen in ihrer Kombination aus jedem einzelnen Finger anstellen können. Und dies ist eine ganze Menge. Soziale Kompetenzen sind die Faktoren, die nicht unmittelbar greifbar sind, deren Auswirkungen aber spürbar und sichtbar sind. Soziale Kompetenzen bilden das, was zwischen Menschen möglich ist: gelingende Kooperation einzelner Menschen mit ihren jeweiligen individuellen Eigenschaften und ihrer Identität.

Die wichtigsten sozialen Kompetenzen, in ihren wiederum unterschiedlichen Facetten, werden wir in Teil II Schritt für Schritt betrachten, aber stets im Hinterkopf behaltend, dass sich diese Kompetenzen ergänzen und in einem sinnvollen Zusammenspiel wunderbare Formen der Zusammenarbeit erzeugen können. Dieser Teil des Buches ist deshalb im Schwerpunkt eher aus der Perspektive des *Sozialen* und des *Psychologischen* des Menschen verfasst. Jedoch derart, wie in unseren Seminaren mit den dort anwesenden Kolleginnen und Kollegen erarbeitet, also hoffentlich interessant, verständlich und nachvollziehbar. Manche Einzelaspekte sind dabei so wichtig, dass sie an mehreren Stellen des Textes aus unterschiedlichen Blickwinkeln aufgegriffen werden. Dies ist auch der Tatsache geschuldet, dass Fachbücher selten komplett von vorne bis hinten durchgelesen werden, sondern oft kapitelweise. Wir haben die Hoffnung, dass alle Themen hilfreich sind und Euch in Eurer Tätigkeit weiterbringen.

Dieses Vorwort soll nicht enden, ohne einen großen Dank auszusprechen an die beiden Autoren der Vorauflagen Annette Rehbock und Hagen Helms, sie haben den Weg bereitet. Frank Baschab möchte sehr herzlich seiner Tochter Yola Baschab, derzeit Studierende in Heidelberg, danken für ein erstes kritisches Gegenlesen der Manuskripte und erste Korrekturhilfen. Angela Kolovos richtet ihren wärmsten Dank an ihre langjährige Kollegin im gemeinsamen Büro Jessica Donner für die stets überaus geduldige und eingehende Bearbeitung der Textentwürfe. Wir möchten dem Bund-Verlag für die wunderbare Betreuung während des gesamten Entstehungsprozesses des Buchs danken, vor allem Leslie Apelt und Katrin Heyl für ihre Geduld und Unterstützung von Anfang bis Ende.

Zum Schluss möchten wir die Gelegenheit nutzen, und allen Vorsitzenden und Stellvertretungen und allen Mitgliedern von Gremien und Ausschüssen danken, für ihr Engagement und ihr Herzblut für die gerade in diesen Zeiten sehr notwendige Tätigkeit in der Mitbestimmung. Aus unserer Sicht sind Betriebsräte eine nicht wegzudenkende Stütze unserer Gesellschaft. Sie leisten, wie die Gewerkschaften, einen enorm wichtigen Beitrag zu mehr Solidarität, Demokratie, Gerechtigkeit und gegenseitigem Respekt. Aus diesem Grund sind wir stolz darauf, durch unsere Arbeit in der Weiterbildung und durch dieses Buch ebenfalls einen Beitrag dazu leisten zu können.

Wir wünschen allen viel Spaß beim Lesen des Buchs, viele gute Erkenntnisse und viel Erfolg bei der späteren Umsetzung!

Frankfurt a. M. und Trier im März 2025
Angela Kolovos und Frank Baschab

Vorbemerkung

Wir – Autor und Autorin dieses Buches – möchten hier ein Wort zum Thema »Gendern« verlieren.
So dogmatisch, wie dazu Diskussionen geführt werden, wollen wir nicht sein. Wir erkennen alle Geschlechter gleichermaßen an; als Personen, die in diesem Buch in ihren Funktionen und Rollen beschrieben werden, aber auch ganz explizit Dich, liebes Betriebsratsmitglied, und darum geht es im Prinzip.
Damit das auch in unseren Texten sichtbar wird, haben wir bewusst darauf verzichtet, durchgehend nur ein Geschlecht für unsere Formulierungen zu nutzen. Da sich aber keine Form bisher allgemein durchgesetzt hat, die alle Geschlechter involviert, durften wir kreativ werden im Auswählen zwischen den unterschiedlichen Möglichkeiten. Wir haben uns letztendlich nicht gegenseitig eine bestimmte Form auferlegt, sondern versuchen es mit diversen Ansätzen und zwar letztendlich auch, damit Du den Text bestmöglich lesen kannst und dich angesprochen fühlst.
Viel Spaß dabei!

Inhaltsverzeichnis

Abkürzungsverzeichnis

a. a. O.	am angegebenen Ort
Abb.	Abbildung
Abs.	Absatz
ASiG	Arbeitssicherheitsgesetz
Aufl.	Auflage
BetrVG	Betriebsverfassungsgesetz
BR	Betriebsrat
d. h.	das heißt
ebd.	ebenda
EBR	Europäischer Betriebsrat
et al.	und andere
EU	Europäische Union
f.	folgend
ff.	fortfolgend
GBR	Gesamtbetriebsrat
JAV	Jugend- und Auszubildendenvertretung
KBR	Konzernbetriebsrat
S.	Seite
s.	siehe
SBV	Schwerbehindertenvertretung
u. a.	und andere
vgl.	vergleiche
z. B.	zum Beispiel
Ziff.	Ziffer

I. Rechtsgrundlagen

Um die Arbeit als Vorsitzende oder Stellvertreter*in so gut wie möglich machen zu können, ist es sehr wichtig, den rechtlichen Rahmen, in dem sich dieser Personenkreis bewegt, zu kennen. Dieser Rahmen besteht zum großen Teil aus sehr grundsätzlichen Regelungen, die sich fast ausschließlich in den §§ 25 bis 46 des Betriebsverfassungsgesetzes (BetrVG) finden. Dabei verstecken sich für Euch als juristische Laien oft in einzelnen Worten der Paragrafen bedeutende Regelungen, die es unbedingt zu beachten gilt. Das folgende Kapitel wird Euch mit allen notwendigen Grundlagen ausstatten und auf Fallstricke aufmerksam machen!

1. Blick in die Vergangenheit

Ihr lest das, weil Ihr in Eurem Betriebsrat den Vorsitz oder den stellvertretenden Vorsitz innehabt. Doch wie ist es dazu gekommen und wurden dabei alle Regeln des Betriebsverfassungsgesetzes beachtet?

a. Wahl des Vorsitzes (§ 26 Abs. 1 BetrVG)

Soweit es sich nicht um die erste Betriebsratsamtszeit handelt, sind Vorsitzende und Stellvertreter*innen aus der letzten Amtszeit nicht mehr im Amt – ihr Amt endet automatisch mit dem Ende der Amtszeit des alten Betriebsrats. Die Wahl der oder des Vorsitzenden findet auf der ersten Sitzung nach der Wahl des Betriebsrats statt (§§ 29 Abs. 1 und 26 Abs. 1 BetrVG). Zu dieser ersten Sitzung beruft der Wahlvorstand ein. Die Einberufung – nicht die Sitzung selbst – soll innerhalb einer Woche nach dem Wahltag stattfinden. Die Leitung dieser ersten Sitzung übernimmt zu Beginn die/der Wahlvorstandsvorsitzende. Der Betriebsrat bestellt sodann ein Betriebsratsmitglied als Wahlleiter*in für die Wahl der vorsitzenden Person und der diese vertretenden Person. Die Wahlvorstands-

vorsitzenden verlassen, soweit sie keine Mitglieder des Betriebsrats sind, an dieser Stelle die Sitzung.
Die Wahl des*r Vorsitzenden findet sodann statt, es gibt für die Wahl keine vorgeschriebene Form – wichtig ist aber, dass das Ergebnis eindeutig festgestellt werden kann. Wenn ein Mitglied dies wünscht, ist die Wahl geheim durchzuführen. Die einfache Mehrheit – die Mehrheit der abgegebenen Stimmen – reicht aus, damit die Person gewählt ist. Das Gremium muss dabei beschlussfähig sein – siehe Beschlussfähigkeit in Ziff. 3.c.aa. Die Wahl ist in die Niederschrift der Sitzung – siehe Niederschrift in Ziff. 3.c.cc.– aufzunehmen mit den Kandidaten, den Stimmenmehrheiten und den gewählten Personen.

b. Wahl der Stellvertretung (§ 26 Abs. 1 BetrVG)

Die Wahl der Person, die die Stellvertretung der*s Vorsitzenden übernimmt, findet im Anschluss an die Wahl der Vorsitzenden statt. Für die Durchführung der Wahl gilt das oben unter a. zur Wahl der Vorsitzenden Ausgeführte. Die Wahl der Stellvertretung ist somit eine von der Wahl des Vorsitzes unabhängige separate Wahl.

c. Änderung im Vorsitz in laufender Amtszeit

Zwar werden nach der Betriebsratswahl wie oben geschildert der Vorsitz und seine Vertretung neu gewählt. Diese Wahl führt jedoch nicht dazu, dass die gewählten Personen das Amt auf jeden Fall bis zum Ende der Amtszeit des Betriebsrats behalten.
Einerseits darf der Betriebsrat bereits bei dieser ersten Wahl entscheiden, dass die Amtszeit der Personen auf eine bestimmte, von der Amtszeit des Betriebsrats abweichende Zeit begrenzt ist – dazu bräuchte es aber einen Beschluss. Andererseits können die Gewählten ihr Amt jederzeit durch Erklärung gegenüber dem Betriebsrat niederlegen. Auch der Betriebsrat kann durch einfachen Mehrheitsbeschluss eine gewählte Person von ihrem Amt abberufen.

2. Rolle der Vorsitzenden und Stellvertretungen

Die Frage, was für einen Charakter der Vorsitz und seine Stellvertretung im Betriebsrat haben, ist oft eine Frage, die Betriebsratsmitglieder und besonders die Personen, die eine dieser Funktionen innehaben, beschäftigt. Verschiedene Vorstellungen sind in den Gremien und in der Arbeitswelt allgemein verbreitet; Vorgesetzter der Betriebsratsmitglieder, Erster unter Gleichen, Gleicher unter Gleichen. Das Betriebsverfassungsgesetz regelt jedenfalls die Rechte und Pflichten der Vorsitzenden und der Stellvertreter*innen eindeutig.

a. Vertretung des Betriebsrats nach außen (§ 26 Abs. 2 BetrVG)

Ihr als Vorsitzende und Stellvertreter*innen seid für die Vertretung des Betriebsrats nach außen verantwortlich. Das bedeutet, dass Ihr das Sprachrohr des Gremiums seid, insbesondere gegenüber dem Arbeitgeber, aber auch bei sonstigem Außenkontakt. Dazu gehört zum Beispiel die Stellungnahme des Betriebsrats zu einer Anhörung nach § 99 BetrVG, aber auch die Unterzeichnung einer Betriebsvereinbarung.

> **Wichtig:**
> Die gesamte Vertretung darf nur im Rahmen der Beschlüsse des Betriebsrats erfolgen!

Das bedeutet, dass wenn Du als Vorsitzende*r anderer Meinung sein solltest als das Gremium, Du trotzdem dem Beschluss des Betriebsrats nach außen entsprechen musst. Du darfst nicht gegen die Beschlüsse des Betriebsrats handeln!
Das bedeutet aber auch, dass wenn es keinen Beschluss gibt, Du als Vorsitzende*r gar keine Entscheidungen nach außen mitteilen oder treffen darfst. Du darfst nicht ohne einen Beschluss des Betriebsrats handeln!
So wie die Erklärungen des Betriebsrats grundsätzlich nur durch Vorsitzende oder Stellvertreter*innen nach außen gelangen sollen, nur so können sie auch in umgekehrter Richtung von außen nach innen gelangen. Nur die Vorsitzenden und Stellvertreter*innen sind berechtigt, Erklärungen des Arbeitgebers entgegenzunehmen – da geht es zum Beispiel um Anhörungen nach § 99 oder § 102 BetrVG.
Diese besondere Funktion der Vorsitzenden zeigt den Charakter des Vorsitzes – die Rolle ist dafür da, um dem Gremium und seinen Aufgaben Struktur zu verleihen, wie Ihr an den noch in den weiteren Teilen dieses Kapitels beschriebenen Aufgaben erkennen werdet. Die inhaltliche Arbeit soll demokratisch erfolgen, der Vorsitz ist nicht nach Prinzipien von Autokratie oder gar Diktatur gestaltet.

b. Wann bin ich als Stellvertreter*in eigentlich dran?

Teilweise gestalten Gremien ihre Arbeit so, dass die Arbeit parallel von nur zwei Personen – eben denen, die als Vorsitzende und Stellvertreter*innen gewählt wurden – erledigt wird. Diese Dynamik hat verschiedene Gründe und Ihr werdet in dem nicht rechtlichen Teil dieses Buches lernen, sie aufzubrechen.
Aber: Eine Grundlage dafür ist die Annahme, dass sowohl die Vorsitzenden als auch die Stellvertreter*innen gleichzeitig für den Betriebsrat gegenüber dem Arbeitgeber – wie oben geschildert – als Sprachrohr und Ohr tätig werden können. Das stimmt nicht – die Pflichten und Rechte, die das Gesetz für den Vorsitz oder die Stellvertretung vorsieht, können nur von einer Person zur gleichen Zeit ausgeübt werden!

> **Wichtig:**
> Solange die oder der Vorsitzende nicht verhindert ist, kann nur sie bzw. er den Betriebsrat vertreten und insbesondere Erklärungen abgeben und annehmen!

Das bedeutet, dass die Stellvertretung nur bei Verhinderung der Vorsitzenden diese vertreten darf. Dann hat die/der Stellvertreter*in alle gesetzlich vorgesehenen Aufgaben der Vorsitzenden inne. Diese werden im Einzelnen in dem Folgeteil dieses Kapitels über Rechtsgrundlagen dargestellt. Soweit nachfolgend die Rede davon ist, was die oder der Vorsitzende an Aufgaben hat, so ist dies im Vertretungsfall direkt auf Dich als Stellvertretung übertragbar!

c. Was passiert bei Verhinderung der Vorsitzenden und der Stellvertretung?

Es kann jedoch vorkommen, dass beide gewählten Personen verhindert sind – zur Definition von Verhinderung siehe Ziff. 3.a.aa. – dann stellt sich natürlich die Frage, wie der Betriebsrat trotzdem handlungsfähig bleiben kann.
Wenn beide fehlen und keine Regelung für diesen Fall getroffen wurde, dann darf der Arbeitgeber jedem Betriebsratsmitglied gegenüber Erklärungen rechtswirksam abgeben – zum Beispiel Anhörungen nach § 99 BetrVG – und sie gelten dann als zugegangen. Deshalb sollte es unbedingt eine Regelung für die gleichzeitige Abwesenheit beider Gewählten geben. Es ist sehr wichtig zu regeln, wer die Vertretung der stellvertretenden Person übernimmt, sobald diese verhindert ist. Eine Regelung darüber kann

generell getroffen werden – zum Beispiel in der Geschäftsordnung des Betriebsrats

> **Exkurs in die Geschäftsordnung (§ 36 BetrVG):**
> Das Betriebsverfassungsgesetz sieht vor, dass grundsätzlich jeder Betriebsrat eine Geschäftsordnung hat. In der Geschäftsordnung sollen Bestimmungen über die Geschäftsführung des Betriebsrats aufgenommen werden, für die sich das Gremium entscheidet und die sich eben nicht direkt aus der gesetzlichen Lage ergeben.
> Für die Geschäftsordnung ist die Schriftform vorgesehen. Der Betriebsrat muss sich für die Geschäftsordnung durch Beschluss entscheiden, der durch die Mehrheit seiner Mitglieder, und nicht nur der anwesenden Mitglieder, ergeht – das bedeutet, dass bei einem 7köpfigen Gremium mindestens 4 für die Geschäftsordnung stimmen müssen, bei einem 17er Gremium mindestens 9.
> Als Inhalte empfiehlt sich eine Vertretungsregelung, aber auch eine Regelung über Betriebsratssitzungen, die nicht ausschließlich in Präsenz stattfinden.

> **Hinweis:**
> Eine Betriebsratssitzung, die nicht 100 % in Präsenz durchgeführt wird, ist nur mit Regelung in der Geschäftsordnung zulässig! (siehe Ausführungen hierzu unter Ziff. 3.a.cc.)

– oder für den jeweiligen Einzelfall per Beschluss. Wird eine Regelung getroffen, so muss sie dem Arbeitgeber auch mitgeteilt werden, damit dieser weiß, wer nun das Sprachrohr und Ohr des Betriebsrats ist.

> **Hinweis:**
> Teilt der Betriebsrat die Regelung nicht mit, so kann er sich später nicht auf diese berufen!

3. Aufgaben im Zusammenhang mit der Betriebsratssitzung

Wie oben erwähnt, sind die Aufgaben des Vorsitzes darauf ausgelegt, die Arbeit des Betriebsrats so zu strukturieren, dass das Gremium seine Aufgaben nach dem Betriebsverfassungsgesetz bestmöglich erfüllen kann. Die regelmäßige Sitzung des Betriebsrats – meistens wöchentlich – spielt

dabei eine wichtige Rolle als Plattform für den Austausch des ganzen Gremiums und für die Entscheidung der anstehenden Fragestellungen.
Die Sitzungen des Betriebsrats sollen in der Arbeitszeit der Betriebsratsmitglieder stattfinden – soweit Ihr in Schichten arbeitet, kann es natürlich passieren, dass das nicht für alle Mitglieder gleich zutrifft.
Die Sitzungen sind nicht öffentlich – das bedeutet, das nur die geladenen Personen an der Sitzung teilnehmen dürfen.

> **Hinweis:**
> Auch Ersatzmitglieder, die *nicht* für verhinderte Betriebsratsmitglieder nachrücken, dürfen nicht an Betriebsratssitzungen teilnehmen!

a. Ladung zu Sitzungen (§ 29 Abs. 2 BetrVG)

Der Vorsitz hat die Aufgabe, zu den Sitzungen des Betriebsrats zu laden. Geladen werden:
- alle Mitglieder des Betriebsrats (bei Verhinderung Ersatzmitglieder)
- die Gewerkschaft, soweit mindestens ein Viertel der Betriebsratsmitglieder dies wünscht
- die Schwerbehindertenvertretung (SBV), soweit vorhanden
- die Jugend- und Auszubildendenvertretung (JAV), soweit vorhanden.

Die Ladung muss rechtzeitig erfolgen – das ist notwendig, damit die geladenen Personen sich auf die Sitzung vorbereiten können. Deshalb ist der Ladung auch eine Tagesordnung der Sitzung beizufügen. Diese Tagesordnung hat auch die oder der Vorsitzende zu erstellen.
Der Arbeitgeber ist von den Vorsitzenden über die Betriebsratssitzung vorab zu informieren – hier geht es darum, dass sich der Arbeitgeber auf den Ausfall der teilnehmenden Mitglieder vorbereiten kann. Die Information betrifft daher nur die zeitliche Lage der Sitzung und keine Informationen über Inhalte.

aa. Ersatzmitglieder/Nachladen (§ 25 BetrVG)

Wenn dem Vorsitz bekannt ist oder wird, dass ein Betriebsratsmitglied wegen Verhinderung nicht an der Sitzung teilnehmen kann, dann hat sie/er ein Ersatzmitglied zu laden.

> **Exkurs Verhinderung:**
> Wann ist ein Betriebsratsmitglied verhindert? Rechtlich wird grundsätzlich von einer Verhinderung ausgegangen, wenn das Mitglied krank, im Urlaub oder auf Seminar ist. Es wird *nicht* von einer Verhinderung ausgegangen,

wenn das Mitglied seiner Arbeit nachgeht oder wegen einer bevorstehenden (Nacht)Schicht nicht erscheint.

Die Mitglieder dürfen aber entgegen dem Grundsatz der Verhinderung freiwillig an der Sitzung teilnehmen, auch wenn sie arbeitsunfähig gemeldet oder im Urlaub sind – das müssen sie aber der*m Vorsitzenden mitteilen, da sie/er in diesen Fällen erst einmal von einer Verhinderung ausgehen muss.
Ausnahmsweise kann auch ein Mitglied, welches arbeitet, verhindert sein – das wird zum Beispiel bei einer Dienstreise, die unaufschiebbar ist, angenommen.

Achtung:
Nicht jede Abwesenheit führt zur Nachladung – nur für »verhinderte« Personen darf nachgeladen werden; wird für nicht verhinderte nachgeladen, so führt das zu unwirksamen Beschlüssen!
Nicht: Manche Betriebsräte laden grundsätzlich Ersatzmitglieder ein und diese nehmen an der Sitzung teil, auch wenn kein reguläres Mitglied ausfällt – das ist unzulässig und führt zu unwirksamen Beschlüssen!

Die Pflicht, ein Ersatzmitglied zu laden, besteht nicht, wenn die Ladung nicht mehr rechtzeitig wäre, weil die/der Vorsitzende so kurzfristig vor der Sitzung von der Verhinderung erfahren hat.
Wer als Ersatzmitglied geladen werden darf, hängt von der Wahl ab – wurde der Betriebsrat durch Personenwahl gewählt, dann würde die nicht gewählte Person mit der höchsten Stimmenzahl geladen werden. Wenn diese verhindert wäre, dann wäre die Person mit der nächsthöchsten Stimmenzahl zu laden. Dabei müsste beachtet werden, dass, soweit die verhinderte Person dem Minderheitsgeschlecht angehört, das zu ladende Ersatzmitglied ebenfalls dem Minderheitsgeschlecht angehören müsste.
Bei der Listenwahl hingegen müsste das gleiche Prozedere wie oben beschrieben innerhalb der Liste der*s Verhinderten durchgeführt werden. Auch hier müsste das Minderheitengeschlecht wie oben berücksichtigt werden. Wenn die betroffene Liste keine Ersatzmitglieder hat, dann ist das Ersatzmitglied aus der Liste, die den nächsten Sitz erhalten hätte, einzuladen.
Gibt es keine Ersatzmitglieder, dann können auch keine geladen werden.

Hinweis:
Die Ersatzmitglieder rücken für die Verhinderung der eigentlichen Mitglieder nach und zwar nicht immer nur für die Sitzung – sie müssen sich für die Sitzung vorbereiten und schon da machen sie Betriebsratsarbeit, aber auch im Übrigen rücken sie für die Zeit der Verhinderung in den Betriebsrat und dürfen dann wie ein reguläres Mitglied Betriebsratsarbeit machen. Denn wenn ein Ersatzmitglied für ein reguläres Mitglied nachrückt, dann ist es in dieser Zeit selbst ein reguläres Mitglied des Betriebsrats!

bb. Sitzung auf Antrag (§ 29 Abs. 3 BetrVG)

Es gibt weiterhin die Verpflichtung, eine Sitzung zu einem bestimmten Thema anzuberaumen, wenn dies von mindestens einem Viertel der Mitglieder des Betriebsrats oder vom Arbeitgeber beantragt wird. Wenn die Sitzung auf Antrag der Arbeitgeberin stattfindet, dann ist diese auch zu laden und darf teilnehmen und sogar einen Verbandsvertreter des Arbeitgeberverbands hinzuziehen.

cc. Digitale Sitzung (§ 30 Abs. 2 BetrVG)

Seit der Pandemie haben Sitzungen, die – zumindest nicht ganz – in Präsenz stattfinden, an Bedeutung zugenommen, genau wie auch die Arbeit im Homeoffice.

Hinweis:
Der **Grundsatz** ist, dass die Betriebsratssitzung eine **Präsenzsitzung** ist!

Nachdem es Übergangsregelungen zu diesem Thema gab, ist nun ausdrücklich geregelt, dass Sitzungen, die keine reinen Präsenzsitzungen sind, nur zulässig sind, wenn dies in der Geschäftsordnung des Betriebsrats geregelt ist – zur Geschäftsordnung siehe Ziff. 2.c.
Es reicht jedoch nicht, dass es irgendeine Regelung in der Geschäftsordnung gibt – die Regelung muss Sitzungen mittels Video- und Telefonkonferenz unter »Sicherung des Vorrangs der Präsenzsitzung« zulassen (§ 30 Abs. 2 BetrVG). Das bedeutet, dass nach der Regelung in der Geschäftsordnung die Präsenzsitzung immer noch die Regel und andere Sitzungen eine Ausnahme bleiben müssen.
Auch müssen Vorsitzende eine Frist bestimmen, in der die Mitglieder der (teil-)digitalen Sitzung widersprechen können – widerspricht mindestens ein Viertel der Mitglieder, so hat die Sitzung als Präsenzsitzung stattzufinden.

Betriebsratsmitglieder, die in Präsenz an der Sitzung teilnehmen wollen, haben immer das Recht dazu – das bedeutet faktisch, dass sie immer von den Betriebsratsräumlichkeiten aus an der Sitzung teilnehmen können. Der Grundsatz der Nichtöffentlichkeit von Betriebsratssitzungen gilt auch für die (teil-)digitale Sitzung, deshalb dürfen keine Aufnahmen gemacht werden und während der Sitzung muss ebenfalls sichergestellt werden, dass nicht geladene Personen keine Kenntnis vom Inhalt der Sitzung nehmen können.

> **Praxistipp:**
> Lass Dir von allen teilnehmenden Mitgliedern der Sitzung per Textnachricht bestätigen, dass sie alleine im Raum sind und niemand anderes von der Sitzung Kenntnis nehmen kann. Füge diese Nachrichten der Niederschrift der Sitzung bei!

dd. Teilnahmerecht der Gewerkschaft, SBV und JAV

Wir haben bereits festgestellt, dass die Mitglieder des Betriebsrats das Recht haben, an Betriebsratssitzungen teilzunehmen. Auch haben wir festgestellt, dass geladene Ersatzmitglieder das Recht haben, an den Sitzungen teilzunehmen sowie der Arbeitgeber mit seinem Verbandsvertreter, soweit die Sitzung auf seinen Antrag hin stattfindet.
Darüber hinaus gibt es noch weitere Personen, die ein Recht auf Teilnahme an den Sitzungen des Betriebsrats haben können.
Die Gewerkschaft hat dieses Recht, soweit sie mindestens ein Mitglied im Betrieb hat und mindestens ein Viertel der Betriebsratsmitglieder die Teilnahme beantragt – dann ist die Gewerkschaft wie oben geschildert zu laden. Sie darf nur beratend teilnehmen – nimmt also an den Beschlüssen nicht teil (§ 31 BetrVG)!
Die SBV hat das Recht an allen Sitzungen des Betriebsrats teilzunehmen – sie ist daher immer zu laden. Sie hat ebenfalls kein Stimmrecht (§ 32 BetrVG).
Die JAV (§ 67 BetrVG) hat das Recht, zu jeder Sitzung eine Person zu entsenden und ist daher immer zu laden. Bei Themen, die besonders die durch die JAV vertretenen Personen betreffen, darf die gesamte JAV teilnehmen – dies ist bei der Ladung zu berücksichtigen – und hat auch ein Stimmrecht, soweit ein Beschluss des Betriebsrats überwiegend die durch die JAV vertretenen Personen betrifft.

ee. Tagesordnung

Wie wir wissen, ist die Tagesordnung der rechtzeitigen Ladung beizufügen. Aber was enthält die Tagesordnung?

Sie soll die Themen enthalten, die für die Sitzung aktuell anstehen und soll diese konkret benennen – zum Beispiel »Anhörung zur Versetzung von Kollegin Kolovos« anstatt der Bezeichnung »Personelle Angelegenheit«. Zu fassende Beschlüsse sollten auch bereits mit Sachverhalt und Ziel aufgenommen werden.
Die Tagesordnung darf auch geändert werden – vor der Sitzung ist das zulässig, soweit es so rechtzeitig davor passiert, dass die Betriebsratsmitglieder sich auf die Sitzung vorbereiten können und zwar auch im Hinblick auf die Änderung. In der Sitzung selbst darf die Tagesordnung geändert oder eine bisher nicht vorhandene Tagesordnung formuliert werden, wenn alle Mitglieder rechtzeitig geladen wurden, über die Hälfte der Betriebsratsmitglieder von der Anzahl her anwesend sind und die Anwesenden sich einstimmig für die Änderung entscheiden.
Die Vorsitzenden sind teilweise verpflichtet, Themen auf die Tagesordnung zu setzen. Dies ist der Fall, wenn der Arbeitgeber beantragt, dass der Betriebsrat ein Thema auf seiner Sitzung behandeln soll oder der Antrag von mindestens einem Viertel der Betriebsratsmitglieder stammt (§ 29 Abs. 3 BetrVG) – hier sieht das Gesetz keine konkrete Zeitvorgabe, es sollte jedoch zeitnah passieren. Beim Antrag der JAV ist das Thema auf die nächste Tagesordnung zu setzen (§ 67 Abs. 3 BetrVG). Soweit mindestens 5 % der Arbeitnehmer*innen einen Vorschlag für ein Thema, welches der Betriebsrat behandeln soll, unterstützen, wäre dieses innerhalb von zwei Monaten auf die Tagesordnung zu setzen (§ 86a BetrVG).

Achtung:
Auch Betriebsratsmitglieder sind Arbeitnehmer*innen und können je nach Größenverhältnis den Weg über § 86a BetrVG wählen, soweit sie das Viertel im Gremium nicht erreichen.

b. Leitung der Sitzungen

Die Vorsitzenden haben die Aufgabe, die Sitzung des Betriebsrats zu leiten. Dafür steht Euch auch das Hausrecht in der Sitzung zu – Ihr dürft in dieser Rolle das Wort erteilen und auch entziehen aber grundsätzlich keine Mitglieder ausschließen oder des Raumes verweisen.

c. Beschlüsse und Niederschrift

Wie wir bereits gelernt haben, handeln die Vorsitzenden ausschließlich im Rahmen der Beschlüsse des Betriebsrats. Der Betriebsrat trifft seine

Entscheidungen immer durch Beschlüsse – grundsätzlich mit der Mehrheit der Stimmen der anwesenden Mitglieder.
Die Beschlüsse müssen in einer Sitzung des Betriebsrats gefasst werden – es ist ausgeschlossen, einen Beschluss im Umlaufverfahren, also indem die Mitglieder ortsunabhängig nacheinander ihre Stimme abgeben, zu beschließen.

aa. Beschlussfähigkeit (§ 33 Abs. 2 BetrVG)

Der Betriebsrat darf nur dann Beschlüsse fassen, wenn mindestens die Hälfte der Betriebsratsmitglieder an der Beschlussfassung teilnimmt (§ 33 Abs. 2 BetrVG). Damit sind nicht die konkreten Personen gemeint, sondern es geht um die Anzahl der Teilnehmenden. Das bedeutet, dass Ersatzmitglieder dabei – soweit sie für verhinderte Mitglieder teilnehmen – mitgezählt werden. Da Betriebsräte aus einer ungeraden Zahl von Mitgliedern bestehen, geht es immer um mehr als die Hälfte der Mitglieder.
Es geht hier auch nicht um die Anzahl der an der Sitzung teilnehmenden Personen, sondern es kommt wirklich auf die Teilnahme am Beschluss an. Eine Enthaltung gilt insoweit als Teilnahme an der Beschlussfassung.

bb. Mehrheit (§ 33 Abs. 1 BetrVG)

Der normale Beschluss kommt zustande, wenn über 50 % der an der Beschlussfassung teilnehmenden Mitglieder – und nicht der Anwesenden! – *dafür* stimmen. Eine Stimmenthaltung ist wie bereits oben ausgeführt als Teilnahme zu werten. Wenn die Anzahl der Ja-Stimmen nicht über 50 % liegt, dann gilt der Beschluss als abgelehnt. Eine Stimmengleichheit führt daher immer zur Ablehnung des Beschlusses (§ 33 Abs. 1 Satz 3 BetrVG).

Beispiel:
Bei einem Gremium mit 17 Mitgliedern sind 12 bei der Sitzung anwesend – davon 10 reguläre Mitglieder und 2 Ersatzmitglieder, die nachgerückt sind. Bei dem Beschluss erklären 3, dass sie bei der Abstimmung nicht mitmachen wollen. Weitere 2 enthalten sich bei der Abstimmung. 4 stimmen dafür und 3 dagegen. Der Beschluss gilt als abgelehnt, da nur 4 der 9 (3 dagegen plus 2 Enthaltungen) und damit nicht über 50 % für den Beschluss gestimmt haben. Hier wären 5 Stimmen dafür notwendig gewesen.

Praxistipp:
Als Vorsitzende*r bist Du für die Formulierung des Beschlusstextes, der zur Abstimmung gestellt wird, verantwortlich. Achte darauf, den Text sinnvoll zu formulieren!

Es gibt auch Beschlüsse, die eine so genannte »qualifizierte Mehrheit« brauchen – das bedeutet, dass hier nicht nur wie oben dargestellt mehr als 50 % der am Beschluss teilnehmenden Betriebsratsmitglieder dafür stimmen müssen, damit der Beschluss durchgeht. Hier braucht es über 50 % der Mitglieder des Betriebsrats. Auch hier geht es nicht um die konkreten Personen, sondern um deren Anzahl. So einen Beschluss braucht es,

- um eine Geschäftsordnung zu beschließen (§ 36 BetrVG),
- um Aufgaben zur selbstständigen Erledigung auf Ausschüsse zu übertragen (§ 27 Abs. 2 BetrVG) – Ausschüsse siehe Ziff. 4.a.cc.,
- um Aufgaben des Betriebsrats auf Arbeitsgruppen zu übertragen (§ 28a Abs. 1 BetrVG),
- um den Gesamtbetriebsrat zu beauftragen (§ 50 Abs. 2 BetrVG),
- um als Gremium zurückzutreten (§ 13 Abs. 2 Nr. 3 BetrVG)
- oder die Aufgaben des Wirtschaftsausschusses einem Ausschuss des Betriebsrats zu übertragen (§ 107 Abs. 3 BetrVG).

Um Betriebsratsmitglieder aus dem Betriebsausschuss abzuberufen oder Betriebsratsmitgliedern eine Freistellung nach § 38 BetrVG zu entziehen, braucht es sogar einen Beschluss, der von drei Vierteln der Mitglieder befürwortet wurde.

Es zählen die Stimmen aller Personen, die ein Stimmrecht haben – also unter Umständen auch die Stimmen der JAV!

cc. Niederschrift/Protokoll (§ 34 BetrVG)

Von jeder Sitzung ist ein Protokoll zu erstellen – im Gesetz heißt das »Niederschrift« (§ 34 BetrVG).

Der Mindestinhalt des Protokolls ist der Wortlaut der Beschlüsse und die dazugehörige Stimmenmehrheit. Das Protokoll ist von der*m Vorsitzenden und einem weiteren Betriebsratsmitglied zu unterzeichnen. Einwände gegen den Inhalt sind schriftlich einzugeben und der Niederschrift beizufügen.

Darüber hinaus ist dem Protokoll eine Anwesenheitsliste beizufügen, in die sich die Teilnehmenden eigenhändig eingetragen haben – bei digitaler Teilnahme sollen die Mitglieder die Anwesenheit in Textform, zum Beispiel per E-Mail, bestätigen. Diese Bestätigungen sind wie die Anwesenheitsliste dem Protokoll beizufügen.

> **Hinweis:**
> Beschließt auch Ihr in der Folgesitzung das Protokoll? Es gibt *keine* Vorschrift im Gesetz, die vorsieht, dass die Niederschrift/das Protokoll der Betriebsratssitzung durch einen Beschluss zu bestätigen ist!

Praxistipp:
Vielmehr gibt es gute Gründe diese – weit verbreitete – Praxis abzulegen. Denn bei dem Beschluss in der Folgesitzung wirken regelmäßig Personen mit, die die Richtigkeit nicht beurteilen können, weil sie nicht anwesend waren. Gleichzeitig sind regelmäßig nicht alle Personen anwesend, die in der zu beurteilenden Situation zugegen waren und deshalb auch hierzu etwas beisteuern könnten. Dieses Prozedere ist auch zeitaufwendig. Das Gesetz sieht ausdrücklich einen anderen Weg vor – Einwände sollen schriftlich eingegeben werden und werden der Niederschrift beigefügt (§ 34 Abs. 2 Satz 2 BetrVG).

Soweit die Gewerkschaft oder der Arbeitgeber an der Sitzung teilgenommen haben, haben sie auch das Recht, den Teil des Protokolls, der sie betrifft, zu erhalten. Andere teilnehmende Nichtbetriebsratsmitglieder (JAV, SBV) haben keinen solchen Anspruch.

dd. Aussetzung von Beschlüssen (§ 35 BetrVG)

Die JAV und die SBV können Beschlüsse des Betriebsrats aussetzen (§ 35 BetrVG). Das bedeutet, dass der Beschluss, solange er ausgesetzt ist, nicht umgesetzt wird.
Die Voraussetzungen sind, dass ein Antrag der JAV oder der SBV auf Aussetzung des Beschlusses beim Betriebsrat gestellt wird. Dem Antrag der JAV muss eine Entscheidung der Mehrheit der JAV zugrunde liegen. Der Antrag führt zu einer Aussetzung für eine Woche ab der ursprünglichen Beschlussfassung – das bedeutet, dass der Antrag nur innerhalb einer Woche nach der Beschlussfassung gestellt werden kann. Über den Antrag soll nach Ablauf der Woche entschieden werden – wird als Ergebnis der ursprüngliche Beschluss bestätigt, dann kann dieser nicht erneut ausgesetzt werden.
Die Idee ist, dass bei zwischen dem Betriebsrat und der JAV/SBV schwierigen Themen die Vertretungen während der Aussetzung das Thema zwecks Verständigung angehen.
Die Aussetzung ändert nichts an der Rechtmäßigkeit des Beschlusses; soweit Fristen, zum Beispiel aus § 99 BetrVG (eine Woche) oder § 102 BetrVG (eine Woche/drei Tage) laufen, berührt es diese nicht – der Arbeitgeber darf insoweit von der mitgeteilten Entscheidung des Betriebsrats ausgehen. Der Betriebsrat hat den Arbeitgeber über den Aussetzungsantrag zu informieren.

d. Wirksame Beschlüsse

Zwar wurden bereits oben die Aufgaben der Vorsitzenden im Zusammenhang mit Betriebsratssitzungen ausführlich beleuchtet. Es ist jedoch sehr wichtig und deshalb möchte ich das hier ausdrücklich betonen, dass am Ende der Sitzungen rechtswirksame Beschlüsse des Betriebsrats stehen. Denn diese sind die Voraussetzung für ein rechtswirksames Handeln des Gremiums. Deshalb solltest Du als Vorsitzende*r es als Deine Pflicht sehen, für rechtswirksame Beschlüsse zu sorgen. Zwar ist dies nicht im Gesetz festgeschrieben, aber dabei handelt es sich um eine dem bisher Ausgeführten übergeordnete Aufgabe. Aus diesem Grund folgt hier eine Übersicht der Voraussetzungen eines wirksamen Beschlusses:

Checkliste wirksamer Beschluss

- Ladung aller Mitglieder
- (Nach)Ladung Ersatzmitglieder bei Verhinderung
- Rechtzeitigkeit der Ladungen
- Thema
  auf der der Ladung beigefügten Tagesordnung oder
  rechtzeitige Änderung/Ergänzung der Tagesordnung oder
  einstimmige Änderung/Aufnahme in der Sitzung
- Beschlussfähigkeit des Gremiums
- Mehrheit der Stimmen der am Beschluss Teilnehmenden (bei qualifizierten Beschlüssen eine entsprechend höhere Mehrheit)
- Protokollierung des Wortlauts des Beschlusses und der Stimmenmehrheit in der Niederschrift
- Unterzeichnung der Niederschrift durch Vorsitzende und ein weiteres Mitglied
- Beifügen der Anwesenheitsliste, Anwesenheitsbestätigungen der nicht in Präsenz Teilnehmenden

Übersicht der Aufgaben von Vorsitzenden

Aufgaben nach außen	Betriebsratsinterne Aufgaben
• Kommunikation mit der GF (Sprachrohr und Ohr) • Beschlüsse verantworten • Evtl. Vertretung des Betriebsrats in anderen Gremien (GBR, KBR, EBR)	• Einladung zu den Sitzungen • Evtl. Ladung von Ersatzmitgliedern • Erstellung der Tagesordnung • Leitung der Sitzungen • Sorge für wirksame Beschlüsse • Unterzeichnung des Protokolls/Niederschrift

4. Verteilung der inhaltlichen Betriebsratsarbeit

Wie ich bereits erwähnt habe, ist es weit verbreitet, dass in Betriebsräten bis auf die Teilnahme an Sitzungen die ganze inhaltliche Betriebsratsarbeit unter den beiden gewählten Vertreter*innen aufgeteilt wird. In manchen Gremien ist es sogar nur die vorsitzende Person, die alles erledigt. Doch das ist nicht die Idee, die der Gesetzgeber für die Erledigung der Betriebsratsarbeit hat. Welche rechtlichen Möglichkeiten der Gesetzgeber vorgesehen hat, um diesem Zustand entgegenzusteuern und zu einer ausgewogeneren Arbeitsverteilung zu kommen, werde ich Euch hier vorstellen.

a. Interne Verteilung

Die Betriebsratsarbeit sollte unter den Mitgliedern des Betriebsrats gleichmäßig verteilt werden. Das Gesetz gibt der vorsitzenden Person besondere Aufgaben, um Strukturen zu schaffen, wie wir bereits gesehen haben, aber es gibt nicht vor, dass die inhaltliche Arbeit an den anstehenden Themen von den Vorsitzenden zu erledigen wäre.
Das ist auch daran erkennbar, dass es keine Verpflichtung zur Geheimhaltung im Gremium gibt – der Informationsfluss sollte im Gegenteil so sein, dass alle Mitglieder den gleichen Kenntnisstand haben über Tatsachen, die für Entscheidungen des Betriebsrats erheblich sind. Dass der Gesetzgeber das auch so sieht, ist daran erkennbar, dass alle Mitglieder des Betriebsrats jederzeit das Recht haben, alle Unterlagen des Betriebsrats einzusehen (§ 34 Abs. 3 BetrVG), Ersatzmitglieder nur, solange sie ein reguläres Mitglied vertreten.
Die interne Verteilung der Betriebsratsarbeit wird durch die folgenden Regelungen bestimmt.

aa. Freistellung

Das Gesetz sieht zwei Formen von Freistellung für Betriebsratsarbeit. Die Freistellung nach Bedarf und eine Freistellung, die faktisch bedarfsunabhängig ist und von der Anzahl der Arbeitnehmer*innen abhängt.

Freistellung nach Betriebsgröße (§ 38 BetrVG)
Hat der Betrieb in der Regel mehr als 199 Arbeitnehmer*innen, dann sieht das Gesetz eine Freistellung vor. Die Anzahl von freizustellenden Betriebsrät*innen ist gestaffelt und hängt von der Betriebsgröße ab.
Die Idee ist, dass bei bestimmten Größenordnungen ein bestimmter Freistellungsumfang notwendig ist.

Die Personen, die freigestellt werden sollen, werden durch den Betriebsrat gewählt. Die Wahl ist geheim. Gewählt werden können nur Betriebsrät*innen, nicht Ersatzmitglieder. Wahlvorschläge kann jedes Mitglied einreichen. Die vollen Freistellungen, die das Gesetz vorsieht, können auch auf mehrere Personen als Teilfreistellungen aufgeteilt werden.
Du als Vorsitzende*r bist mit allen anderen Mitgliedern deines Gremiums hier vor dem Gesetz gleich.

> **Hinweis:**
> Keine bevorzugte Freistellung von Vorsitzenden!

Der Betriebsrat soll vor der Wahl das Thema Freistellung mit dem Arbeitgeber beraten – tut er dies nicht, hat es keine Konsequenzen für die Wirksamkeit der Wahl. Die Beratung ist dafür da, dass der Arbeitgeber Bedenken zur Freistellung bestimmter Personen mitteilen kann.
Nach der Wahl sind dem Arbeitgeber die Namen der Freigestellten und der Umfang der Freistellung mitzuteilen – der Arbeitgeber hat dann zwei Wochen Zeit, um die Einigungsstelle anzurufen, wenn er mit den Personen nicht einverstanden ist. Ruft er die Einigungsstelle nicht an, dann ist er mit den Freistellungen einverstanden.

> **Praxistipp:**
> Über eine Verteilung der Freistellungen, zum Beispiel als 50 % Freistellung, können mehr Kolleg*innen in die inhaltliche Betriebsratsarbeit einbezogen werden.
> Manchmal empfiehlt es sich als Vorsitzende*r gerade keine Freistellung nach § 38 BetrVG zu beanspruchen, zum Beispiel weil es Vorsitzenden eventuell leichter fällt, sich punktuell freizustellen.

Die Freigestellten können mit Dreiviertelmehrheit durch Beschluss vom Betriebsrat abgewählt werden – die Abstimmung ist geheim. Es empfiehlt sich, nicht nur die Freigestellten zu wählen, sondern auch deren Ersatz. Denn wenn der Betriebsrat hierzu nichts regelt, dann gibt es keinen Automatismus für die Übernahme der Freistellung beim Ausfall einer freigestellten Person. Es gibt die Möglichkeit, eine Reihenfolge festzulegen, in der Betriebsratsmitglieder die Freistellung übernehmen, unabhängig davon, welche freigestellte Person ausfällt. Eine weitere Möglichkeit ist, dass jede freigestellte Person eine für den Ausfall festgelegte Vertretung hat.

Freistellung nach Bedarf (§ 37 Abs. 2 BetrVG)
Soweit ein Betriebsratsmitglied nicht grundsätzlich nach § 38 BetrVG freigestellt ist, muss sich das Mitglied – auch Vorsitzende – nach Bedarf freistellen.
Wenn ein Betriebsratsmitglied Betriebsratsarbeit erledigen möchte, muss es sich beim Arbeitgeber abmelden und, wenn es fertig ist, wieder anmelden. Diese Pflicht soll dem Arbeitgeber die Möglichkeit geben, auf den Ausfall der Person an ihrem Arbeitsplatz zu reagieren.

Lage und Ausgleich der Betriebsratsarbeit
Die Betriebsratsarbeit darf nur außerhalb der eigenen Arbeitszeit erledigt werden, wenn das notwendig ist – das bedeutet, dass Betriebsratsmitglieder auch Betriebsratsarbeit innerhalb ihrer Arbeitszeit zu erledigen haben. Dann sind sie, wie oben ausgeführt, freigestellt und erhalten unverändert ihr Entgelt.

> **Achtung:**
> Wenn Betriebsratsmitglieder Betriebsratsarbeit außerhalb ihrer Arbeitszeit erledigen, dann haben sie nur einen Anspruch auf Freizeitausgleich oder Entgelt, wenn die Erledigung zu dem Zeitpunkt erforderlich war!
> Das bedeutet, dass wenn ich den Entwurf der Betriebsvereinbarung zur Krankmeldung, die der Arbeitgeber dem Betriebsrat gegeben hat, auch am nächsten Tag während meiner Arbeitszeit ohne Nachteil für die Betriebsratsarbeit hätte lesen können, dann bekomme ich keinen Zeitausgleich und kein Entgelt für diese Zeit.

Hat ein Betriebsratsmitglied berechtigt außerhalb seiner Arbeitszeit Betriebsratsarbeit erledigt, so hat es für diese Zeit von seiner Arbeit bezahlt freigestellt zu werden und wenn das innerhalb eines Monats nicht klappt, dann muss die Zeit wie Mehrarbeit vergütet werden.

bb. Betriebsausschuss (§ 27 BetrVG)
Wenn das Gremium neun oder mehr Mitglieder hat, dann muss der Betriebsrat einen Betriebsausschuss bilden. Der Betriebsausschuss führt die laufenden Geschäfte des Betriebsrats – und nicht die Vorsitzenden!
Die Größe des Ausschusses ist gestaffelt, abhängig von der Anzahl der Betriebsratsmitglieder. Der kleinste Ausschuss hat fünf Mitglieder. Die Vorsitzenden und Stellvertreter*innen sind immer automatisch Mitglieder des Betriebsausschusses. Die restlichen Mitglieder werden gewählt. Die Wahl ist geheim. Die Mitglieder können durch Beschluss mit einer Dreiviertelmehrheit abgewählt werden – die Abstimmung erfolgt geheim.

Der Betriebsrat kann dem Betriebsausschuss durch Beschluss Aufgaben zur selbstständigen Erledigung übertragen. Dazu braucht es einer qualifizierten Mehrheit – über 50 % der Betriebsratsmitglieder müssen für die Übertragung stimmen – und die Entscheidung muss schriftlich vorliegen.

> **Aber:**
> Der Betriebsausschuss darf keine Betriebsvereinbarungen abschließen!

Bei Betriebsräten, die sieben oder weniger Mitglieder haben, besteht die Möglichkeit, die laufenden Geschäfte auf ein Mitglied zu übertragen. Dazu braucht es einen Beschluss des Betriebsrats. Diese Regelung zeigt eindeutig, dass Vorsitzende nicht automatisch die laufenden Geschäfte führen und das Gremium frei entscheiden kann, ob sie das tun sollen oder ein anderes Mitglied oder ob die laufenden Geschäfte durch das gesamte Gremium geführt werden sollen – dies wird der Fall sein, wenn es keinen Beschluss dazu gibt, was in der Praxis sehr oft vorkommen dürfte.

Was sind »laufende Geschäfte«?
Das erklärt das Gesetz nicht. Es sind die Sachen, die das Gremium im Alltag erledigen muss, um seine Arbeit tun zu können. Es ist der anfallende Schriftwechsel, die Informationsbeschaffung aber auch – aufbereitung, Kommunikation mit Kolleg*innen sowie Gewerkschaften und Arbeitgebern. Dazu gehören *nicht* die Handlungen, mit denen der Betriebsrat seine Mitbestimmungsrechte nach dem BetrVG ausübt, der Abschluss von Betriebsvereinbarungen oder die Einleitung von gerichtlichen Verfahren.

cc. Ausschüsse (§ 28 Abs. 1 BetrVG)

Über den Betriebsausschuss hinaus sieht der Gesetzgeber die Möglichkeit andere Ausschüsse zu bilden. Das dürfen nur Betriebsräte in Betrieben mit über 100 Arbeitnehmer*innen. Es handelt sich im Gegensatz zum Betriebsausschuss um eine Option und keine Pflicht. Die Idee ist, dass ein Ausschuss ein bestimmtes Thema – zum Beispiel Personalangelegenheiten nach § 99 BetrVG, Dienstpläne, die nach § 87 BetrVG vorgelegt werden oder Organisation einer Betriebsversammlung – zu bearbeiten hat. Diese Ausschüsse können sowohl als eine dauerhafte Einrichtung fungieren – zum Beispiel im Fall der Dienstpläne, die monatlich zum Thema werden – oder nur bis zur Erledigung des Themas vorübergehend eingerichtet sein – zum Beispiel im Fall der Betriebsversammlung, die, nachdem sie stattgefunden hat, nicht mehr organisiert werden muss.

Alle Mitglieder werden gewählt. Die Wahl ist geheim. Die Mitglieder können durch Beschluss mit einer Dreiviertelmehrheit abgewählt werden – die Abstimmung erfolgt geheim.

Hinweis:
Vorsitzende sind nicht automatisch Mitglieder der Ausschüsse.

Praxistipp:
In Ausschüssen sollten Betriebsratskolleg*innen ihren Interessen entsprechend arbeiten können. Es ist als Vorsitzende*r nicht sinnvoll, in jedem Ausschuss zu sitzen!

In Betrieben mit einem Betriebsausschuss dürfen Ausschüssen auch Aufgaben zur selbstständigen Erledigung übertragen werden. Dazu braucht es eine qualifizierte Mehrheit – über 50 % der Betriebsratsmitglieder müssen für die Übertragung stimmen – und die Entscheidung muss schriftlich vorliegen.
Wenn das nicht der Fall ist – also entweder der Betrieb zu klein dafür ist oder keine Übertragung gewünscht ist – dann bereiten die Ausschüsse das jeweilige Thema vor, damit der Betriebsrat darüber entscheiden kann.

Ausschussvorsitzende
Die Ausschüsse brauchen wie auch der Betriebsrat eine vorsitzende Person und eine Person, die diese vertritt. Der Betriebsrat kann diese Personen bei der Bildung des Ausschusses bestellen. Tut er das nicht, so werden sie wie auch Vorsitzende und Stellvertreter*innen des Betriebsrats gewählt. Die Aufgaben, die unter den Ziffern 2 und 3 als Aufgaben des Vorsitzes dargestellt wurden, sind auch die Aufgaben, die Vorsitzende von Ausschüssen innehaben. Das bedeutet, dass Vorsitzende und Stellvertreter*innen von Ausschüssen die gleiche Rolle und Funktion im Ausschuss haben wie Vorsitzende und ihre Stellvertreter*innen im Betriebsrat.

dd. Gemeinsame Ausschüsse des Betriebsrats und Arbeitgebers (§ 28 Abs. 2 BetrVG)

Dies ist eine Form, die Betriebsratsarbeit zu strukturieren, aber nicht eine vollständig interne. Als Sonderform des Ausschusses kann der Betriebsrat einen Ausschuss *mit* dem Arbeitgeber bilden. Dann handelt es sich nicht um einen Ausschuss des Betriebsrats. Solche Ausschüsse können unterschiedlich gestaltet werden, da sie nicht im Detail gesetzlich geregelt sind. Meistens sind sie paritätisch besetzt – das bedeutet, dass der Betriebs-

rat und der Arbeitgeber genauso viele Mitglieder in den Ausschuss entsenden können. Wenn der Betriebsrat sich für einen solchen Ausschuss entscheidet – was sinnvoll sein kann – dann sollte vorab mit dem Arbeitgeber festgelegt werden, welche Regeln für die Arbeit des Ausschusses gelten sollen.
Wenn der Betrieb mehr als 100 Arbeitnehmer*innen hat, dann ist es auch zulässig, den Mitgliedern eines solchen Ausschusses, die der Betriebsrat entsendet hat, Aufgaben zur selbstständigen Entscheidung zu übertragen.

ee. Schulungen (§ 37 Abs. 6 und 7 BetrVG)

Wenn es um die Verteilung der Arbeit im Gremium geht, dann ist als Voraussetzung für eine sinnvolle Verteilung wichtig, dass die Betriebsratsmitglieder so geschult sind, dass sie die Arbeit auch tatsächlich bewältigen können – als Vorsitzende solltet Ihr darauf achten, dass das auch wirklich der Fall ist! Für Vorsitzende gelten hier die gleichen Regeln wie für die übrigen Mitglieder.
Damit die Betriebsratsmitglieder das nötige Wissen erlangen, gibt es einen Schulungsanspruch für Schulungen, die für die Betriebsratsarbeit erforderlich sind (§ 37 Abs. 6 BetrVG). Der Anspruch steht nicht dem einzelnen Mitglied zu, sondern dem Betriebsrat. Der Betriebsrat hat zu beschließen

- welches Mitglied
- wann
- welche Schulung besuchen soll.

Diese Entscheidung ist dem Arbeitgeber rechtzeitig vor der Schulung mitzuteilen, so dass der Arbeitgeber die Einigungsstelle anrufen kann, wenn er mit dem Zeitpunkt der Schulung nicht einverstanden ist,

> **Praxistipp:**
> Arbeitgeber gehen grundsätzlich nicht vor die Einigungsstelle wegen der zeitlichen Lage der Schulung – die Kosten für die Einigungsstelle wären meistens höher als die Kosten, die der Arbeitgeber wegen der für ihn ungünstigen Lage in Kauf nehmen muss. Die zeitliche Lage ist das einzige Thema, über welches eine Einigungsstelle entscheiden könnte.
> Das eigentlich immer wieder problematische Thema ist, ob die Schulung tatsächlich für die Betriebsratsarbeit erforderlich ist – das kann die Einigungsstelle nicht klären.

aber auch, damit er sich auf die Abwesenheit einstellen kann.

Wichtig:
Der Arbeitgeber wird nur informiert, eine Zustimmung oder Genehmigung durch den Arbeitgeber ist im Gesetz nicht vorgesehen!

Auch das Mitglied, welches zur Schulung gehen soll, muss eigentlich nicht einverstanden sein – es ist die Pflicht als Betriebsratsmitglied, sich entsprechend schulen zu lassen. Dennoch ist es natürlich sinnvoll, nach Möglichkeit bei den erforderlichen Schulungen die Wünsche der Betriebsratskolleg*innen hinsichtlich Zeitpunkt der Schulung und Thema zu berücksichtigen.

Praxistipp:
Es ist davon abzuraten, mit dem Arbeitgeber ein festes Budget für Schulungen zu vereinbaren – das ist etwas, was Arbeitgeber oft wünschen. Der Anspruch auf erforderliche Schulungen ist **unbegrenzt** und Ihr könnt für ein Jahr nicht vorhersagen, was alles noch passieren wird und eventuell eine Schulung erforderlich machen könnte! Schränkt Euren Schulungsanspruch deshalb besser nicht ein.

Der Arbeitgeber muss die Betriebsratsmitglieder für die Zeit der Schulung von der Arbeit freistellen, das Entgelt ohne Minderung bezahlen und die Schulungskosten inklusive der Verpflegung, Übernachtung und Anreise übernehmen.

Hinweis:
Der Betriebsrat muss sich bei Schulungen nicht auf digitale Formate verweisen lassen, auch dann nicht, wenn es einen großen preislichen Unterschied gibt!

Grundlagenschulungen

Es gibt Schulungen, die Grundlagen der Betriebsratsarbeit vermitteln. Diese Schulungen vermitteln Inhalte, die alle Betriebsratsmitglieder kennen müssen, um sinnvoll im Gremium mitarbeiten zu können. Bei diesen Schulungen wird grundsätzlich von der Erforderlichkeit für die Betriebsratsarbeit ausgegangen – jedes reguläre Mitglied ist auf alle diese Schulungen zu schicken. Themen solcher Schulungen sind zum Beispiel die Mitbestimmung des Betriebsrats nach § 87 BetrVG oder die Beteiligung bei personellen Maßnahmen nach § 99 BetrVG aber auch Grundlagen des individuellen Arbeitsrechts.

Spezialschulungen

Alle anderen Schulungen gelten als Spezialschulungen. Auch von diesen gibt es welche, die Kenntnisse vermitteln, die jeder Betriebsrat heutzutage braucht – nur müssen nicht alle Mitglieder diese Kenntnisse haben. Wie viele Mitglieder auf eine solche Schulung geschickt werden dürfen, hängt von der Größe des Betriebs und der Präsenz des Themas dort ab. Solche Themen sind zum Beispiel das BEM oder der Datenschutz.

Dann gibt es noch Spezialschulungen, bei denen die Erforderlichkeit gesondert vorliegen muss, weil nicht davon auszugehen ist, dass das Thema in jedem Gremium benötigt wird.

> **Praxistipp:**
> Wenn der Arbeitgeber erklärt, dass die Schulung nach seiner Auffassung nicht erforderlich ist, dann solltet Ihr tätig werden. Zwar kann das Mitglied die Schulung antreten, soweit der Betriebsrat das wirksam beschlossen hat – zu wirksamen Beschlüssen siehe Ziff. 3.d. Aber: Es ist zu befürchten, dass der Arbeitgeber die Kosten der Schulung nicht übernehmen wird und eventuell das Entgelt für den Zeitraum der Schulung nicht zahlt. Deshalb sollte der Betriebsrat bemüht sein, in so einem Fall die Erforderlichkeit der Schulung vorab zu klären – notfalls mit einem Beschlussverfahren vor dem Arbeitsgericht.

Individueller Schulungsanspruch der Betriebsratsmitglieder (§ 37 Abs. 7 BetrVG)

Über den eben dargestellten unbegrenzten Anspruch des Betriebsrats hat jedes Betriebsratsmitglied – nicht jedoch die Ersatzmitglieder – einen eigenen Anspruch auf Schulungen.

> **Praxistipp:**
> Eigentlich braucht es keinen Beschluss des Betriebsrats, aber es ist teilweise für das einzelne Mitglied einfacher, die Schulung dem Arbeitgeber mitzuteilen, wenn es dazu doch einen Beschluss des Betriebsrats gibt.

Der Anspruch ist auf drei Wochen pro Amtszeit beschränkt – in der ersten Amtszeit sind es einmalig vier Wochen.
Hier muss der Arbeitgeber wie auch bei dem anderen Schulungsanspruch bezahlt von der Arbeit freistellen. Aber: Der Arbeitgeber trägt keine weiteren Kosten. Das Betriebsratsmitglied muss selbst für die Schulungskosten inklusive der Reise-, Verpflegungs- und Übernachtungskosten aufkommen.

Und die Schulung muss als geeignet von einer Behörde anerkannt sein – dafür braucht das Thema der Schulung aber nicht erforderlich für die Betriebsratsarbeit zu sein.

> **Praxistipp:**
> Gewerkschaften bieten solche anerkannten Schulungen an und übernehmen regelmäßig die Schulungskosten für ihre Mitglieder – schon deshalb kann sich die Mitgliedschaft lohnen!

Dieser individuelle Schulungsanspruch steht den Betriebsratsmitgliedern unabhängig von einem je nach Bundesland eventuell vorhandenem Bildungsurlaub zu!

> **Praxistipp:**
> Da dieser Schulungsanspruch zeitlich beschränkt ist und der Arbeitgeber nur die Entgeltfortzahlung übernimmt, ist immer der Anspruch des Betriebsrats zu bevorzugen, wenn die Schulung erforderlich ist!

b. Externe Ressourcen

Das Gesetz sieht auch vor, wie der Betriebsrat auf Externe zugreifen kann, um seine Arbeit so gut wie möglich erledigen zu können. Diese verschiedenen Mittel sind ebenfalls dafür da, um die Betriebsratsarbeit besser zu verteilen und zu strukturieren und somit einer Überlastung einzelner entgegenzuwirken.

aa. Sachkundige Arbeitnehmer*innen (§ 80 Abs. 2 Satz 4 BetrVG)

Als Betriebsrat werdet Ihr immer wieder mit Themen konfrontiert, in denen Ihr keine Experten seid. Wenn Ihr ein solches Thema vertiefen möchtet, dann empfiehlt es sich zu prüfen, ob es das Know-How im Betrieb gibt. Gibt es tatsächlich im Betrieb Arbeitnehmer*innen, die in dem Bereich Wissen haben, das der Betriebsrat gerne hätte, dann könnt Ihr beim Arbeitgeber beantragen, dass die konkrete Person Euch als Auskunftsperson zur Verfügung gestellt wird. Der Arbeitgeber ist dann grundsätzlich verpflichtet, dem Betriebsrat die angeforderte Person zur Verfügung zu stellen. Der Betriebsrat hat dann das Recht, mit der oder dem Beschäftigten alleine zu sprechen.

bb. Arbeitsgruppen (§ 28a BetrVG)

Das Gesetz sieht vor, dass Aufgaben des Betriebsrats auf Arbeitsgruppen übertragen werden können. Mit der Arbeitsgruppe ist aber nicht eine Gruppe von Betriebsratsmitgliedern gemeint, sondern eine Gruppe von Arbeitnehmer*innen des Betriebs, die im Rahmen ihrer Arbeitsaufgaben eine Arbeitsgruppe bilden.

Eine solche Übertragung von Aufgaben ist nur vorgesehen für Betriebe, die mehr als 100 Arbeitnehmer*innen haben. Auch muss die Übertragung durch Beschluss des Betriebsrats erfolgen, der eine qualifizierte Mehrheit haben muss – über 50 % der Betriebsratsmitglieder der Anzahl nach – und in Schriftform erfolgen. Darüber hinaus muss eine Rahmenvereinbarung hierüber zwischen Betriebsrat und Arbeitgeber abgeschlossen werden. Auch müssen die übertragenen Aufgaben im Zusammenhang mit den Arbeitsaufgaben der Arbeitsgruppe stehen.

Kommt eine solche Arbeitsgruppe zusammen, so kann die Gruppe mit dem Arbeitgeber Vereinbarungen schließen, soweit die Mehrheit der Gruppenmitglieder dafür ist. Wenn zwischen Arbeitsgruppe und Arbeitgeber keine Einigung zustande kommt, übernimmt der Betriebsrat seine Aufgabe zurück.

cc. Externe Sachverständige (§ 80 Abs. 3 BetrVG)

Fehlt dem Betriebsrat zu einem Thema die Expertise, dann hat er auch ein Recht darauf, eine sachverständige Person zu beauftragen. Das können Sachverständige zu unterschiedlichen Themen sein: Betriebswirtschaft, Recht, Gesundheitsschutz etc. Die Voraussetzung ist, dass der Sachverstand für die Betriebsratsarbeit erforderlich ist und die/der Sachverständige nach Abstimmung mit dem Arbeitgeber beauftragt wird.

Dabei geht der Gesetzgeber davon aus, dass für das Thema Künstliche Intelligenz externer Sachverstand grundsätzlich erforderlich ist – das bedeutet, dass sobald es um Künstliche Intelligenz geht, der Arbeitgeber den externen Sachverstand nicht verweigern darf.

> **Praxistipp:**
> Wenn der Arbeitgeber den externen Sachverstand ablehnt – oft sind es die Kosten, mit denen der Arbeitgeber nicht einverstanden ist und die er durch seine anfängliche Ablehnung drücken will – dann empfiehlt es sich entweder
>
> - das betroffene Thema einzufrieren, soweit es ein Thema ist, bei dem der Arbeitgeber vorankommen möchte, bis eine Einigung über den Sachverstand erfolgt, oder

- soweit es eine Frage ist, die dem Betriebsrat am Herzen liegt, nach Möglichkeit, die Verhandlungen direkt für gescheitert zu erklären, so dass der Arbeitgeber, die Einigungsstelle in Aussicht, den günstigeren externen Sachverstand nicht mehr blockiert.

dd. Rechtsanwält*innen und sonstige Sachmittel (§ 40 BetrVG)

Über alles oben Erwähnte hinaus hat der Betriebsrat das Recht auf Kostenübernahme für sämtlichen Aufwand des Betriebsrats, der erforderlich für die Betriebsratsarbeit ist. Das können ganz verschiedene Sachen sein, zum Beispiel:

- Fachliteratur, auch Zeitschriften
- Technik wie Laptops und Smartphones
- Büropersonal
- Rechtsanwaltskosten bei Konflikten mit dem Arbeitgeber
- und vieles mehr

Welche Kosten Euer Arbeitgeber übernehmen muss, hängt davon ab, was für Eure Betriebsratsarbeit notwendig ist!

Hinweis:
Eine Rechtsanwältin kann als externe Sachverständige (§ 80 Abs. 3 BetrVG) für den Betriebsrat tätig werden, wenn es darum geht, den Betriebsrat mit ihrem Fachwissen zur Seite zu stehen.
Wenn es aber darum geht, Konflikte zwischen Betriebsrat und Arbeitgeber durch Vertretung des Betriebsrats zu begleiten, dann wären das Kosten für erforderliche Betriebsratsarbeit. Der wichtige Unterschied ist, dass der Betriebsrat dann die Rechtsanwältin beauftragen kann, ohne dies vorher mit dem Arbeitgeber abzustimmen! Das gilt sowohl für eine außergerichtliche Vertretung als auch für die Vertretung vor Gericht.

Exkurs: Gerichtsverfahren
Der Betriebsrat kann bei Konflikten mit dem Arbeitgeber Partei in einem Verfahren vor dem Arbeitsgericht sein – solche Verfahren heißen »Beschlussverfahren«. Der Betriebsrat kann ein solches Verfahren selbst einleiten oder in einem durch den Arbeitgeber eingeleiteten Verfahren »Beteiligter« (so heißen Parteien im Beschlussverfahren) sein.
Die Einleitung eines solchen Verfahrens ist sinnvoll, wenn der Arbeitgeber gegen Rechte des Betriebsrats verstößt.
Der Betriebsrat kann sich in der ersten Instanz selbst vertreten – durch Vorsitzende – es empfiehlt sich aber, eine*n Rechtsanwält*in zu beauftragen, siehe obiger Hinweis!
Das Beschlussverfahren verursacht keine Gerichtskosten – die Arbeitsgerichte führen die Verfahren tatsächlich kostenfrei – und die sonstigen Kos-

ten trägt der Arbeitgeber. Das sind auch die Kosten der Rechtsanwält*innen wie oben ausgeführt.
Das Verfahren beginnt mit der Antragsschrift ans Arbeitsgericht, dann findet ein Gütetermin vor dem*r der Gerichtskammer vorsitzenden Berufsrichter*in statt – es wird versucht, eine Lösung zu erzielen durch Einigung – und danach gibt es noch einen Anhörungstermin vor der ganzen Kammer (diese besteht aus der*m Berufsrichter*in und zwei ehrenamtlichen Richter*innen, jeweils eine Person aus der Sphäre der Arbeitnehmer*innen und der Arbeitgeber). Zwischen den Terminen werden Schriftsätze ans Gericht geschrieben und nach dem Anhörungstermin entscheidet das Gericht die Sache, die Entscheidung nennt sich »Beschluss«.
Das »normale« Beschlussverfahren dauert ca. ein halbes Jahr, aber die Dauer kann je nach Belastung der Gerichte und sonstigen Umständen sehr schwanken. Es gibt auch die Möglichkeit, ein Schnellverfahren vor dem Arbeitsgericht einleiten zu lassen – dies wird aber selten gemacht, weil es nur ausnahmsweise möglich ist. Die Seite, für die das Verfahren negativ ausgegangen ist, darf mit einer »Beschwerde« in die zweite Instanz gehen, spätestens dann muss ein*e Rechtsanwält*in beauftragt werden.

ee. Wirtschaftsausschuss (§§ 106 ff.)

In Unternehmen, die über 100 Arbeitnehmer*innen haben, sieht das Gesetz einen Wirtschaftsausschuss vor – dieser ist nicht an den Betrieb, sondern an das Unternehmen gebunden und die Mitglieder werden grundsätzlich von dem Gesamtbetriebsrat bestimmt, soweit es keinen gibt vom Betriebsrat.

Hinweis:
Der Wirtschaftsausschuss ist aber kein Ausschuss des Betriebsrats!

Der Ausschuss besteht aus drei bis sieben Personen, die alle dem Unternehmen angehören, aber nicht zwingend Arbeitnehmer*innen sein müssen – es dürfen auch leitende Angestellte benannt werden. Es muss aber mindestens ein Betriebsratsmitglied im Ausschuss Mitglied sein. Vorsitzende sind nicht automatisch Mitglieder.

Hinweis:
Wichtig ist, dass die Benannten das wirtschaftliche Know-How haben – hier sollten Betriebsratsmitglieder unbedingt vorab entsprechend geschult werden.

Die Sitzungen sollen monatlich stattfinden. Der Betriebsrat hat über die Sitzungen einen Bericht zu erhalten. Der Betriebsrat soll auch mit einbezogen werden in die Erläuterung des Jahresabschlusses, welche der Arbeitgeber dem Ausschuss schuldet.
Das Gesetz sieht keinen Vorsitz vor, aber die Mitglieder des Ausschusses dürfen die Geschäftsführung wie im Betriebsrat organisieren und auch einen Vorsitz wählen. Inwieweit dann die Regeln, die wir zur Geschäftsführung des Betriebsrats kennengelernt haben, gelten, entscheiden die Ausschussmitglieder.
Der Wirtschaftsausschuss ist das Bindeglied zwischen Arbeitgeber und Betriebsrat in wirtschaftlichen Angelegenheiten – dies solltet Ihr als Gremium nutzen.

ff. Arbeitsschutzausschuss (§ 11 ASiG)

Bei dem Arbeitsschutzausschuss handelt es sich um keinen Ausschuss des Betriebsrats, aber um einen Ausschuss, den der Arbeitgeber in Betrieben mit mehr als 20 Arbeitnehmer*innen bilden muss und dem zwei Betriebsratsmitglieder angehören sollen. Die zwei Mitglieder bestimmt der Betriebsrat – es gibt auch hier keinen Automatismus über die Teilnahme der*s Vorsitzenden.
Der Ausschuss soll mindestens vierteljährlich tagen und hat die Aufgabe über Arbeitsschutz und Unfallverhütung zu beraten. Hier kann der Betriebsrat auch Themen zumindest platzieren oder durch seine zwei Mitglieder voranbringen.

gg. Gesamtbetriebsrat, Konzernbetriebsrat und Europäischer Betriebsrat

Es kann sein, dass es über Euren Betriebsrat hinaus noch andere Gremien gibt, die bei Euch im Unternehmen und/oder Konzern vorhanden sind. Diese Gremien arbeiten auch als Arbeitnehmer*innenvertretungen und können bei der Arbeitsverteilung berücksichtigt werden. Eventuell könntet Ihr als Betriebsrat sie mit Arbeit beauftragen (den GBR) oder Themen, die bereits in ihrer Zuständigkeit sind, dort platzieren (GBR, KBR und EBR). Ihr könnt es Euch überlegen, in diesen Gremien selbst aktiv zu werden und gar den jeweiligen Vorsitz zu übernehmen.

Gesamtbetriebsrat (§§ 47 bis 53 BetrVG)

Gibt es in Eurer Firma mehr als einen Betriebsrat, dann ist ein GBR einzurichten. Dieser ist den Betriebsräten nicht übergeordnet – vielmehr handelt es sich um ein Gremium mit weniger Rechten, als Betriebsräten zustehen. Denn die Zuständigkeit des GBR ist auf Fälle beschränkt, die mehrere Betriebe betreffen und von den Betriebsräten nicht geregelt werden können.

> **Aber:**
> Der Betriebsrat kann den GBR mit Aufgaben beauftragen. Dazu braucht es einen Beschluss, der mit der anzahlmäßigen Mehrheit der Betriebsratsmitglieder gefasst wurde. Die Beauftragung kann vorsehen, dass dem GBR bei dem Thema auch die Entscheidungsbefugnis übertragen wird oder dass diese beim Betriebsrat verbleibt.

Der Betriebsrat entsendet in den GBR ein Mitglied oder zwei, wenn der Betriebsrat mehr als drei Mitglieder hat. Betriebsratsvorsitzende werden nicht automatisch in den GBR entsendet. Die Mitglieder des GBR bleiben so lange Gesamtbetriebsratsmitglieder, wie sie auch Mitglieder des Betriebsrats sind. Der GBR an sich hat keine Amtszeit.
Der GBR funktioniert hinsichtlich des Rahmens seiner Arbeit wie der Betriebsrat; auch hier werden Vorsitzende und Stellvertreter*innen gewählt, auch hier gibt es regelmäßige Sitzungen und die Entscheidungen werden nach den gleichen Regeln durch Beschluss getroffen – nur hat ein Mitglied so viele Stimmen wie Arbeitnehmer*innen auf der Wähler*innenliste in seinem Betrieb stehen, sind es zwei Mitglieder, dann haben sie jeweils die Hälfte dieser Stimmen. Daraus ergibt sich, dass für die Beschlussfähigkeit eines GBR nicht nur mindestens die Hälfte der Mitglieder anwesend sein muss, sondern diese auch mindestens die Hälfte aller Stimmen haben müssen. Ein Gesamtbetriebsausschuss ist auch vom Gesetz vorgesehen.
Zusammenfassend lässt sich sagen, dass daher Vorsitzende des GBR die gleichen Aufgaben haben wie Vorsitzende von Betriebsräten.

Betriebsräteversammlung (§ 53 BetrVG)
Der GBR hat mindestens einmal im Kalenderjahr die Vorsitzenden und Stellvertreter*innen – unabhängig von einer Verhinderung der ersten – sowie alle weiteren Mitglieder der Betriebsausschüsse zu einer Versammlung einzuladen. Die Betriebsräte können abweichend von der Einladung auch andere Mitglieder bis zu der Anzahl der Betriebsausschussmitglieder in diese Versammlung entsenden.
Hier soll der GBR einen Tätigkeitsbericht abgeben. Der Arbeitgeber soll zu den Themen im Unternehmen berichten, über die er auch kalenderjährlich auf einer Betriebsversammlung einen Bericht schuldet.

Konzernbetriebsrat (§§ 54-59a BetrVG)

Ist das Unternehmen, in dem sich Euer Betriebsrat befindet, Teil eines Konzerns, gibt es mindestens einen Gesamtbetriebsrat oder Betriebsrat und beschließt die vorhandene Arbeitnehmer*innenvertretung, die mindestens 50 % der Arbeitnehmerschaft des Konzerns repräsentiert, die Bildung eines KBR, dann wird dieser errichtet. Der Beschluss für die Bildung kann durch mehrere GBR aber auch durch nur einen Betriebsrat erfolgen, wenn die obigen Voraussetzungen erfüllt sind.

Auch hier handelt es sich um ein Gremium, welches Eurem Betriebsrat nicht übergeordnet ist – auch hier ist die Zuständigkeit wie schon bei dem GBR auf Fälle beschränkt, die mehrere Unternehmen des Konzerns betreffen und von den Gesamtbetriebsräten nicht geregelt werden können. Und auch hier gibt es die Möglichkeit der Beauftragung, nur wäre der Beauftragende der GBR.

> **Hinweis:**
> Der Betriebsrat kann den KBR *nicht* mit Aufgaben beauftragen. Als Betriebsratsmitglieder, auch Vorsitzende, habt Ihr keinen »Durchgriff« auf den KBR!

In den KBR entsendet jeder GBR zwei Mitglieder. Jedes Mitglied hat dann die Hälfte der Gesamtstimmen seines GBR. Auch hier sind Vorsitzende und Stellvertreter*innen nicht automatisch Mitglieder. Die Geschäftsführung entspricht der des GBR und ist somit erneut wie beim Betriebsrat, so dass auch die Vorsitzenden und Stellvertreter*innen des KBR vergleichbare Aufgaben haben wie Vorsitzende des GBR und der Betriebsräte.

Europäischer Betriebsrat

Der europäische Betriebsrat (EBR) ist ein Gremium, das existieren kann, soweit Euer Arbeitgeber oder der Konzern, zu dem dieser gehört, mindestens 1000 Arbeitnehmer*innen in der EU hat und davon mindestens 150 in jeweils mindesten zwei EU-Staaten arbeiten.

Es handelt sich um ein Gremium, welches zumeist lediglich Rechte auf Informationen hat und daher den nationalen Gremien weder übergeordnet ist noch starke Möglichkeiten hat, Arbeitnehmer*innen zu vertreten. Es kann jedoch ein politisches Gewicht haben.

Der EBR kann ganz unterschiedlich ausgestaltet sein, da vorrangig eine Einigung über die Ausgestaltung mit dem Arbeitgeber stattfinden soll und nur wenn dies scheitert oder das der Wunsch der Parteien ist, finden die gesetzlichen Regeln des Europäischen Betriebsräte-Gesetzes (EBRG)

Anwendung. Üblich ist auch hier ein Vorsitz – die gesetzliche Variante sieht dies jedenfalls vor.

hh. Einigungsstelle (§§ 76 und 76a BetrVG)

Für Themen der zwingenden Mitbestimmung – insbesondere alles, was unter § 87 BetrVG fällt – hat das Gesetz eine spezielle Lösung vorgesehen, wenn Betriebsrat und Arbeitgeber sich bei der Gestaltung dieser Themen nicht einigen können. Hier wäre ein Gerichtsverfahren nicht sinnvoll, weil ein Gericht nur eine bestimmte Fragestellung entscheiden kann und keine Möglichkeit hat, eine Thematik wie zum Beispiel die Regelung der Arbeitszeit für einen Betrieb zu gestalten. Für diese Fälle gibt es die »Einigungsstelle«.

Wie kommt aber der Betriebsrat zur Einigungsstelle?

Der Ablauf ist der folgende:

- Die Betriebsparteien können sich über ein Thema, für welches die Einigungsstelle vorgesehen ist (z. B. §§ 39 Abs. 1, 85 Abs. 2, 87 Abs. 2, 91, 94 Abs. 1, 95 Abs. 1 und 2, 97 Abs. 2, 98 Abs. 4, 109, 112 Abs. 4 BetrVG) nicht einigen.
- Der Betriebsrat beschließt, die Einigungsstelle »anzurufen« – also in die Einigungsstelle zu gehen und teilt das dem Arbeitgeber mit.
- Die Betriebsparteien einigen sich auf eine*n Vorsitzenden und die Anzahl der Beisitzer*innen *oder* bei fehlender Einigung ersetzt das Gericht diese Einigung durch eine Entscheidung über die Person, die den Vorsitz übernimmt und die Anzahl der beisitzenden Personen.
- Der Betriebsrat beschließt, wer die Beisitzenden auf seiner Seite sein sollen.
- Die/Der Vorsitzende legt einen Termin fest.
- Die Einigungsstelle kommt zu dem Termin zusammen.

Vorsitz

Diesen übernehmen üblicherweise Personen, die Jurist*innen sind und sich sehr gut im Arbeitsrecht auskennen. Früher waren es fast ausschließlich Richter*innen der Arbeitsgerichtsbarkeit, die diese Funktion zusätzlich zu ihrem Richteramt ab und zu übernahmen. Auch heute sind es oft Personen, die am Arbeitsgericht als Richter*innen tätig sind, aber auch Jurist*innen, die sich auf Einigungsstellen spezialisiert haben und den Vorsitz als Haupttätigkeit ausüben, ohne am Arbeitsgericht beschäftigt zu sein. Da sich die Parteien auf eine Person einigen sollen, sollten es Personen sein, die gute Lösungen für Betriebe erzielen und nicht ausgewiesene Arbeitnehmer*innen- oder Arbeitgebervertreter*innen.

Tipp:
Hört Euch unbedingt bei Personen, denen Ihr vertraut, wie zum Beispiel Eurem Rechtsbeistand oder Eurer Gewerkschaft nach Empfehlungen um!

Beisitzer*innen – das kann jede*r sein! Ihr als Betriebsrat entscheidet, ob es Interne oder Externe sein sollen. Es ist wichtig, eine*n Jurist*in als Beisitzer*in zu benennen. Ansonsten kann es sein, dass je nach Thema noch ein*e Expert*in notwendig wird; zum Beispiel bei einem IT-System eine Person aus diesem Fachbereich. Soweit genug Plätze für Beisitzende vorhanden sind, sollte auch eine Person aus dem Betriebsrat in die Einigungsstelle entsandt werden – es muss nicht die*der Vorsitzende sein.

Hinweis:
Sollte es nicht genug Plätze für alle Personen geben, so dürfen Mitglieder des Betriebsrats auch als Gäste an der Sitzung der Einigungsstelle teilnehmen!!

Bei der Auswahl der Beisitzenden solltet Ihr unbedingt bedenken, dass diese Personen in der Einigungsstelle jeweils ein Stimmrecht haben und dieses unabhängig von der Meinung des Betriebsrats ausüben dürfen.

Ablauf und Ausgang
In der Sitzung sitzen sich die Beisitzer*innen beider Seiten gegenüber, die Vorsitzenden sitzen üblicherweise in vermittelnder Position vor beiden Parteien und leiten und protokollieren die Sitzung. Diese wird auch für Unterredungen der Seiten – teilweise auch unter Hinzuziehung der Vorsitzenden – unterbrochen. Reicht eine Sitzung nicht, um das Thema zu behandeln und ein Ergebnis zu erzielen – was oft der Fall ist – dann wird die Einigungsstelle in weiteren Sitzungen fortgesetzt. Die Vorsitzenden übernehmen sodann auch die Koordination der Termine und der Kommunikation zwischen den Sitzungen. Die Einigungsstelle endet, wenn es eine Einigung auf ein Ergebnis in der Sache gibt – meist in Form einer Betriebsvereinbarung. Kommt eine Einigung nicht zustande, dann dürfen beide Seiten einen Vorschlag zur Abstimmung vorlegen – über die vorgelegten Vorschläge wird abgestimmt. Bei der ersten Abstimmung nehmen nur die Beisitzer*innen teil und wenn hier keine Mehrheitsentscheidung getroffen wird, dann findet eine zweite Abstimmung statt, in der die*der Vorsitzende ebenfalls teilnimmt und somit faktisch den Ausschlag gibt – ein auf diese Art und Weise zustande gekommenes Ergebnis der Einigungsstelle wird als »Spruch der Einigungsstelle« bezeichnet.

Hinweis:
Sind nicht alle Beisitzer*innen einer Seite anwesend, so kann diese Seite überstimmt werden!
Der Spruch der Einigungsstelle kann nur binnen zwei Wochen vor dem Arbeitsgericht angegriffen werden!

Kosten – diese übernimmt der Arbeitgeber. Es ist üblich, dass Vorsitzende einen Tagessatz pro Sitzung abrechnen, welchen sie selbst bestimmen. Externe Beisitzer*innen rechnen sodann üblicherweise 7/10 des Tagessatzes der Vorsitzenden ab. Interne Beisitzende und Gäste dürfen nichts abrechnen, insoweit gelten die Regeln zur Bezahlung von Betriebsräten bei Erledigung von Betriebsratsarbeit.

5. Öffentlichkeitsarbeit

Ein weiterer wichtiger Aspekt sind die vom Gesetz vorgesehenen Möglichkeiten des Betriebsrats mit der Belegschaft zu kommunizieren.
An dieser Stelle ist es sehr wichtig, sich ganz klar zu machen, dass Betriebsräte keine »Geheimräte« sind – das bedeutet, dass es grundsätzlich keine Verpflichtung gibt, die Betriebsratsarbeit geheim zu halten. Wir haben bereits erfahren, dass die Mitglieder untereinander das Recht auf den gleichen Wissensstand haben. Nach außen dürfen die Mitglieder Informationen ebenfalls grundsätzlich frei mit der Arbeitnehmerschaft teilen – dieses Recht wird nur begrenzt durch die Pflicht, Betriebs- und Geschäftsgeheimnisse nicht zu verraten und mit personenbezogenen Daten entsprechend dem Datenschutz zu verfahren.

Praxistipp:
Für die Betriebsratsarbeit ist es oft von Vorteil, die Belegschaft hinter sich zu wissen – zum Beispiel bei Verhandlungen zu einer Betriebsvereinbarung – um das zu erreichen, muss die Kommunikation mit der Belegschaft gepflegt werden.

a. Sprechstunde (§ 39 BetrVG)

Der Betriebsrat darf eine Sprechstunde für die Kolleg*innen anbieten – Ihr könnt frei entscheiden, ob Ihr das machen wollt. Die Sprechstunde ist dann während der Arbeitszeit abzuhalten.

Die genaue Zeit und der Ort sind mit dem Arbeitgeber zu vereinbaren – wenn das nicht klappt, dann hat eine Einigungsstelle darüber zu entscheiden.
Soweit es eine JAV gibt und diese keine Sprechstunde hat, darf sie mit einem Mitglied an der Sprechstunde teilnehmen.
Die Arbeitszeit, die Arbeitnehmer*innen in der Sprechstunde verbringen, ist zu bezahlende Arbeitszeit.
Natürlich darf der Betriebsrat, auch wenn er eine Sprechstunde hat, jederzeit Arbeitnehmende sprechen!

b. Betriebsversammlung (§§ 42 bis 46 BetrVG)

Die größte gesetzlich vorgesehene Plattform für die Information der Belegschaft ist die Betriebsversammlung.
Dabei ist die Betriebsversammlung eine Veranstaltung des Betriebsrats: Der Betriebsrat organisiert die Betriebsversammlung, bestimmt den Zeitpunkt und führt sie durch – die Vorsitzenden leiten die Versammlung.

Hinweis:
Der Betriebsrat hat auch das Hausrecht in der Betriebsversammlung und die Vorsitzenden die Leitung inne.

Praxistipp:
Deshalb sollte der Betriebsrat auch die Hoheit über die verwendete Technik behalten, um auch tatsächlich seine Entscheidungen im Rahmen des Hausrechts umsetzen zu können – zum Beispiel einer Person, die ihre Redezeit überschreitet, letztendlich das Mikro abzuschalten.
Dass die Vorsitzenden die Versammlung leiten, bedeutet nicht, dass sie alles übernehmen müssen – davon ist sogar abzuraten! Lasst auch andere Mitglieder Themen übernehmen, das wird die Versammlung auflockern und abwechslungsreicher machen. Auch sonstige kreative Ideen sind sehr willkommen und können die Versammlung attraktiver machen – am besten bildet Ihr einen Ausschuss zur Organisation der Versammlung und die Ausschussmitglieder lassen ihrer Kreativität freien Lauf!

Die Betriebsversammlung ist für die Arbeitnehmer*innen und nicht öffentlich – zwar können zu bestimmten Themen Gäste eingeladen werden, aber grundsätzlich sind Betriebsfremde nicht zugelassen.
Ein Recht, anwesend zu sein, haben die im Betrieb vertretenen Gewerkschaften und der Arbeitgeber mit seinem Verbandsvertreter. Den Gewerkschaften ist der Termin mit Tagesordnung rechtzeitig schriftlich mit-

zuteilen. Der Arbeitgeber ist einzuladen und die Tagesordnung ist auch ihm mitzuteilen.
Das Gesetz geht von einer Betriebsversammlung pro Quartal aus.

> **Achtung:**
> Eine Betriebsversammlung pro Quartal ist eine Vorgabe und nicht etwa eine Option. Der Betriebsrat ist gesetzlich verpflichtet, eine Versammlung pro Quartal durchzuführen.

Der Betriebsrat darf darüber hinaus eine weitere Versammlung pro Halbjahr anlassbezogen durchführen.
Auf Antrag des Arbeitgebers und eines Viertels der Belegschaft hat der Betriebsrat auch unabhängig von der sonstigen Anzahl eine Betriebsversammlung zu organisieren.
Die Gewerkschaft kann eine Versammlung beantragen, wenn in dem davorliegenden Halbjahr keine stattgefunden hatte.
Inhaltlich kann der Betriebsrat alle relevanten Themen in der Betriebsversammlung behandeln. Verpflichtet ist der Betriebsrat, auf den regelmäßigen Versammlungen einen Tätigkeitsbericht abzugeben. Der Arbeitgeber darf auf den Versammlungen sprechen.

> **Praxistipp:**
> Der Betriebsrat sollte dem Arbeitgeber eine Redezeit vorgeben und nachhalten. Die Redezeit sollte weder am Anfang noch am Ende der Versammlung liegen, damit sie die Versammlung nicht zu sehr dominiert und der Betriebsrat auf die Inhalte noch reagieren kann.

Einmal im Jahr ist der Arbeitgeber verpflichtet, ebenfalls einen Bericht abzugeben. Der Bericht soll das Personal- und Sozialwesen, die wirtschaftliche Lage und Entwicklung des Betriebs und den betrieblichen Umweltschutz behandeln.
Die Betriebsversammlung selbst kann Anträge an den Betriebsrat richten.

> **Hinweis:**
> Die Betriebsversammlung findet in Präsenz statt – hybride und digitale Formen sind gesetzlich nicht vorgesehen. Auch Aufnahmen sind nicht zulässig.

Sie findet soweit möglich in der Arbeitszeit statt – zumindest soweit es sich um die regelmäßigen Quartalsversammlungen oder eine durch den

Arbeitgeber beantragte Versammlung handelt. Die Teilnahme und der Weg zur Versammlung sind Arbeitszeit, eventuell durch die Versammlung verursachte Fahrtkosten trägt der Arbeitgeber.
Sonstige Versammlungen sind nur dann in der Arbeitszeit durchzuführen und die Teilnahme als Arbeitszeit zu werten, soweit der Arbeitgeber einverstanden ist!

aa. Abteilungsversammlungen (§ 42 Abs. 2 BetrVG)

Es kann sein, dass es Themen gibt, die besonders bestimmte abgrenzbare Teile der Belegschaft betreffen und in einer Vollversammlung keinen Platz hätten. In einer solchen Situation sieht das Gesetz die Möglichkeit vor, für Teile der Arbeitnehmerschaft separate Betriebsversammlungen zu machen, die als Abteilungsversammlungen bezeichnet werden und die regelmäßige Betriebsversammlungen ersetzen. Das ist nur einmal im Kalenderhalbjahr zulässig – also können im Schnitt bis zu 50 % der Vollversammlungen durch Abteilungsversammlungen ersetzt werden. Die Abteilungsversammlungen finden möglichst gleichzeitig statt und werden von einem Betriebsratsmitglied geleitet, welches Arbeitnehmer*in der »Abteilung« ist.

bb. Teilversammlungen

Von den Abteilungsversammlungen sind die Teilversammlungen zu unterscheiden – hierbei geht es um die Lösung für eine Situation, bei der eine Vollversammlung nicht inhaltlich problematisch wäre, sondern hinsichtlich zum Beispiel der zeitlichen Lage. Solche Fälle sind zum Beispiel Betriebe, die in Schicht arbeiten, so dass es nicht möglich ist, die Versammlung in der Arbeitszeit aller zu machen.

c. Sonstige Kommunikation

Über diese gesetzlich vorgesehenen Kanäle hinaus könnt Ihr – und solltet es auch – bei der Kommunikation mit Euren Arbeitnehmer*innen kreativ werden. Unabhängig davon, ob es klassisch über Aushänge an dem »schwarzen Brett« (auf dieses – oder wenn betriebsüblich ein zeitgemäßeres Pendant wie einen Bildschirm – habt Ihr einen Anspruch), Rundmails, eine Zeitschrift, eine Intranetseite oder einen Videoblog läuft; Ihr solltet die Kolleg*innen auf dem Laufenden halten, darüber erzählen, wenn Ihr Gutes tut und auch regelmäßig Wünsche und Stimmungen abfragen. All solche Kommunikationswege verursachen wenn dann nur überschaubare Kosten, die vom Arbeitgeber in Rahmen des § 40 BetrVG – siehe Ziff. 4.b.dd. – zu tragen sind.

6. Und sonst?

Über den oben geschilderten Rahmen hinaus, der Eure Aufgaben im Betriebsrat als Vorsitzende und die Möglichkeiten, die Betriebsratsarbeit intern und unter Hinzuziehung von externen Ressourcen zu organisieren, skizziert, gibt es noch etwas Wichtiges zu beachten: Eure Position als Arbeitnehmer*innen im Betrieb.
Zwar betrifft dies alle Betriebsratsmitglieder, aber Vorsitzende und Stellvertreter*innen sind subjektiv hier mehr im Fokus, da diese Personen eben das Sprachrohr des Betriebsrats sind und damit ihre Rolle dem Arbeitgeber besonders präsent ist.

a. Kein geringeres Entgelt (§ 37 Abs. 4 BetrVG)

Ihr dürft keine Nachteile erfahren, indem Euch ein geringeres Gehalt als vergleichbaren Arbeitnehmer*innen mit betriebsüblicher Entwicklung gezahlt wird – das gilt während der gesamten Amtszeit. Es gilt darüber hinaus auch ein oder zwei Jahre nach der Amtszeit – die Verlängerung auf zwei Jahre betrifft Kolleg*innen, die mindestens drei Amtszeiten freigestellt waren.
Wer vergleichbare Arbeitnehmer*innen sind, ist nicht so einfach zu beantworten. Mittlerweile sieht das Gesetz ausdrücklich vor, dass Arbeitgeber und Betriebsrat ein Verfahren regeln können, wie die Vergleichbarkeit festgestellt wird. Auch sieht das Gesetz vor, dass Vergleichspersonen zwischen dem Betriebsrat und dem Arbeitgeber vereinbart werden. Die vergleichbaren Personen sollen mindestens in Textform – hier reicht eine E-Mail – vereinbart werden. Das Verfahren ist in einer Betriebsvereinbarung zu regeln. Wenn eine solche Vereinbarung getroffen wurde, dann soll ein Arbeitsgericht von der Vergleichbarkeit wie vereinbart ausgehen.

> **Praxistipp:**
> Macht Euch Gedanken über vergleichbare Kolleg*innen und tragt Sorge dafür, hier mit dem Arbeitgeber eine Regelung zu finden. Nehmt lieber mehrere Personen als »Vergleichbare« und vereinbart eine durchschnittliche Betrachtung, um nicht durch einzelne Ausreiser benachteiligt zu werden!

b. Keine Nachteile bei der Beschäftigung (§ 37 Abs. 5 BetrVG)

Der Arbeitgeber darf Euch grundsätzlich keine Tätigkeiten zuweisen, die nicht mit den Tätigkeiten der vergleichbaren Kolleg*innen gleichwertig sind. Hier gilt auch, dass dies in der gesamten Amtszeit und ein Jahr – oder bei drei Amtszeiten Freistellung zwei Jahre – nach der Amtszeit gilt.

c. Keine Nachteile bei der beruflichen Entwicklung (§§ 28 Abs. 4 und 78 Satz 2 zweiter Halbsatz BetrVG)

Ihr dürft keine Nachteile in der beruflichen Entwicklung erleiden. Das bedeutet, dass soweit es Fortbildungen oder sonstige Entwicklungsmöglichkeiten gibt, Ihr genau wie Nichtbetriebsrät*innen die Möglichkeit zur Teilnahme haben solltet – auch wenn Ihr vollständig freigestellt sein solltet. Bei einer Freistellung nach § 38 BetrVG müsst Ihr ein Jahr danach die Möglichkeit erhalten, die Entwicklung, soweit sie doch versäumt wurde, nachzuholen und wenn Ihr drei und mehr Amtszeiten freigestellt wart, dann sogar zwei Jahre.

Praxistipp:
Lasst Eure berufliche Entwicklung nicht in Vergessenheit geraten! Sorgt dafür, dass Ihr auch auf dieser Ebene vorankommt und auf dem bestmöglichen Stand seid, so dass, wenn Ihr doch nicht mehr im Amt sein solltet, Eure Chancen in Eurem ursprünglichen Beruf so gut wie möglich sind!

II. Leitung des Betriebsrats-gremiums

1. Die drei Kernbereiche von Leitung und Führung

Die Leitung eines Betriebsratsgremiums verlangt neben den fachlichen und gesetzlichen Grundlagen, die die Mitbestimmung zu einem besonderen Tätigkeitsbereich machen, ähnliche Kompetenzen, die Führungskräfte in allen Bereichen von Führung und Leitung auch brauchen. Im Wesentlichen hat Führung drei Hauptaufgaben, die im Folgenden beschrieben werden.[1]

a. Die Richtung zeigen

Hiermit ist die inhaltliche Grund-Richtung gemeint. Welche Themen möchte das Gremium aufgreifen? Welche Themen sind an das Gremium herangetragen worden, von der Belegschaft, vom Arbeitgeber? Und was macht das Gremium daraus? Die ersten Ideen und erste Zielrichtungen hierzu werden in der Regel von den Vorsitzenden formuliert und dem Gremium vorgeschlagen. Trotz dessen, dass ein Gremium stets nach demokratischen Prinzipien arbeitet, ist es hilfreich, wenn eine Person die Verantwortung dafür übernimmt, die grobe Richtung in den Blick zu nehmen. Selbst, wenn nicht alle Vorschläge, Ideen oder Ziele, die Vorsitzende einbringen, am Ende mehrheitsfähig sind, eine inhaltliche Ausrichtung zu haben, wirkt sich in der Regel positiv auf eine Gruppe aus.

b. Die Dinge organisieren

Hier geht um die praktische, konkrete organisatorische Umsetzung der Arbeit des Gremiums. Das BetrVG enthält wichtige Vorgaben, wie Mit-

1 Vgl. Richter, T./Groth, T.: Wirksam führen mit Systemtheorie. Kernideen für die Praxis, Carl-Auer 2023.

bestimmung rechtlich organisiert werden muss. Dies und auch andere organisatorische Mittel oder sonstige im Gremium getroffene Vereinbarungen im Blick zu behalten, ist vornehmliche Aufgabe des Vorsitzes und/oder der Stellvertretung, je nach deren Absprache. Möglicherweise sind einzelne Mitglieder bereits genug erfahren und leisten hierzu Beiträge oder aber hinterfragen Fehler oder Missstände. Verlangen kann man dies jedoch nicht von allen und es braucht hierzu eine verantwortliche Leitungsübersicht.

c. Menschen mitnehmen

Menschen mitzunehmen ist einer der wichtigsten Aspekte von Führung und Leitung, denn was nützt mir mein Anstrengen und mein Energieaufwand, wenn niemand mitkommt, mitmacht, dabeibleibt. In diesem Führungsbereich kann rein auf der zwischenmenschlichen Ebene vieles sehr richtig gemacht werden. Leider passieren auf dieser Ebene aber auch viele Fehler, meistens unwissentlich. Fehler, die allerdings große Auswirkungen auf die Beteiligung und die Motivation der Kollegen im Gremium haben können. Dieser Bereich wird in unseren Ausbildungen oft stiefmütterlich behandelt, er ist aber so wichtig, dass wir ihm sehr große Teile dieses Buches widmen werden.

d. Was ist gute Führung?

Wenn man Menschen, die geführt werden, danach fragt, was für sie gute Führung ist, bzw. wie sie geführt werden möchten, kann man rasch feststellen, dass die Vorstellungen darüber nicht weit auseinander liegen. In unseren Seminaren tun wir das recht häufig.[2]
Auf die Frage, was unter guter Führung verstanden wird, kommen Nennungen, wie:

2 Vgl. Baschab, F.; Kaiser, J., 2019.

Abb. 1: Aspekte guter Führung

• Mitarbeitende begeistern • Den Rücken stärken • Kooperativer Führungsstil • Nutzung des Schwarmwissens • Führen durch Vorbild • Dankbarkeit gegenüber der Mitarbeit der Leute ausdrücken • Vorhaben auch umsetzen • Wertschätzung • Zusammenarbeit macht Spaß • Feedback kommt direkt • Ein Mensch sein • Einbeziehung aller Beteiligten • Kritikfähigkeit der Führungskraft • Erkennbare Strategie im Bearbeiten der Aufgaben	• Verantwortung übernehmen • Gemeinsame Ziele • Offene und direkte Kommunikation • Lob, Feiern von Erfolgen • Vertrauen und Empathie • Handlungsraum zulassen • Rechtzeitige und umfassende Information • Gute Moderation der Gruppe • Integres Verhalten der Führungskraft • Individuen kennen und individuell fördern • Konsequenz im Tun • Gute und erkennbare Arbeitsstruktur • Gemeinsame Strategie • Integration

Man kann diese Liste sicherlich noch ergänzen. Auffallend ist, dass bei den Nennungen selten technische Tools, wie z. B. Projektmanagement, Strategieinstrumente, Messbarkeits-Tools, oder ähnliches aufgezählt werden. Es handelt sich bei den oben aufgezählten Nennungen aus den Seminaren im Wesentlichen um die sog. *weichen Faktoren*, also die menschliche Seite der Führung. Auffallend dabei ist, dass diese Faktoren auf der Managementseite von Organisationen genauso aufgezählt werden würden, wie bei Mitgliedern ehrenamtlicher Gremien, wie einem Betriebsrat. Jährlich durchgeführte Studien, wie z. B. die des Gallup-Institutes[3], belegen immer wieder, wie wichtig diese Faktoren für Mitarbeitende sind, bzw. was im Führungszusammenhang immer noch, trotz besseren Wissens, alles falsch gemacht wird. Auch die am häufigsten vorkommenden Führungsfehler liegen auf dieser menschlichen Seite.

Nicht zuletzt geben die modernen Neurowissenschaften Aufschluss darüber, dass diese Aspekte von großer Bedeutung für das Führen und Leiten und Mitmachen sind. Es macht also keinen großen Unterschied, wo geführt wird, mit welchem Thema oder Inhalt, in welchem Kontext, ja sogar in welcher Kultur. Die menschlichen Faktoren sind das Hauptelement erfolgreicher Führung, die Basis, auf der organisatorische und

3 Vgl. *www.Gallup.com.*

technische Mittel aufsetzen. Moderne Führungskonzepte berücksichtigen diese Themen. Ältere Führungsverständnisse bzw. – konzepte gehen genau andersherum vor, nämlich die technische Seite vor der menschlichen.

e. Vier Führungsebenen

Führung hat dabei mehr als nur eine Führungsebene, die naheliegende, die der Gruppe. Es kommen noch drei weitere Ebenen dazu, die in dieser Form häufig übersehen werden, die aber von Wichtigkeit sind und auch mit Sorgfalt und Aufmerksamkeit bespielt werden sollten.

aa. Führung der eigenen Person

Auf dieser Ebene wäre zu hinterfragen, wie man sich selbst führt, wenn man es denn überhaupt tut. Aber wer sich nicht selbst führt, wird von anderen geführt. Manchmal mehr als einem lieb sein kann, denn auch eine Tätigkeit im Ehrenamt oder in der Freistellung darf nicht ausschließlich den an einen herangetragenen Aufgaben ausgesetzt sein. Ein pragmatisches Maß an Selbststeuerung ist notwendig, um nicht in einen Dauerzustand von Stress oder Überforderung zu gelangen. Selbststeuerung ist aber auch notwendig, um das Verhältnis des eigenen Anspruchs und dessen Umsetzung in einer Balance zu halten. Und nicht zuletzt, die Reflexion darüber, welche der eigenen Interventionen in das Gremium welche Wirkung haben und welche Verhandlungsergebnisse auf welche Art mit dem Arbeitgeber erzielt werden und was daran verbessert werden könnte.

bb. Führung einzelner Mitglieder des Gremiums

Eher ungewöhnlich für Vorsitzende des BR-Gremiums ist die Tatsache, dass auch einzelne Mitglieder des Gremiums geführt werden sollten oder sie so etwas wie Führung oder Unterstützung verlangen. Die Durchführung von Einzelgesprächen ist eine wichtige und oft übersehene Kommunikationsform, die enorm dazu beitragen kann, dass man die Personen hinter ihrem Amt überhaupt erstmal genauer kennen lernen kann, ausloten kann, in welchen Bereichen sie ihre Beiträge leisten können und was sie motiviert oder auch demotiviert. Hier handelt es sich um Detailinformationen, die man in dieser Form und Qualität in den BR-Sitzungen nicht erhalten kann. In diesem Buch wird auf diesen Punkt an mehreren Stellen eingegangen werden.

cc. Führung und Leitung des Gremiums

Eine weitere Ebene ist die Führung oder Leitung des Gremiums als Teil der rechtlichen Vorschriften des BetrVG und auch des Gremiums als Gruppe von Menschen, die zusammen etwas erreichen wollen. Eine Gruppe unterliegt dabei den Gesetzmäßigkeiten der Gruppendynamik, der Beziehungsgestaltung untereinander und der Kultur der Kommunikation und Aufgabenerledigung. Dies sind soziale und psychologische Aspekte, die von der Leitung des Gremiums berücksichtigt werden müssen und auch zur Bearbeitung gebracht werden sollten, sollte es Störungen geben, die nicht aufrechterhalten werden können, da das Gremium ansonsten nicht ausreichend gut arbeitsfähig ist.

dd. Führung der Organisation

Vorsitzende und Stellvertretungen sind auch Teil ihrer Organisation und sie haben deswegen großen Einfluss auf die Geschicke und die Entwicklung der Organisation. Dies muss man sich klar machen, denn es gibt durch die Interventionen des Gremiums oder seitens des Vorsitzes stets Folgen, die man abschätzen muss. Nicht jede gut gemeinte Idee im Gremium stößt auf ungeteiltes Wohlwollen bei der Belegschaft. Nicht jede Intervention bringt den ursprünglich gewünschten Erfolg. An dieser Stelle braucht es Erfahrung dazu, wie Organisationen ticken und wie die Mechanismen des Managements auf Arbeitgeberseite wirken. Dennoch ist die wichtigste Aufgabe die Interessenvertretung der Belegschaft und hier kann man das Management herausfordern, aber auch in Sachen Mitbestimmung *erziehen*, denn nicht alle Geschäftsführenden haben bisher verstanden, dass Mitbestimmung positive Effekte auf die Organisation hat.

f. Das besondere an der Rolle des BR-Vorsitzes

In diesem kurzen Absatz betrachten wir das besondere an der Rolle des Vorsitzes.[4] Im Kern handelt es sich bei der Ausübung der Rolle des BR-Vorsitzes darum, bestehende Ambivalenzen bzw. Widersprüche, denen die Rolle als Vorsitzender ausgesetzt ist, zu meistern. Vorsitzende und Stellvertretungen werden durch eine demokratische Wahl in das Amt gebracht und können wieder abgewählt werden. Sie sind also nicht »gesetzt«, sondern müssen sich mehr oder weniger im Amt beweisen. Gewählt werden sie durch ein ebenfalls gewähltes Gremium. Auch hier ist eine Wiederwahl keineswegs sicher, sondern hängt von dem Bild ab,

4 Vgl. Rehbock, A./Helms, H.: Tipps für Betriebsrats- und Ausschussvorsitzende, 4. aktualisierte und neu bearbeitete Auflage, Bund-Verlag 2022.

dass das Gremium oder Einzelne nach außen zeigen. Dennoch bedarf es einer Leitungs- und Führungsfunktion und nicht einer bloßen Verwaltungstätigkeit des Amtes, möchte das Gremium erfolgreich Themen umsetzen. Des Weiteren erhält der Vorsitz in aller Regel vom Gremium das Mandat, mitunter alleine mit dem Arbeitgeber zu verhandeln. Grundlage dieser Verhandlung sind Beschlüsse des Gremiums. Die Rolle des Vorsitzenden bewegt sich also auch im Spannungsfeld zwischen Leitungs- oder Führungsmacht und einer gewissen Abhängigkeit von den Diskussionen und Beschlüssen des Gremiums. Verhandlungsergebnisse mit der Arbeitgeberseite müssen wiederum dem Gremium vorgestellt und erklärt werden, evtl. sogar verteidigt werden. Der Vorsitz des Gremiums weckt Erwartungen an die auszuführende Rolle der Führungs- bzw. Leitungskraft des BR-Vorsitzes. Hier bestehen durchaus unterschiedliche Erwartungen einzelner Mitglieder des Gremiums, die es aber zu klären gilt, denn ungeklärte Erwartungen führen in der Regel zu Enttäuschungen und diese wiederum zu Frust und Demotivation. Nicht zuletzt bewegt sich der Vorsitz des Gremiums in einem Spannungsfeld zwischen dem Gremium und dem Arbeitgeber. Die Rolle des Vorsitzenden wird umso wirksamer, je deutlicher und klarer das Gremium hinter ihm steht und ihm somit wirkliche Macht verleiht. Dieses Spannungsfeld zu managen und in beide Richtungen nicht die Reputation zu verlieren, gehört zu den wichtigen zu meisternden Herausforderungen für dieses Amt.

Die Ambivalenzen in der Zusammenfassung[5]

- »Gleich und doch an der Spitze des Gremiums
- Macht haben und doch nicht mächtig sein sollen
- Für das Gremium sprechen und allein verhandeln
- Vorsitz im Gremium
- Spagat zwischen Gremium und Arbeitgeber«

In der Summe werden von den Vorsitzenden von Betriebsräten Kompetenzen verlangt, die in keiner Berufsausbildung explizit geschult werden und die man eigentlich erst durch das konkrete Tun erwirbt, durch Erfolge und durch Fehler. Die kommenden Kapitel dieses Buches sollen dabei unterstützen, einige der möglichen Fehler zu vermeiden oder zumindest Hilfestellung geben, die Fehler erklären zu können und Abhilfe zu schaffen.[6] Auf der anderen Seite können die folgenden Hinweise eine

---

5 Rehbock, A./Helms, H., a. a. O.

6 Vgl. dazu auch: Baschab, F.: Podcast AiB Audio. Wie führt man als BR-Vorsitzender ohne Chef zu sein. *https://www.bund-verlag.de/aib-podcast.* 1/2024.

Hilfe sein zu erkennen, dass bereits einiges sehr gut von der Hand geht und somit eine Bestätigung für eine bereits erfolgreiche Arbeit.

2. Soziale Kompetenzen für die Arbeit in Gruppen

Was sind soziale Kompetenzen und warum sind diese wichtig? Wir werden in den folgenden Kapiteln sehen, dass das Wesen des Menschen auf das »Soziale« ausgerichtet ist, d.h. auf die Interaktion mit anderen Menschen. Soziale Kontakte prägen unser Selbstbewusstsein schon in der frühen Kindheit und tun dies auch im hohen Alter. Soziale Kontakte haben großen Einfluss auf die Entwicklung unserer Persönlichkeit, unserer Stimmung und unserer Motivation. Das »Soziale« spielt in unserem tiefen Inneren eine größere und prägnantere Rolle als unser »fachliches Wissen«. Emotional erlebte Situationen prägen unsere Zusammenarbeit tief und nachhaltig, in beiden Richtungen, sowohl positiv oder negativ.

Beziehung schlägt Inhalt!
Dieser Satz von Schulz von Thun beschreibt sehr prägnant, worum es hierbei geht. Die Psychologie gehört zum Leben der Menschen dazu, sie ist nicht nur Hobby oder ein fremder Wissensbereich. Sie spielt bei jedem von uns ungefragt eine wichtige Rolle und ist somit ein unvermeidlicher und deshalb ernst zu nehmender Bestandteil in unserer täglichen Zusammenarbeit, in unseren Betrieben und in unseren Gremien. Es ist die psychologische Seite des Miteinanders, die es uns erlaubt, uns im Gremium wohl, gut aufgehoben oder abgehangen oder ausgegrenzt zu fühlen und nicht nur die inhaltlich fachliche Kompetenz.
Die Arbeit in (und mit) Gruppen erfordert also eine Grundkenntnis an sozialen und psychologischen Kompetenzen. Diese Kompetenzen liegen im Wissen und im Handeln. Durch individuelle Reflexion und durch Training können sie vertieft und gefestigt werden. Wissen über psychologische Muster von Menschen, über gruppendynamische Phänomene, über gelingende und misslingende Kommunikation ist dort unerlässlich, wo man mit Menschen zu tun hat und gemeinsame Ergebnisse erzielen möchte. Es hilft, Probleme der Zusammenarbeit verstehen und erklären zu können und damit auch, sich darüber weniger ärgern zu müssen. Denn, was ich verstanden habe, kann ich ändern. Wo ich Zusammenhänge erkannt habe, kann ich Neues einfügen und ausprobieren. Soziale

Kompetenzen gehören heutzutage ebenso in unseren Werkzeugkoffer wie fachliche Werkzeuge oder Gesetze. Wenn wir nur einige davon richtig verwenden, können wir auch die ein oder andere soziale oder psychologische Schraube bei uns selbst und in der Gruppe nachjustieren.
Es sind vier wichtige und wesentliche soziale Kompetenzen,[7] die eine große Rolle spielen und die weiterentwickelt werden können. Diese Kompetenzen können in realen Situationen reflektiert und verändert werden, sie können aber auch in Seminaren vertieft und trainiert werden.

a. Andere und sich selbst wahrnehmen – Situationen erkennen

Es geht hier darum, die Gruppe nicht nur mit ihren inhaltlichen Themen, sondern auch auf der psychologischen und sozialen Ebene lesen zu können. Reaktionen der Gruppenmitglieder und die eigenen Verhaltensweisen erkennen und erklären zu können. Es geht darum, erkennen zu können, welche psychologischen Denk- oder Verhaltensmuster in der Interaktion in der Gruppe sichtbar sind. Ebenso zu bewerten, ob diese hilfreich oder nicht hilfreich für unsere angestrebten Ergebnisse sind. Es geht auch darum, über geeignete Methoden zu verfügen, diese ansprechen zu können. Für die Arbeit in und mit Gruppen und Teams ist es daher hilfreich, alle nicht hilfreichen oder störenden Phänomene wahrzunehmen, um sie bearbeiten zu können. Auch Gremien können dazu eingeladen werden, die eigenen Muster der Kooperation zu analysieren und zu verbessern. Die Erfahrung zeigt, dass dies am Ende den meisten Teilnehmenden sogar viel Selbsterkenntnis bringt und auch Spaß macht. Viele Mitglieder von Gremien haben ein großes Interesse an psychologischen Themen, wenn sie gut aufbereitet und einleuchtend erklärt werden und somit verstehbar sind.

> **Beispiele für hilfreiche und weniger hilfreiche Muster der Zusammenarbeit im Gremium:**
> Ein Kollege, eine Kollegin reagiert auf eine andere Kollegin, indem sie grundsätzlich allem widerspricht, was die Kollegin sagt. Egal zu welchem Inhalt und egal, ob sie oder er sich dadurch möglicherweise sogar selbst widerspricht. Hier wird also auf die Person reagiert, nicht auf den Inhalt. Im persönlichen Bereich gibt es ein Problem.
> Ich selbst, in meiner Rolle des Vorsitzenden, reagiere gereizt, wenn immer wieder bestimmte Fragen gestellt werden. Eigentlich müssten die Themen doch klar sein, ich habe schon oft und viele Jahre darüber gesprochen. Wa-

7 Vgl. König und Schattenhofer 2011.

rum ärgert mich das derart und was kann ich dazu über die Gruppe und über mich reflektieren?
Mir fällt als Vorsitzender immer wieder auf, dass ich fast der Einzige bin, der zuverlässig Themen übernimmt, bearbeitet, zu Ende bringt. Die anderen versprechen viel, tun dann aber doch nichts. Wie kann ich dieses Muster analysieren, erklären und verändern?

b. Unangenehme Dinge ansprechen – Spontanität und Ausdrucksfähigkeit

Die Kompetenz, sich selbst zu beobachten und diese Wahrnehmung verarbeiten zu können ist eine Sache, eine weitere ist es, sich angemessen auszudrücken und somit Missstände adäquat abstellen zu können. Ziel sollte hier sein, die Anschlussfähigkeit an die Gruppe und andere Themen zu erhalten. Deshalb ist es wichtig, sich in den Ausdrucksmöglichkeiten eigener Gefühle, Affekte oder innerer Beeinträchtigungen zu trainieren und Beobachtungen am Verhalten Einzelner in der Gruppe. Dabei liegt es auf der Hand, dass nicht alle Beobachtungen und Eindrücke in die Kommunikation gelangen sollten, sondern diejenigen, die für einen selbst, in Bezug auf den Kontakt zur Gruppe, und zu den fachlichen Kompetenzen und somit der Zielerreichung des Teams von Wert sind. Von daher könnte man unterscheiden zwischen maximaler und optimaler Offenheit. Dies eröffnet ein weiteres Spannungsfeld zwischen den Polen Spontanität und wohlüberlegter, angemessener Äußerungen. Auch hier können viele Probleme entstehen, denn obwohl wir täglich miteinander kommunizieren, gibt es gerade hier viele Missverständnisse und viel Ärger, der eigentlich gar nicht nötig ist. Grundsätzlich braucht es eine gewisse Robustheit im Umgang untereinander, d. h. eine Kommunikationskultur, die Fehler aushält, wo nicht jedes Wort auf die Waagschale gelegt wird, aber dennoch gegenseitiges Vertrauen besteht. Trotzdem ist es eine Frage des andauernden gemeinsamen Trainings, Themen so ansprechen zu können, dass sie von anderen aufgenommen werden, Rückmeldung derart zu geben, dass sie angenommen und umgesetzt wird, eigenen Ärger so zu formulieren, dass man ernst genommen und nicht belächelt wird.

Beispielfragen:
Wie sage ich jemanden angemessen, dass er häufig den Sitzungsverlauf stört, ohne ihn in seiner Verhaltensweise zu verstärken, weil er meine Kritik möglicherweise nicht annimmt?
Wie spreche ich Mitglieder des Gremiums an, mehr Verantwortung für Themen zu übernehmen, so, dass diese einsichtig sind und etwas ändern?

Wie kann ich die Gesprächskultur des Gremiums ansprechen, um störende Muster abzustellen und neue gemeinsame Regeln zu etablieren?

c. Die eigene Rolle in der Gruppe entwickeln

Ein BR-Gremium bringt Menschen aus unterschiedlichen Teilen eines Betriebs zusammen, diese bringen dabei unterschiedliche Interessen, Sichtweisen und Meinungen mit. Die vielen Argumente und Absichten der Mitglieder einer Gruppe können zu Verunsicherung einzelner führen, denn das Ganze kann schnell sehr komplex erscheinen. Bei manchen Personen kann dies dazu führen, dass sie in ihren Sichtweisen und Argumentationen verhärten. Andere wiederum reagieren möglichweise mit Stille oder innerem Rückzug. Die Arbeit in einer Gruppe bedeutet immer auch den eigenen Platz und die eigene Rolle zu finden. Dies geschieht nicht nur auf der inhaltlichen Ebene, sondern auch der Ebene der Psychologie der Gruppe. Wünsche nach Nähe ebenso auszudrücken wie der Wunsch nach Distanz, das Mitteilen von Antipathien und Sympathien. Grundlegende Auseinandersetzungen einzugehen, ohne dabei den grundlegenden Respekt voreinander zu verlieren, ist ebenso ein Merkmal sozialer Kompetenz. Man muss in der Gremienarbeit lernen, mal recht zu haben und mal nicht, sich mal durchsetzen zu können und mal nicht und auch, dass man nicht alles versteht und auch verstehen kann.

Die Rolle des Betriebsratsvorsitzenden ist mit spezifischen Erwartungen verbunden, die im Gremium unterschiedlich interpretiert werden können. Ebenso die Erwartungen an die Rollen der Mitglieder. Soziale Kompetenz bedeutet auch, Rollenerwartungen und eventuelle Enttäuschungen bei Nicht-Erfüllung der Erwartung angemessen zu klären, Mitgliedern zu helfen ihre Rollen zu finden, ein Gremium als Ganzes, und nicht nur die Inhalte, zu organisieren und sich am Ende nicht an einen schlechten Dauerzustand zu gewöhnen, weil kein Handwerkszeug vorhanden ist, Dinge zu ändern.

Beispielfragen:

Mit welchen Annahmen kommen Mitglieder des Gremiums im Gremium an? Welche Vorstellungen haben sie von BR-Arbeit und welche eigenen Interessen? Wie kann ich dies erfragen und bearbeiten?

Wie kann ich den Einzelnen dabei helfen, eine sinnvolle Rolle im Gremium zu finden? Wie kann ich sie dabei unterstützen, einen hilfreichen Beitrag für die Arbeit des Gremiums zu leisten?

Wie kann ich dafür sorgen, dass die Menschen sich weiterentwickeln und Fortbildungen besuchen, die für ihre Rollen im Gremium nützlich sind?

d. Konflikten und Emotionen standhalten – Mentale Stabilität

Gruppendynamische Phänomene erfordern ein hohes Maß der Fähigkeit Spannungen, Konflikte und Dissonanzen aushalten zu können. In diesen schwierigen Situationen präsent zu bleiben und nicht »aus dem Felde zu gehen«[8] ist ein Ziel gruppendynamischen Trainings in Gremien. Dies gilt für Vorsitzende genauso wie für die Mitglieder des Gremiums. Es wäre eine falsche Erwartung der Mitglieder eines Gremiums, dass die Vorsitzenden stets für das gute Wohl und die Motivation aller zuständig sind, leider kann man als Vorsitzender auch viele Fehler machen. Wenn Menschen auf der psychologischen Ebene in die innere Emigration[9] gehen, bleiben sie zwar Mitglied des Gremiums und somit immer noch Teil der Gruppe. Auch wenn sie nicht kommunizieren, drücken sie damit etwas aus, gemäß des bekannten Satzes von Paul Watzlawick: Man kann nicht *nicht* kommunizieren.[10]

»Emotionale Belastbarkeit bedeutet, sich auf eigene und fremde Emotionen einlassen zu können und ihnen standzuhalten. Dabei geht es nicht darum, bei allem und immer die Fassung zu bewahren, sondern die Erfahrung zu machen, dass man selbst oder auch eine Gruppe als Ganzes in starke Emotionen ein- und abtauchen kann, aber eben auch wieder auftaucht.«[11] Ein gemeinsames Durchstehen persönlicher Konflikte oder Gruppenkonflikte und eben nicht die Flucht, kann für eine Gruppe einen enormen Lernschritt bedeuten und die Gruppe noch näher zusammenbringen.

Es wird nicht immer alles glatt laufen. Viele Dinge bleiben ungeklärt, zu langsam, zu unvollständig oder es gibt zu viele Widersprüchlichkeiten im Gremium. Gruppenarbeiten sind immer mit Schwierigkeiten verbunden, mit Höhen und Tiefen. Da, wo Menschen zusammen arbeiten, gibt es gute gemeinsame Erlebnisse aber auch schlechte, Freude und Ärger liegen dicht beieinander. Trotzdem eine emotionale Stabilität zu erhalten, nicht auszubrennen, Ungeklärtes aushalten zu können und Ärger gut verkraften zu können, gehört zu den persönlichen, sozialen und psychologischen Kompetenzen von Vorsitzenden.

---

8 Kurt Lewin, zit. in König und Schattenhofer 2011, S. 107.

9 Vgl. Malik, F., 2019.

10 Vgl. Watzlawick, P.; Bavelas, J. B.; Jackson, D. D.: Menschliche Kommunikation. Formen, Störungen, Paradoxien. Nachdr. der 8. unveränd. Aufl. Bern: Huber 1993.

11 König und Schattenhofer 2011, S. 108.

> **Hinweis zum Thema Konflikte in Gruppen:**
> Konflikte gehören zum menschlichen Leben dazu und somit auch zur Arbeit innerhalb einer Gruppe oder eines Gremiums. Es kann also gar nicht darum gehen, eine störungsfreie Arbeit zu erwarten, sondern darum zu lernen, wie man Konflikte regulieren kann, damit sie nicht eskalieren, und darum, mit diesem Zustand des Unperfekten gut leben zu können.

Abb. 2: Die dynamische Balance im Gremium

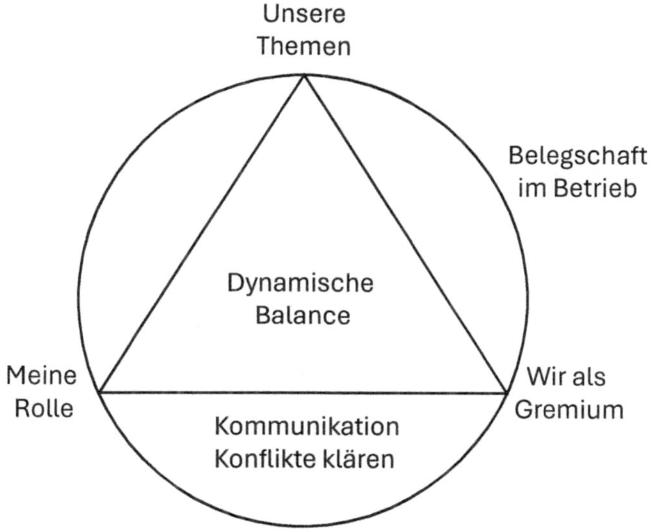

In Anlehnung an Cohn (1975)[12] zeigt die Graphik die Elemente der sozialen Elemente in einem Gremium. Zum einen geht es um die Rolle des Vorsitzes (und der Stellvertretung), die verbunden ist mit der Gestaltung des Gremiums. Das Gremium hat als Gruppe rückkoppelnde Auswirkungen auf die Gestaltung der Rolle des Vorsitzes. Beide hängen sozusagen voneinander ab. Beide gestalten zusammen die Themen des Gremiums, eingebettet in den Betrieb für die Belegschaft. Vorsitzende können in dieser Graphik erkennen, dass sie Teil des Ganzen sind und den Mitgliedern des Gremiums vermitteln, dass diese auch ein Teil des Ganzen sind und letztlich beide Seiten ihren Beitrag zum Gelingen des Ganzen leisten. Es sind nicht nur die Vorsitzenden, die Verantwortung tragen. Jeder Einzelne im Gremium trägt ebenso die Verantwortung für das Ganze. Manch-

12 Löhmer, C.; Standhart, R.: Themenzentrierte Interaktion. Die Kunst, sich selbst und eine Gruppe zu leiten. 2. Aufl. Mannheim: PAL Verlagsgesellschaft, 1994.

mal geraten die Dinge aus der Balance, manchmal beschäftigen sich Vorsitzende vermehrt mit ihren Rollen und Aufgaben, manchmal müssen im Gremium Rollen, Zuständigkeiten und Aufgaben geklärt werden. Das Ganze ist dabei nie statisch, sondern immer in Bewegung. Soziale und psychologische Kompetenzen helfen dabei, die einzelnen Elemente verstehen zu lernen, sie zu steuern und auch bearbeiten zu können.
In den folgenden Kapiteln werden wir Schritt für Schritt auf die hier beschriebenen sozialen Kompetenzen eingehen. Es werden Theorien und Praxisbeispiele, Modelle und Werkzeuge aufgezeigt, die das Geschehen auf der sozialen Ebene der Arbeit eines Gremiums vereinfachen helfen.

3. Systemische Grundprinzipien von Leitung und Mitmachen

Wir werden in diesem Kapitel auf das grundsätzliche systemische Denken eingehen, also das Denken in Zusammenhängen, sich gegenseitig bedingender Elemente einer Gruppe, eingebettet in den jeweiligen Kontext. Zweifelsohne kein leichter Stoff, aber dieses Wissen ist dermaßen wichtig, so dass wir darum nicht herumkommen. Gleichzeitig erklärt es, warum wir mit bestimmten Konzepten zu den Themen Führung und Leitung und zu Veränderungsmanagement nicht weiterkommen. In vielen Unternehmen wird viel in die Kompetenz der Führung investiert, die Resultate sind jedoch überschaubar. Aber warum? Viele Führungskräfte denken immer noch in sogenannten linearen Konzepten, die ähnlich funktionieren wie Maschinen. Bei Maschinen kann ich etwas hineingeben, die Maschine programmieren und kann dann erwarten, dass das herauskommt, was ich heraushaben wollte.
Modernes systemisches Führungswissen geht davon aus, dass Menschen und Gruppen so nicht funktionieren. Führung und Leitung muss anders gestaltet werden, um wirksam zu sein. Was dieses neue Wissen ausmacht, erklären uns die Prinzipien des systemischen Denkens. Der Begriff *systemisch* ist in aller Munde und wird an unterschiedlichen Stellen in Unternehmen sehr unterschiedlich verwendet. Der Begriff wurde in den letzten Jahren inflationär verwendet, teilweise ohne genaue Kenntnis seiner wirklichen Bedeutung. Wir verwenden ihn in unserem Zusammenhang, mit unseren Erfahrungen aus der Arbeit mit Gremien, in einer, für diese Form der Gruppenarbeit, zugeschnittenen Art und Weise und auch nur in dem Umfang, wie er für die damit verbundenen Themen notwendig ist.

Das Wort System steht für ein Team, genauso wie für ein Gremium oder eine andere Art von Etwas, das aus verschiedenen Elementen zusammengesetzt ist (z. B. die Mitglieder eines Gremiums). Etwas, das nach bestimmten Gesetzmäßigkeiten funktioniert (z. B. Regeln und Kommunikationsmuster) und geschlossen ist (z. B. wer drin ist, wer draußen) und wie mit dem inneren Wissen und den inneren Kompetenzen agiert wird. Somit wird klar, dass jedes Gremium in unterschiedlichen Betrieben ein anderes System ist. Aber auch innerhalb eines Gremiums ist jeder Ausschuss wiederum ein anderes eigenes System, weil er aus anderen Menschen mit eigenen Hintergründen oder Erfahrungen zusammengesetzt ist, mit anderen Kommunikationsmustern und Regelungen. Das systemische Denken kann sozusagen als übergeordnete Blaupause verstanden werden und uns helfen, Komplexität zu reduzieren, weil viele Verhaltens- und Kommunikations-Muster im Grunde ähnlich sind, jedoch mit unterschiedlichen Inhalten und Personen. Wir nennen ein System in dem Menschen durch Kommunikation miteinander verbunden sind *soziales System*[13].

Hinweis: Systemisches Denken in Bezug auf Ausschüsse
Oft wird darüber berichtet, dass Ausschüsse zwar konstituiert sind, aber nicht wirklich ins Laufen kommen. Ein Ausschuss auf dem Papier ist etwas anderes als ein Ausschuss in der Praxis. Es ist oft nicht klar, was genau die Rolle des Vorsitzenden eines Ausschusses ist, im Vergleich zur Rolle des Vorsitzenden des Betriebsrates. Diese Rolle muss für das System Ausschuss unter und mit den Mitgliedern des Ausschusses gesondert besprochen werden. Es kann sein, dass ein Ausschuss eines Gremiums gut läuft, während ein anderer Ausschuss des gleichen Gremiums noch große Schwierigkeiten hat. Auf dem Papier sind sie gleich, in gelebter Praxis bestehen jedoch große Unterschiede. Der Grund dafür ist, dass die jeweiligen Handelnden in den Ausschüssen unterschiedliche Verständnisse zur Arbeit im Ausschuss, unterschiedliche Erwartungen und Regeln, unterschiedliche Verbindlichkeiten haben und vielleicht auch in unterschiedlicher Qualität miteinander sprechen, als dies im Gremium selbst möglicherweise der Fall ist. Man kann jedoch von der Arbeit im Gremium nicht automatisch erwarten oder übertragen, dass ein Ausschuss genauso funktioniert wie das Gremium, denn der Ausschuss ist ein eigenes System.

13 Der Begriff »sozial« beschreibt das Zusammenleben der Menschen auf die jeweilige Gemeinschaft bezogen.

Abb. 3: Merkmale zu linearem Denken und zu systemischen Denken

Linear: Ich gebe einer Gruppe einen Arbeitsauftrag und erwarte, dass genau das rauskommt, was ich erwarte.	*Systemisch:* Ich gebe einer Gruppe einen Arbeitsauftrag. Weil ich aber weiß, dass Gruppen Themen mit ihren systemeigenen Mechanismen bearbeiten, schaue ich mir an, was rausgekommen ist und gebe ggf. weitere Aufträge an Einzelne oder die Gruppe.
Linear: Ich gebe einer Person die Schuld, dass sie ein Thema einer Sitzung nicht versteht.	*Systemisch:* Ich gebe der Person und mir die »Schuld«, denn vielleicht habe ich das Thema nicht derart erklärt, dass die Person es verstehen konnte. Ich spreche auch nicht von Schuld, sondern davon, was geklappt hat und was nicht.
Linear: Die Menschen in meinem Gremium haben ohne große Emotionen mitzuwirken, damit der Laden läuft.	*Systemisch:* Die Menschen in meinem Gremium sind lebendige Menschen mit allem, was zum Menschsein dazugehört. Ich akzeptiere sie, wie sie sind und versuche, uns gemeinsam zu guten Ergebnissen zu führen. Was mich stark stört, spreche ich an.
Linear: Einmal konstituiert, muss so ein Gremium doch die nächsten vier Jahre laufen.	*Systemisch:* Ich habe gelernt, dass eine Gruppe wie ein Mobilé funktioniert. Wird ein Wölkchen angestoßen, bewegen sich alle automatisch mit. Ich weiß, dass wir in regelmäßigen Abständen nachbessern müssen, zumal wir uns im Kontext der Firma und der wirtschaftlichen Situation unserer Gesellschaft bewegen.

Abb. 4: Beispiel für ein soziales System

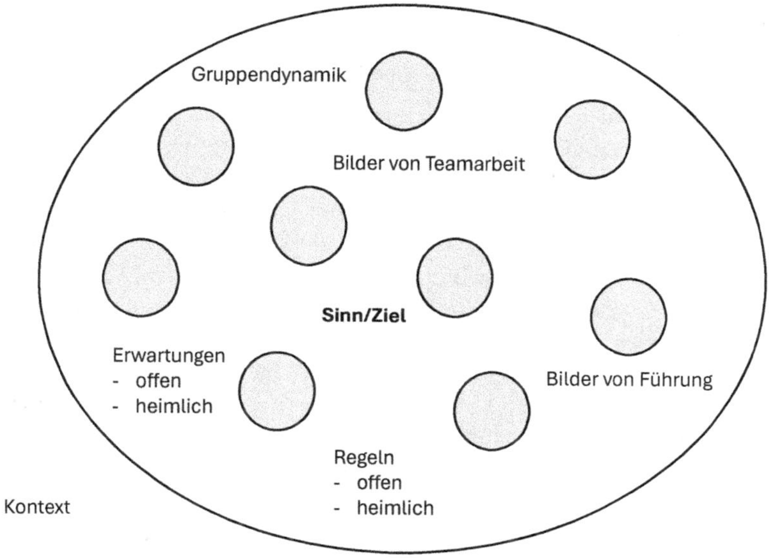

Die Abbildung zeigt Menschen, die mit jeweils unterschiedlichen Vorstellungen vom Ziel oder Sinn der gemeinsamen Arbeit, unterschiedlichen Bildern von Führung und Teamarbeit, unterschiedlichem Verständnis der gegenseitigen Erwartungen und Regeln in gruppendynamischen Tendenzen zusammen, innerhalb eines Systems (z. B. ein Gremium) agieren, eingebettet in den Kontext der Organisation und der aktuellen gesellschaftlichen Lage. Eigentlich müssten wir uns die Abbildung beweglich vorstellen, nicht statisch, eher wie ein Mobilé, das nie zum Stillstand, zur Ruhe kommt. Auf die offenen und heimlichen Erwartungen und die offenen und heimlichen Regeln werden wir weiter unten detaillierter eingehen.

a. Wie wir die Dinge wahrnehmen

Wir wissen heute, dass die menschlichen Wahrnehmungsprozesse sehr individuell verlaufen. Auch wenn es ungewöhnlich klingt, ist heute durch die Erkenntnisse der Hirnforschung[14] eindeutig belegt, dass es *die* eine, von allen geteilte, objektive Realität nicht gibt. Jeder Mensch sieht Dinge aus seiner eigenen Perspektive, mit seinen Erfahrungen, seinem Wissen, in seinem Kontext. Deshalb sind wir uns in so vielen Betrachtungsweisen uneins. Uneins aber in dem Sinne, dass jeder glaubt, er habe recht und der andere nicht. Richtig an diesem Phänomen ist lediglich, dass jeder recht hat, denn die eigene Wahrnehmung ist nun mal vorhanden. Falsch wäre in diesem Zusammenhang, die Wahrnehmung eines anderen zu leugnen und nur die eigene als die allein gültige zu erklären. Ein »So ist es!« gibt es also nicht, sondern nur ein »So sehe ich das!«

Wahrnehmung wird also nicht nur von außen her erzeugt, sondern zu einem sehr großen Teil mit dem bereits Vorhandenen Inneren eines Menschen vermischt. Bis zu 80 % der Bestandteile einer Wahrnehmung kommen vom Inneren, nur 20 % von außen. Deshalb sprechen wir heute davon, dass Wahrnehmung vom Inneren aus *erzeugt* wird, aus dem inneren konstruiert wird. Deshalb sollte man eher von innerer »Wahrgebung« sprechen, anstatt Wahrnehmung.[15]

Praxistipp für den Umgang mit unterschiedlichen Wahrnehmungen:
Es wäre gut, darauf zu achten, dass Wahrnehmungen anderer Personen nicht vorschnell bewertet werden. Man kann trennen zwischen: »Erkläre mir bitte, wie du zu dieser Perspektive kommst.« und: »Das ist doch Quatsch!«, zwischen »Wie siehst du das?« und »Du bist doch doof.«

Natürlich können unterschiedliche Wahrnehmungen zu einem Phänomen insgesamt sehr unterschiedlich ausfallen. Es geht deshalb darum, in Diskussionen im Gremium zu einer möglichst großen Schnittmenge der geteilten Wahrnehmungen zu kommen und daraus dann, das weitere Vorgehen abzuleiten.

Unterschiedliche Perspektiven erhöhen zwar die Komplexität und deren Erläuterung braucht Zeit, deren Betrachtung und die Suche nach einer gemeinsamen Schnittmenge macht aber Sinn. Unterschiedliche Perspektiven erhöhen die Lösungsmöglichkeiten und holen Leute ab, weil sie sich aus ihrer jeweiligen Perspektive angehört fühlen.

---

14 Siehe Kapitel III. 1.

15 Vgl. Gunther Schmidt 2010 u. 2016.

Auf sehr anschauliche Art vermittelt die folgende Geschichte die unterschiedlichen Sichtweisen zu ein und demselben Phänomen:
Es waren einmal fünf weise Gelehrte. Sie alle waren blind. Diese Gelehrten wurden von ihrem König auf eine Reise geschickt und sollten herausfinden, was ein Elefant ist. Und so machten sich die Blinden auf die Reise nach Indien. Dort wurden sie von Helfern zu einem Elefanten geführt. Die fünf Gelehrten standen nun um das Tier herum und versuchten, sich durch Ertasten ein Bild von dem Elefanten zu machen. Als sie zurück zu ihrem König kamen, sollten sie ihm nun über den Elefanten berichten. Der erste Weise hatte am Kopf des Tieres gestanden und den Rüssel des Elefanten betastet. Er sprach: »Ein Elefant ist wie ein langer Arm.« Der zweite Gelehrte hatte das Ohr des Elefanten ertastet und sprach: »Nein, ein Elefant ist viel-mehr wie ein großer Fächer.« Der dritte Gelehrte sprach: »Aber nein, ein Elefant ist wie eine dicke Säule.« Er hatte ein Bein des Elefanten berührt. Der vierte Weise sagte: »Also ich finde, ein Elefant ist wie eine kleine Strippe mit ein paar Haaren am Ende«, denn er hatte nur den Schwanz des Elefanten ertastet. Und der fünfte Weise berichtete seinem König: » Also ich sage, ein Elefant ist wie eine riesige Masse, mit Rundungen und ein paar Borsten darauf.« Dieser Gelehrte hatte den Rumpf des Tieres berührt. Nach diesen widersprüchlichen Äußerungen fürchteten die Gelehrten den Zorn des Königs, konnten sie sich doch nicht darauf einigen, was ein Elefant wirklich ist. Doch der König lächelte weise: »Ich danke Euch, denn ich weiß nun, was ein Elefant ist: Ein Elefant ist ein Tier mit einem Rüssel, der wie ein langer Arm ist, mit Ohren, die wie Fächer sind, mit Beinen, die wie starke Säulen sind, mit einem Schwanz, der einer kleinen Strippe mit ein paar Haaren daran gleicht und mit einem Rumpf, der wie eine große Masse mit Rundungen und ein paar Borsten ist.« Die Gelehrten senkten beschämt ihren Kopf, nachdem sie erkannten, dass jeder von ihnen nur einen Teil des Elefanten ertastet hatte und sie sich zu schnell damit zufriedengegeben hatten.

Verfasser unbekannt[16]

16 Quelle: *https://www.thur.de/philo/hegel/elefant.htm.*

Abb. 5: Unterschiedliche individuelle Wahrnehmungen innerhalb eines sozialen Systems

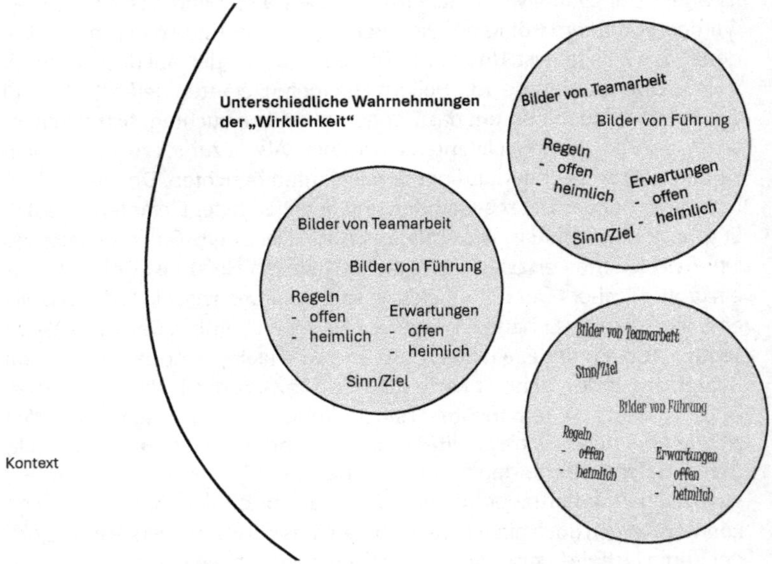

Die Abbildung zeigt (mit einer Lupe vergrößert) die unterschiedlichen Vorstellungen von Ziel oder Sinn, die unterschiedlichen Bilder von Führung und Teamarbeit, das unterschiedliche Verständnis der gegenseitigen Erwartungen und Regeln, die unterschiedliche Wahrnehmungen von Wirklichkeiten auf der Basis der eigenen Erfahrungen, Erkenntnisse, Kompetenzen oder Annahmen. Jeder Mensch tickt anders. Letztlich gilt es, diese Unterschiedlichkeiten zusammenzuführen.

b. Wie Leitung und Mitmachen zusammenhängen

Leitung kann nicht erwarten, dass lediglich wegen ihres Amtes alle andauernd und mit hoher Leistungsbereitschaft mitkommen. Die Kollegen des Betriebsrats stecken in zwei verschiedenen Systemen. Das eine ist ihr jeweiliges Team, ihre Gruppe oder Abteilung, wo eigene Muster z. B. des Drucks und der Zusammenarbeit bestehen. Das andere System ist das des Gremiums, welches wiederum mit eigenen Mustern und Erwartungen aufwartet. Die Leitung eines Gremiums muss mit diesem Umstand umgehen lernen und dennoch versuchen, auf der Basis überzeugender Kommunikation, eine optimale Beteiligung des BR-Mitgliedes zu erzielen. Hier spielt das Thema, wie ich das genau mache, eine wichtige Rolle.

»Lädt« die Leitung die Mitglieder durch ihre persönliche Art dazu ein mitzumachen oder stößt sie Leute eher ab? Fühlen sich Leute im Gremium angekommen und angenommen, oder »sitzen sie zwischen den Stühlen«? Wir werden in den folgenden Kapiteln ausführlich auf diese Zusammenhänge eingehen und Lösungen aufzeigen.

c. Das eine bedingt das andere und umgekehrt

»Wie es in den Wald ruft, so schallt es zurück!« Dieses Sprichwort beschreibt sehr gut, wie sich, bezogen auf die Kommunikation, zirkuläre Zusammenhänge in Systemen aufzeigen lassen. Die Art der Kommunikation der Leitung hat Auswirkungen auf die Art der Kommunikation im Gremium. Die Art meines Handelns hat Auswirkungen auf das Handeln im Gremium. Die Handlungen im Gremium haben wiederum Auswirkungen auf mein Handeln als Vorsitzender. Beide Phänomene bedingen und beeinflussen sich gegenseitig und sind miteinander verknüpft. In Kapitel II. 5 gehen wir ausführlich auf diese Zusammenhänge ein.

d. Die wichtige Rolle der Kommunikation

Die Kommunikation ist das *Plasma*, das alles zusammenhält. Kommunikation verbindet die einzelnen Elemente eines Systems und die Gedanken der Beteiligten. Ohne Kommunikation kann eine Gruppe nicht funktionieren, sondert bleibt ein Haufen Eigenbrötler. Die Art und Weise der Kommunikation in einem System bestimmt die Kultur eines Systems. Sie hat aber auch Auswirkungen auf die Motivation oder Demotivation der Mitwirkenden, deshalb ist sie der Schlüssel zur erfolgreichen Zusammenarbeit eines Gremiums. Sie ist das Instrument, alle oben genannten unterschiedlichen Wahrnehmungen auszutauschen und verstehen zu können und Missverständnisse ausräumen zu können. Kommunikation besteht aus Reden und Zuhören, sowie Fragen stellen und diese beantworten und dient der Gestaltung des sozialen Systems.

Abb. 6: Die wichtige Rolle der Kommunikation bei der Gestaltung eines sozialen Systems

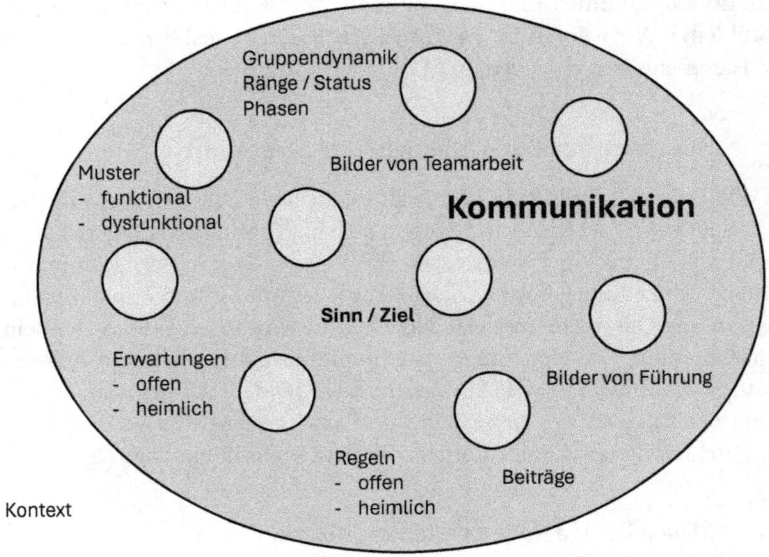

Die Abbildung zeigt, dass es allein die Kommunikation ist, mit der wir unterschiedliche Perspektiven vereinbaren und in geteilte Wahrnehmungen überführen können. Ein soziales System besteht aus Kommunikation, denn sie hält alles zusammen (aber: Sie kann auch ein System beeinträchtigen oder zerstören).

Hinweise für die Rolle der Kommunikation in Systemen:[17]

Was nicht in der Kommunikation ist, das existiert für andere nicht!
Was nicht gesagt wird, kann auch nicht gehört und verstanden werden. Ich kann als Vorsitzender nicht auf die Kunst des Gedankenübertragens vertrauen. Hier muss ich mich konzentrieren, denn mein Wissen als Vorsitzender ist nicht automatisch das der Mitglieder meines Gremiums. Ebenso wenig meine Vorstellungen oder Ideen zu Vorgehensweisen.

Alles, was gesagt wird, wird von jemandem gesagt.
Wie bereits erwähnt, nehmen Menschen unterschiedlich wahr. Was sie dann in Gremien äußern, entspringt diesen unterschiedlichen Wahrnehmungen, Erfahrungen und Hintergründen.

17 Vgl. Simon 2007a u. 2007b.

Ist die Kommunikation in einem sozialen System schlecht, so ist das System »blöder« als Einzelne aus diesem System.
Gelingt es mir als Vorsitzendem nicht, alle durch meine Art und Weise der Kommunikation zu aktivieren und zu informieren, bin ich es am Ende, der die Arbeit hat, alles fertig zu stellen, denn ich bin ja der einzige Kompetente und Wissende im Gremium. Das Gremium darf sich zurücklehnen und bleibt tendenziell blöd.

Kommunikation beginnt beim Empfänger.[18]
Erst wenn ich erfahre, was jemand von dem, was ich mitgeteilt habe, verstanden hat, kann ich wissen, was wirklich angekommen ist. Es macht also Sinn, ohne Wertung, ab und an durch Fragen herauszufinden, was die Kollegen aus den Sitzungen mitnehmen. Nur dann weiß ich auch, ob wir noch alle ähnlich denken und ob die Art und Weise, wie ich etwas erkläre, angemessen ist.

e. Eine Gruppe ist selbstorganisiert und kann sich organisieren

Der Begriff Selbstorganisation kann in einem zweifachen Sinne verstanden werden. Zum einen ist damit die Kompetenz einer Gruppe gemeint, ihre Arbeit, Absprachen, Tätigkeiten und ähnliches selbst zu organisieren, also ohne Vorgaben seitens der Leitung. Auch Einzelne können ihre Arbeit selbst organisieren. Im Sprachgebrauch des systemischen Denkens meint Selbstorganisation zweitens den Umstand, dass Gruppen Verhaltens- und Kommunikationsmuster bilden, die sich fest in das Repertoire der Gruppe »einprägen«. Ein Beispiel eines dieser selbstorganisierten Muster kann man z. B. bei Seminargruppen beobachten, die sich über mehrere Tage hinweg, und ohne, dass darüber gesprochen wird, auf dieselben Stühle im Raum setzen. Ein anderes Beispiel ist, dass Gruppen die gleichen Muster in der Reihenfolge von Diskussionsbeiträgen etablieren. Es kann sein, dass die gleichen Teilnehmenden am Ende von Diskussionsphasen das letzte Wort haben müssen und eine Zusammenfassung der Diskussion anbieten, obwohl das gar nicht mehr nötig gewesen wäre. Manchmal kann man sogar gut abschätzen, an welcher Stelle jemand welches Argument bringen wird. All dies ist nicht durch offizielle Regeln abgesprochen, hat sich aber dennoch etabliert und wurde zu beobachtbaren, wiederkehrenden Verhaltens- und Kommunikationsmustern, so dass man fast meinen könnte, sie seien festgelegt worden, also selbstorganisiert.

18 Vgl. Storch 2014.

Funktionale und dysfunktionale Muster

Diese selbstorganisierten Muster können demnach sowohl funktional als auch dysfunktional sein.

Funktionale Muster dienen den zu erreichenden Ergebnissen bzw. Zielen der Gruppe. Sie sind somit, so wie sie sich eingeschwungen haben, für die Gruppe machbar, auch wenn es nicht die Muster sind, die einzelne Personen gewählt hätten, wenn sie Muster für die Gruppe hätten festschreiben können. Auch Vorsitzende oder Stellvertretungen würden vielleicht andere Verhaltens- oder Kommunikationsmuster vorziehen, sehen jedoch, dass eine Veränderung eingespielter Muster oft nur schwer zu erreichen ist, weil jede individuelle Denkweise und jedes soziale System in der Selbstorganisation sehr stabil und veränderungsresistent sein kann. Also kann es manchmal Sinn machen, die Muster zu akzeptieren, auch wenn es nicht die eigenen Denk- und Arbeitsweisen sind. Sie führen aber zu einem Ergebnis und das ist am Ende wichtig.

Dysfunktionale Muster sind diejenigen, die nicht zu guten Ergebnissen führen. Auch diese können sich nach einiger Zeit der Zusammenarbeit bereits fest etabliert haben. Hier wäre es wichtig, im Sinne der Arbeit des Gremiums oder Ausschusses dafür zu sorgen, dass diese Muster bearbeitet werden, auch wenn dies schwierig zu sein scheint. Der dauernde Kampf gegen dysfunktionale Muster kostet viel Energie und demotiviert zudem. Oft sind den Beteiligten die eigenen Muster nicht immer bewusst. Notwendig wäre es jedoch, diese Muster offen zu legen und veränderte, neue Muster zu erarbeiten und zu etablieren.

Führung gestaltet das System und hat auch die Aufgabe das System zu gestalten. Im besten Falle unter Einbeziehung der Beteiligten. Ansonsten besteht die Gefahr, gegen das System zu arbeiten. Also wäre von vornherein eine aktive Gestaltung des Systems sinnvoll, auch wenn es Aufwand und die Investition von Zeit bedeutet. Der spätere Zeitgewinn am Gelingen und möglicher Freude an der Zusammenarbeit gleicht jedoch diese Investition deutlich aus, weil eine funktionale Gruppe wesentlich weniger Arbeit, Stress und Ärger bedeutet. Geschehen kann dies nur, indem gezielt und fokussiert darüber gesprochen wird.

Auf alle die in diesem Kapitel beschriebenen Inhalte werden wir in den nun folgenden Kapiteln anhand praktischer Beispiele und Methoden näher eingehen. Diese Einführung dient der Vermittlung der grundlegenden Denkweise. Zugegebenermaßen etwas theoretisch, aber hoffentlich verständlich, denn um die systemische Denkweise werden wir künftig wahrscheinlich nicht mehr drumherum kommen.

f. Die Einbettung in die Kultur der Firma

In unseren Seminaren mit den Vorsitzenden und Stellvertretungen sehr vieler Gremien aus ganz Deutschland bekommen wir immer wieder gespiegelt, wie unterschiedlich die Betriebsratsgremien agieren, obwohl sie nach den gesetzlichen Regeln ja irgendwie alle gleich sind. Wir reden hier nicht über die wirtschaftliche Situation der jeweiligen Betriebe oder deren Produkte, sondern wir sprechen hier über die Art und Weise der Kommunikation und der Zusammenarbeit in der Firma. Wie wird miteinander gesprochen? In welchem Ton? Wie steht es mit dem gegenseitigen Vertrauen? Wie mit der Verbindlichkeit von Zusagen? Wie ist die Stimmung und wie der Zusammenhalt? Gibt es eine Neid-Kultur oder eine Kultur der gegenseitigen Unterstützung? All diese Elemente prägen die Kultur der Firma. Die Kultur einer Firma hat großen Einfluss auf die Kultur des Betriebsratsgremiums, denn schließlich sitzen ja Vertreter dieser Kultur im Gremium.
Eine Organisationskultur wird nicht durch Apelle oder Leitbilder, die schön designt an den Wänden hängen, gebildet, sondern durch Taten und Worte der Beteiligten, hauptsächlich durch die Führenden. Führungspersonen werden ziemlich genau von ihren Mitarbeitenden beobachtet. Aus diesen Beobachtungen werden Verhaltensnormen und -regeln abgeleitet und diese tragen zur Kultur des Unternehmens bei. Die Kultur einer Organisation wird also erzeugt, sie zu wünschen allein reicht nicht aus, sie anzuordnen erst recht nicht.

g. Die Arbeitskultur eines Gremiums

Ebenso verhält es sich demzufolge mit der Kultur des sozialen Systems Betriebsrats-Gremium. Auch hier wird genau beobachtet, wie sich der Vorsitzende verhält. Hieraus werden die gelebten Regeln des Gremiums abgeleitet. Ebenso beobachten sich die Mitglieder des Gremiums gegenseitig und leiten daraus eigene individuelle Normen ab, aber auch Erlaubnisse aus den Verhaltensweisen der anderen. Erst die Besprechung gemeinsamer, für alle klare und geteilte Regeln und Normen gestalten eine gemeinsame und für alle annehmbare und hoffentlich angenehme Zusammenarbeitskultur.

> **Hinweis zu offenen und heimlichen Regeln:**
> Wenn der oder die Vorsitzende regelmäßig unpünktlich zu den Sitzungen erscheint, wird es unglaubwürdig, von den Mitgliedern des Gremiums Pünktlichkeit zu verlangen. Durch das Verhalten des oder der Vorsitzenden

wird die offene Regel Pünktlichkeit – man hat sie sicher irgendwo an der Wand des Besprechungsraums hängen – zur heimlichen Regel: Es ist erlaubt, unpünktlich zu sein. Genauso verhält es sich mit vielen anderen Regeln, die allesamt durch das Vorleben zu gelebten, also eher heimlichen Regeln werden. Die gelebten Regeln müssen dabei nicht den aufgeschriebenen Regeln entsprechen. Wichtig wäre es jedoch, mit allen darüber zu sprechen.
Die beste Maßnahme gegen Unpünktlichkeit ist, da wo möglich, einmal anzukündigen, dass man pünktlich beginnen wird und dies dann auch konsequent zu tun. Auf diese Weise wird der Appell zur Pünktlichkeit zu einer gelebten Regel Pünktlichkeit.

Praxistipp zum Umgang mit Regeln:
Da, wo Regeln mit den Beteiligten zusammen diskutiert und festgelegt werden, ist die Wahrscheinlichkeit viel höher, dass diese Regeln eingehalten werden. Anders verhält es sich, wenn Regeln von der Leitung vorgegeben werden. Man macht aus heimlichen Regeln durch das Gespräch offene Regeln, denn sie sind von allen durchdacht, diskutiert und gemeinsam festgehalten worden.
Genauso verhält es sich mit den gegenseitigen Erwartungen. Auch hier gibt es die offenen, klar formulierten und vereinbarten Erwartungen und es gibt die heimlichen Erwartungen. Heimliche Erwartungen haben den großen Nachteil, dass sie zu Enttäuschungen führen, denn eine Erwartung, die ich nicht kenne, kann ich nicht erfüllen. Wie auch, sie war nicht klar, nicht vereinbart und konnte somit auch nicht umgesetzt werden. Obwohl allgemeine Erwartungen an die Zusammenarbeit im Gremium irgendwo klar sein müssten, muss dies aber lange noch nicht für alle gleich sein, denn jeder hat dazu eigene, individuelle Vorstellungen, die sich widersprechen können.

Praxistipp zum Umgang mit Erwartungen:
Die Basis guter Zusammenarbeit in Gruppen ist die, dass Erwartungen besprochen werden. Ebenso, dass gegenseitige Erwartungen zu den unterschiedlichen Rollen besprochen worden sind. Allein der Begriff Leitung oder Führung wird von beteiligten Menschen unterschiedlich interpretiert. Somit bestehen auch unterschiedliche Erwartungen an Leitung oder Führung. Es ist klar, dass diese nicht gleichen Erwartungen nun erfüllt werden können oder nicht. In jedem Fall sind Tür und Tor für Enttäuschungen geöffnet. Es macht also Sinn, auch über die Art und Weise der Leitung und Führung im Gremium oder Ausschuss und über die Erwartungen an die Mitgliedschaft in Gremium und Ausschuss zu sprechen. Wie genau das gemacht werden kann, werden wir uns in den kommenden Kapiteln genauer ansehen.

Allein diese beiden Aspekte, Regeln und Erwartungen und deren Einhaltung, haben – neben dem, dass die Leitung *immer auf einer Bühne steht* und beobachtet wird – großen Einfluss auf die gelebte Kultur des Gremiums. Es hilft enorm, wenn sich die Leitung eines Gremiums ihrer diesbezüglichen Verantwortung und auch ihres diesbezüglichen Einflusses bewusst ist. Meist ist ein *Vorleben* der gewünschten Kultur der Zusammenarbeit wesentlich mächtiger als viele Appelle oder gar ein Schimpfen über deren Nicht-Einhaltung. Sehr häufig reichen ein paar wenige, menschliche Grundsätze des Handelns aus, um die Wahrscheinlichkeit zu erhöhen, dass die Mitglieder des Gremiums gerne zu den Sitzungen kommen und sich auch entsprechend engagieren. Grundsätze, die man lernen, reflektieren und trainieren kann, die aber, gut angewendet, enorme Kraft entfalten können. Diese Führungs- und Leitungsgrundsätze schauen wir uns im nächsten Kapitel an.

4. Grundsätze von Führung

a. Einführung in die Grundsätze

Die Grundsätze wirksamer Führung von Fredmund Malik[19] bieten ein wichtiges und hilfreiches Basiswissen für Führungshandeln. Interessant an seinem Ansatz ist, dass Malik eine neue, eine sehr menschliche Perspektive zum Thema Führung einnimmt: Aus dem Blickwinkel des Handelns und nicht der Persönlichkeit der Führungskraft hinterfragt er somit viele gängige Führungstheorien. Im folgenden Kapitel werden diese Führungsgrundsätze aufgriffen, vorgestellt, in den Zusammenhang der Leitung eines Betriebsratsgremiums gebracht und mit Praxisbeispielen und Tipps für die konkrete Umsetzung heruntergebrochen.[20]
Malik geht bei seinen Überlegungen zu den Grundsätzen von Führen, entgegen anders lautender Führungsliteratur, eben nicht davon aus, dass die Persönlichkeitsmerkmale von Personen in Führungs- oder Leitungsfunktionen die allein ausschlaggebenden Faktoren sind, sondern dass das, was erfolgreiche Führung *tut*, von wesentlicher Bedeutung für wirksames und somit erfolgreiches Führen ist. Es gibt dabei nicht *die Führungskräfte* in einer Organisation, in einem Land, in einer Branche, sondern es gibt

---

19 Malik, F., Führen Leisten Leben. Wirksames Management für eine neue Welt. Frankfurt 2019.

20 Und teilweise ergänzt durch Modelle und Beispiele anderer Quellen und eigener Erfahrungen des Autors.

ganz normale einzelne Menschen, die in einer Rolle als Führungskraft agieren. Menschen mit Schwächen und Stärken, mehr oder weniger Kompetenz, guten und schlechten Angewohnheiten und Menschen mit diesen und jenen Besonderheiten, um nicht zu sagen *Macken*. Trotz allem haben es diese normalen Menschen geschafft, in eine Führungsrolle zu gelangen und dort zu *überleben*. Sie haben es geschafft, dass andere Menschen, Mitglieder einer Gruppe, dabeibleiben oder mitkommen oder mitmachen. Bei früheren Analysen *der Führungskräfte* konnte man feststellen, dass in der Summe positiver Eigenschaften vieler Führungskräfte viele Persönlichkeitsmerkmale aufaddiert wurden. Man hat viele verschiedene Führungskräfte angeschaut, eine Zusammenfassung der besten Eigenschaften erstellt und diese dann auf einen einzelnen Menschen projiziert, was ein logischer Fehler ist. Die Summe der Persönlichkeitsmerkmale vieler Führungskräfte nützt einer einzelnen Person in ihrem Team oder Gremium nichts, denn sie kann unmöglich alle diese Eigenschaften abbilden, da sie von sehr vielen beobachteten Personen stammen. Geschweige denn kann eine einzelne Person diese vielen Persönlichkeitsmerkmale entwickeln. In diesen Analysen wurde also eine Art *Überflieger* oder die *Eier-legende-Woll-Milch-Sau* beschrieben, die es in dieser Art jedoch gar nicht gibt. Oder wenn es sie geben sollte, dann gibt es sie nur sehr selten, so dass sie eine nicht wirklich wichtige Rolle spielen würde, denn um sie herum gibt es lediglich *ganz normale* Menschen mit ihren bereits erwähnten Stärken und Schwächen.

Die Frage, die Malik[21] stellt, ist also nicht, *wer* diese Führungs- und Leitungskräfte alles sind, mit dem Fokus auf Persönlichkeitseigenschaften, sondern die Frage ist die, *was* wirksame Führungskräfte *tun*, nach welchen Grundsätzen, nach welchen Prinzipien sie handeln. Das positive hierbei ist, dass man diese Grundsätze lernen kann, was weniger aufwendig ist als die immer noch von vielen Führungskräftetrainings angepriesenen Veränderungen der Persönlichkeit, der Kompetenzen, des Charismas, der Ausstrahlung und vielem mehr. Unter den Führungskräften, die wirksam führen oder leiten, gibt es viele, die es nicht auf die Titelseiten der Hochglanz-Management-Magazine schaffen würden und über die auch in den sozialen Medien nicht berichtet wird, dennoch liefern diese Leute eine erfolgreiche Arbeit ab. Manche sind scheu, schüchtern, vermeiden die große Bühne, sind aber nichtsdestotrotz erfolgreich.

Andere jedoch sind charismatisch, selbstbewusst, überzeugen mit einer angenehmen Stimme und einem attraktiven Äußerem, sind jedoch nicht erfolgreich. Menschen folgen ihnen nicht und die Stimmung in ihrem

21 Ebd.

Führungsbereich ist miserabel, obwohl sie die gewünschten Persönlichkeitsmerkmalen von Führungskräften abbilden. Die Gründe hierfür liegen in der Beachtung oder eben Nicht-Beachtung der folgenden Grundsätze wirksamer Führung.[22]

b. Fokus auf die Ergebnisse

Der erste Grundsatz handelt von der Fokussierung auf die zu erzielenden Ergebnisse bzw. Resultate. Malik konnte bei seinen Untersuchungen zu den Grundsätzen beobachten, dass wenn man Leitungskräfte nach ihrer Tätigkeit fragt, 8 von 10 automatisch darüber berichten, wie schwierig alles ist. Es gäbe viele Probleme, die Kollegen sind unzulänglich, oft inkompetent, manchmal (extrem) schwierig als Person, alles macht viel Ärger. Es handelt sich bei den Beschreibungen um Realitäten, die in fast allen Teams oder Gruppen vorkommen. Umstände, die die Leitung beschäftigen, eben weil sie das Fortkommen erschweren. Beschrieben wird hier der Normalzustand, mit allen Problemen und Schwierigkeiten. Gewünscht wird allerdings oft eine Art Glücks-Zustand, der aber so gut wie nicht zu finden ist, denn es gibt nicht die konfliktfreie Organisation, die auf Dauer störungsfreie Teamarbeit oder aber die problemfreie Arbeit im Betriebsratsgremium. Aber eben, weil diese Zustände eher normal sind, sollte der Fokus der Führung oder Leitung nicht darauf liegen, was alles schwierig ist, sondern auf dem, was erreicht werden soll, auf dem, was am Ende geschafft werden soll und wozu die ganze Arbeit und der ganze Stress schließlich dienen soll. Wenn nicht die Führung einer Gruppe vorschlägt, wohin es gehen soll, wer dann? Diese notwendige Fokussierung auf Ziele ist unter anderem der Job der Führung. Die Mitglieder einer Gruppe erwarten, dass die Führung eine Richtung vorgibt. Ein Team in einer Firma existiert wegen der zu erreichenden Ziele, nicht umgekehrt. Jedes Projektteam existiert, weil mit unterschiedlichen Kompetenzen vereint ein gemeinsames Ergebnis geschaffen werden soll. Ohne Ziel kein Team.

Genauso sollte es im Betriebsratsgremium sein, ohne das Ziel, nämlich die erfolgreiche Interessenvertretung der Belegschaft, kein Auftrag und damit kein Gremium. Die Erfahrung zeigt, je mehr Zeit eine Gruppe oder ein Team zur Verfügung hat, umso mehr streiten sie sich potenziell, umso weniger steht der eigentliche Sinn, das Ziel, im Fokus. Je mehr eine Gruppe tut, je mehr Aufgaben erledigt werden, umso weniger Raum bekommen interne Querelen, die dann zumeist nicht wirklich wichtig zu

22 Ebd.

sein scheinen. Ein Gremium kommt wegen des Auftrages zusammen, sich für die Belegschaft einzusetzen, hieraus entstehen immer wieder neue (Unter-)Ziele, neue zu erzielende Ergebnisse, die durch Aktionen, Gespräche, Diskussionen und Verhandlungen erreicht werden sollen. Das sollte das Interesse des gemeinsamen Handelns sein. Entscheidend ist am Ende nicht, ob alle immer nett zueinander sind, oder dass es keine Schwierigkeiten geben soll oder alles harmonisch von statten gehen soll, entscheidend ist, was als Ergebnis rauskommt.

Zielorientierung in der Arbeit in Gruppen

- »Wenn du kein Ziel hast, ist jeder Schuss ein Treffer!«[23]
- Es ist das Ziel, das ein Team von einer Gruppe unterscheidet.
- Das Ziel steuert den gemeinsamen Einsatz der Energie und der Konzentration.
- Das Ziel gibt die gemeinsame Denk- und Diskussionsrichtung vor und verhindert somit ausufernde, nicht-zielgerichtete und eher unnötige Diskussionen im Gremium.

Praxistipp für die Arbeit mit Zielen im Gremium:
Eine Gruppe immer wieder auf ein Ergebnis oder Ziel einzunorden, hilft bei der Konzentration der Redebeiträge und bei der Bearbeitung einer gemeinsamen Richtung. Z.B.: »Wir müssen heute über Thema X diskutieren. Wer fängt an?« ist zu ungenau formuliert. »Wir müssen heute über Thema X diskutieren, mit dem Ziel, das alle den gleichen Wissenstand haben und dem gewünschten Ergebnis eines klaren Meinungsbildes, damit wir spätestens in der nächsten Sitzung zur Abstimmung kommen können.« ist klarer formuliert und hilft der Gruppe, sich auf die anzustrebende Zukunft zu fokussieren. Alle kennen das »Wozu« dieses Tagesordnungspunktes.[24]

Fragen für die Arbeit mit Zielen:

- Keine Sitzung, kein Tagesordnungspunkt ohne Ziel, ohne zu nennen, was rauskommen soll, ohne das »Wofür«. Eingebettet sind diese Ziele in mögliche Jahresziele des Gremiums. Was möchten wir bis Ende des Jahres erreicht haben? Welche Betriebsvereinbarung, zu welchem Thema? Was möchten wir für welche Kollegen erreichen? Wie genau? Wofür oder Wozu?
- Welche sonstigen Themen werden platziert? Wie sind diese eingebettet? Was sind die Ziele und Entwicklungen der Firma? Wie reagieren wir darauf? Mit welchen Zielen?

---

23 Aussage eines Seminarteilnehmers zu diesem Thema.
24 Vgl. Schmidt, 2016.

Konkret kann ein Vorsitzender in einer Sitzung zu einem Redebeitrag eines Kollegen oder einer Kollegin die Frage stellen, »Was trägt dein Wunsch oder deine Äußerung, lieber Kollege, zum Erreichen unseres gewünschten Resultats bei?« »Wozu oder wofür (man bedenke die Zielrichtung in diesen Wörtern) ist dein Beitrag hilfreich?« Oder: »Wohin bringt uns das?« oder »Mit welchem Ziel sagst oder fragst du das?« Ebenso kann der Vorsitzende die Zielrichtung in die eigenen Formulierungen einfließen lassen, wie z. B.: »Ich sage mit dem Ziel...Ich sage das, weil ich für die Zukunft möchte, dass... Ich möchte euch mit meinem Beitrag dahin mitnehmen...« Oder: "Auf der Tagesordnung ist heute der Punkt Betriebsversammlung. Ziel ist, dass wir heute nach der Sitzung wissen, wie die Versammlung konkret ablaufen soll, wie genau sie gestaltet sein soll, wer welchen Beitrag auf der Sitzung leistet und wie die Beschäftigten miteinbezogen werden.«

c. Beiträge zum Ganzen und nach außen[25]

Das Wort Beitrag (zum großen Ganzen) meint anders als die Begriffe Aufgabe oder Funktion die Einbeziehung des Einzelnen und dessen Tun in etwas Gemeinsames, etwas gemeinsam zu Erreichendes, zu den gemeinsamen Zielen. In der Diskussion um Motivation von Teilnehmenden in Gruppen spielt dieser Faktor eine wichtige Rolle. Ebenso die Frage um das Thema des Sinns. Was tun wir, wie, mit wem, warum, wozu? Und wiederum: Was genau kann ich beitragen?

Hierbei ist wichtig, dass ein Beitrag, auch wenn er nur klein und nicht unmittelbar von außen zu sehen ist, ein wichtiger Teil zu einem Gesamtergebnis ist. Allein das Wort Beitrag enthält, anders als die Beschreibung des Titels einer Rolle, wie z. B. Ausschusssprecher, eine Komponente der Handlung. Etwas *beitragen*. Menschen lieben Titel, vor allem in Betrieben. Hier werden große und kreative Kraftanstrengungen unternommen, damit Leute zu allen möglichen Titeln gelangen, damit sie nach innen wirken können. Möglicherweise verbindet man damit auch einen Schub an Motivation. Allein durch einen Titel ist jedoch noch nicht klar, welchen genauen Beitrag (zum Ganzen) eine Person damit leistet. Was sie genau tut? Wofür sie sorgt?

Malik[26] schlägt in diesem Zusammenhang eine andere Art der Formulierung für die Beschreibung der Tätigkeit einer Person vor, nämlich: »Ich sorge hier dafür, dass...!« Mit dieser Formulierung drückt eine Person

25 Malik, F., a. a. O.
26 Ebd.

aus, dass sie verstanden hat, was sie *tun* wird, was ihre Verantwortung ist, was der konkrete, daraus abzuleitende Beitrag ist und auf was sich die anderen demzufolge verlassen können.

Beispiel: Formulierungen zu den Tätigkeiten im Gremium
- »Ich sorge hier dafür, dass wir verständliche und vollständige Protokolle unserer Sitzungen haben,« statt: »Ich bin Protokollant.«
- »Ich sorge hier dafür, dass unser Gremium genau weiß, was die Kolleginnen und Kollegen in der Produktion an aktuellen Themen für uns haben,« statt: »Ich gehe durch die Produktion.«
- »Ich sorge hier dafür, dass die Technik für die kommende Betriebsversammlung bereitsteht und funktioniert,« statt: »Ich schaue, wenn ich Zeit habe, nach der Technik.«
- »Ich sorge hier dafür, dass unser Gremium mit aktuellen Informationen zum Thema Rente ausgestattet ist,« statt: »Ich gehe auf ein Renten-Seminar.«

Es handelt sich hierbei um Formulierungsweisen, die die Sorge für das Ergebnis beinhaltet und damit auch um ein völlig anderes Verständnis eines jeweiligen Beitrags. Dadurch, dass dieser Beitrag einer von vielen zu einem großen Ganzen ist, fühlt sich dieses neue Verständnis anders an, als wenn lediglich eine Formulierung käme, wie z. B. »Ich bin Mitglied im Personalausschuss.« Für das, wofür man »Sorge trägt«, engagiert man sich mehr, weil man dies eben konkreter verinnerlicht hat. Und, weil es ein konkretes Tun ist, das beschrieben ist, das mit anderen abgesprochen ist und somit Erwartungen impliziert.
Einen Beitrag leistet man auch nicht allein, denn es ist übliche Praxis, dass, um einen Beitrag zu leisten, man etwas von jemand anderem erhält. Auch ist denkbar, dass ein Beitrag an eine andere Person geht, damit diese Person die Sache aufgreift und wiederum ihren Beitrag leisten kann. Damit wird klar, dass es reicht, den eigenen Beitrag gut zu erfüllen, und nicht für alles Verantwortung tragen zu müssen, was Menschen eher abschreckt.
Hier kommt ein nächster wichtiger Punkt ins Spiel. Wie kann ich neue Mitglieder im Gremium, oder diejenigen, die nicht viel tun, besser integrieren? Die Antwort ist: Es kommt auf den Beitrag an. Neue Mitglieder im Gremium, Neugewählte oder Nachrücker oder diejenigen, die nicht viel tun, haben mit hoher Wahrscheinlichkeit noch keinen Beitrag für sich definiert. Sie sind noch am Herumirren, oder anders formuliert: Sie sehen oft den Wald vor lauter Bäumen nicht. Leitung kann hier dafür sorgen, dass diese Leute in die Arbeit des Gremiums in Form kleiner Bei-

träge hineinwachsen können. Oftmals haben die Neuen einen gehörigen Respekt, weil sie sehen, welches Wissen und welche Kompetenz bereits im Gremium oder beim Vorsitzenden vorhanden ist. Natürlich gehen die Leute dann nicht hin und reißen alles an sich, sondern sie halten sich zurück, eventuell auch aus der Angst heraus, Fehler zu machen.

Und schon entwickelt sich ein dysfunktionales Muster des Denkens und Verhaltens im Gremium, das nur zu verändern wäre, wenn man es anspricht. Das passiert allerdings oft nicht, weil die Vorsitzenden und Stellvertreter sich wundern bis ärgern, dass es Leute gibt, die nichts oder wenig tun. Schon ist ein Kreislauf entstanden, der alle unzufrieden macht, ohne die gegenseitige Verstärkung der Ursachen möglicherweise zu überschauen.

Vorsitzende und Stellvertretungen stecken in mehreren dauerhaften Dilemmas, sollten sie nicht offen darüber mit den Mitgliedern im Gremium sprechen.

Diese Dilemmas ergeben sich auf der einen Seite durch die Erfahrung der Vorsitzenden und der nicht vorhandenen Erfahrung der Neuen auf der anderen Seite[27]:

1. Einfluss und Macht *vs.* noch ohne Einfluss und ohnmächtig
2. Kompetenz im Handeln *vs.* Unsicherheit und Vorsicht
3. Vorsprung an Wissen *vs.* noch wenig Wissen
4. Erfahrung in der Kunst des Redens *vs.* Unbeholfenheit im Reden
5. Zeit durch Freistellung *vs.* nicht ausreichend Zeit für BR-Tätigkeit

Je mehr Vorsitzende und Stellvertretungen diese Kompetenzen bzw. Ressourcen nutzen, umso mehr Raum nehmen sie ein. Je mehr Raum sie einnehmen, umso weniger Raum für Beiträge bleiben den anderen, bzw. die anderen ziehen sich zurück, denn die Dinge laufen ja. Die fünf Dilemmas werden in Kapitel II.5 nochmals aufgegriffen und genauer betrachtet.

Konkret geht es also für alle Beteiligten im Gremium darum, Beiträge zu finden, die von ihnen gut übernommen werden können und die auch leistbar sind. Leistbar von der zur Verfügung stehenden Zeit und leistbar seitens der Qualifikation der Mitglieder. Diese Beiträge müssen dabei nicht aus dem Repertoire der klassischen Tätigkeiten der Vorsitzenden oder Freigestellten stammen, sie können auch kleiner sein, wie bspw. das Backen von Waffeln für die Belegschaft auf der Betriebsversammlung.[28] Diese überschaubare, aber wichtige Tätigkeit kann ein guter Einstieg und die Grundlage für weitere, etwas größere Beiträge sein. Schritt für Schritt, Umfang für Umfang. Vorsitzende können zudem die geleisteten Beiträge

27 Baschab, F.: Führen, ohne zu herrschen. In: AiB 2/2024.

28 Beispiel eines Kollegen zu diesem Thema in einem unserer Seminare.

würdigen. Somit können alle Zufriedenheit an der Leistung und so etwas wie Stolz über das Erreichte entwickeln.
Mitglieder von Gruppen identifizieren sich mit der Gruppe zuerst auf der Ebene der Beziehung und dies intensiver als auf der rein fachlich-inhaltlichen Ebene. Obwohl Gremiumsmitglieder gewählt wurden, suchen sie beim Eintritt in das Gremium unbewusst nach Zugehörigkeit auf der sog. psycho-sozialen Ebene. Mit kleinen Beiträgen kann ein guter Einstieg gelingen.[29]

d. Konzentration auf das Wesentliche[30]

Dieser Grundsatz handelt vom ewigen Kampf von Führung gegen die Verzettelung. Tendenziell gibt es viel zu viele Themen, Ideen oder Anforderungen. Ein Phänomen, dass für fast alle Führungs- und Leitungskräfte gilt: Nie ist genügend Zeit vorhanden, es gibt immer viel mehr zu tun, als Zeit vorhanden ist. Oft geht man am Abend aus dem Büro und weiß nicht, was man den ganzen Tag getan hat, obwohl man ununterbrochen aktiv war.
Auch hier liegt das Problem auf der Fokussierung. Auch hier kann festgestellt werden, dass die meisten Führungskräfte, analog dem ersten Grundsatz, oft nicht klarsehen, was die wesentlichen Dinge sind, auf die sie sich als Führungskraft konzentrieren müssten. Oftmals lassen sie sich zu sehr ablenken, sich in die Verzettelung treiben. Eine Geschichte über Zeit- und Selbstmanagement, die weite Verbreitung gefunden hat, stellt diesen Grundsatz gegen die Verzettelung auf sehr anschauliche Art und Weise dar.

> **Die großen Steine zuerst…**
> Ein Professor einer Hochschule wurde gebeten, einen Vortrag über Zeit- und Selbstmanagement vor einer Gruppe Studierender zu halten. Er hat sich überlegt, wie er dies am nachdrücklichsten tun kann und sich dafür entschieden, eine große Vase aus Glas und große Steine mit in die Lehrstunde zu bringen. Er stellte die Vase vor sich auf das Pult. Dann legte er mehrere große Steine in die Vase, die damit gut gefüllt war und frage die Teilnehmenden, ob die Vase voll sei. Einige der Studierenden bestätigten das spontan. Unser Professor zog schmunzelnd ein Säckchen mit etwas kleineren Steinen aus seiner Tasche und ließ diese Steine in die Zwischenräume zwischen die großen Steine in die Vase gleiten. Er ruckelte ein wenig

29 Wie ein gelungener Einstieg in das Gremium genau aussehen kann? Siehe Kapitel IV. 1. und IV. 3.

30 Malik, F., a. a. O.

an der Vase, so dass sich die kleineren Steine gleichmäßig in die verbliebenen Hohlräume verteilen konnten. Er frage nun erneut, ob die Vase voll sei. Einige der Studierenden bestätigten, andere waren nun eher skeptisch. Nun zog der Professor ein weiteres Säckchen mit noch kleineren Kieselsteinchen aus seiner Tasche und ließ diese ebenfalls in die noch übrigen Hohlräume zischen die großen Steine und die kleineren Steine fallen. Nach der Frage, ob die Vase denn jetzt voll sei, und der nun klaren Antwort der Studierenden, wohl kaum, zog er ein Säckchen mit Sand aus seiner Tasche und ließ diesen zwischen die Steine und die Steine in die Vase rinnen. Wer nun glaubt, die Vase sei jetzt voll, irrt immer noch, denn zum Schluss zog der Lehrende noch ein Flasche Wasser aus seiner Tasche und schüttete dieses in die Vase, bis sie nun wirklich randvoll war.[31]

Abb. 7: Eine Vase mit großen und kleinen Steinen

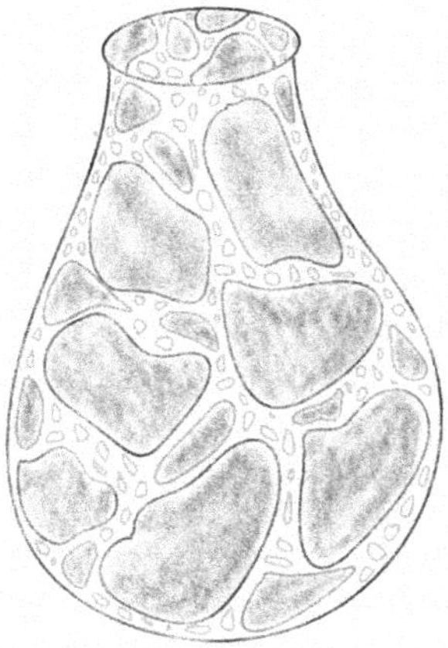

(Graphik: Yola Baschab, 2025)

Was können wir aus dieser Geschichte lernen? Es kommt darauf an, sich auf die wesentlichen wichtigen Dinge zu konzentrieren. Es ist immer noch Platz für Nebensächlichkeiten. Es kommen immer wieder viele Themen auf, die zunächst große Steine zu sein scheinen, sich dann aber als kleine Steine entpuppen. Es sind stets viele *dringende* Dinge zu tun, die dann am Ende doch nicht so dringend waren. Auch die Arbeitgeber beschäftigen den Betriebsrat gerne mit Nebensächlichkeiten, damit wenig Zeit für wichtige große Vorhaben des Gremiums bleibt. Oftmals sind die

31 Unbekannte Quelle.

großen Steine nicht allen klar und auch nicht gemeinsam als solche definiert. Oft wird in kleine Steine zu viel Energie gesteckt, weil die Priorität falsch gesetzt wurde oder man schlicht nicht »Nein« sagen konnte.

Natürlich gibt es anfallende kleine Steine, die auch bearbeitet werden müssen. Diese können, wie im vorherigen Kapitel beschrieben, in Form kleiner Beiträge von Mitgliedern des Gremiums übernommen werden und müssen nicht zwangsläufig von den Vorsitzenden erledigt werden. Ebenso verhält es sich mit dem Sand und dem Wasser: Vorsitzende können dafür sorgen, dass die kleineren Aufgaben verteilt werden, d.h. delegiert, abgegeben oder gar nicht erst aufgegriffen werden. Alle anderen Steine, vor allem die Großen, sollten sauber und sorgfältig geplant werden.

Praxistipp zur Jahresplanung der Arbeit eines BR-Gremiums:
Wenn man sich als Vorsitzender den Jahresplan vornimmt und beginnt auf einem Jahreskalender mit der Eintragung:

- aller Urlaubszeiten,
- eventueller Betriebsferien,
- der Feier- und Brückentage,
- eigener freier Tage zwischen den Urlauben,
- die Termine für die Betriebsversammlungen,
- Termine für die Betriebsratsklausuren,
- eigene Fortbildungen und die der BR-Mitglieder,
- Teilnahme an GBR-/KBR-Sitzungen,
- Teilnahme an Konferenzen oder Kongressen,
- alle Sitzungstermine inkl. Zeiten für Vor- und Nachbereitung
- Termine der Ausschüsse
- Regel-Termine mit dem Arbeitgeber
- Zeiträume für Gespräche mit der Belegschaft…

…dann wird man feststellen können, dass so viele freie Tage nicht mehr übrigbleiben, so viel Zeit gar nicht mehr zur Verfügung steht, um noch zusätzliche große Aufgaben oder andere größerer Projekte anzugehen. Im Kopf geht man aber oft davon aus, dass ein Jahr lang ist und viel Zeit zur Verfügung stehen wird. Man nimmt sich gerne und oft viel mehr vor, als tatsächlich rein zeitlich gesehen geschafft werden kann. Zudem muss unbedingt eingeplant werden, dass ungeplante, aber notwendige Zeit eingeräumt werden muss für wirklich dringende Gespräche mit Kollegen aus dem Betrieb, Gespräche mit den Mitgliedern des Gremiums, für Rundgänge durch den Betrieb, für das Lesen von Fachliteratur und einiges mehr. Viele Führungsfehler oder schlechte Führungssituationen entstehen auf Grund nicht ausreichend zur Verfügung stehender Zeit für Führung.

> **Praxistipp zur Planung von ToDo's:**
> Heutzutage können für die Jahres- und Terminplanungen, sogar in Kombination mit aus den großen Steinen ableitbaren ToDo's, technische Hilfsmittel verwendet werden, die auf Computern und mobilen Endgeräten zur Verfügung stehen. Eine ToDo-Liste zu führen, ohne die ToDo's direkt in den Kalender zu schreiben, kann gefährlich sein. ToDo's lassen sich schnell in eine eigene, gesonderte ToDo-Liste eintragen, ohne dabei mit einzuplanen, wann sie eigentlich konkret erledigt werden sollen, geschweige denn, wie viel Zeit dafür notwendig ist. Moderne Softwares ermöglichen die Kombination einer ToDo-Liste mit der direkten Eintragung in den Wochen- oder Tageskalender, so dass die Aufgaben- und Zeitplanung kombiniert ist. Das Problem der losgelösten ToDo-Liste ist, dass sie ständig das Gefühl erzeugt, hinten dran zu sein, nie fertig zu werden, denn ständig bleiben einzelne Punkte übrig, es kommen aber ständig neue hinzu.

Es geht also darum, Steine abzugeben und dem Gremium dabei zu helfen, Kompetenzen zu entwickeln oder vorhandene Kompetenzen zu nutzen, damit die Arbeit gut verteilt werden kann.
Wenn wir nun darauf schauen, wie die bereits genannten Grundsätze wirksamer Führung konkret umgesetzt werden können, dann kommt es auch darauf an, zu erkennen, wer überhaupt an welchem Thema, an welchem Beitrag Interesse hat und wer überhaupt in der Lage ist, sich für welches Thema wirklich zu erwärmen, zu motivieren. Auch hier werden unabsichtlich Fehler gemacht, denn es wird zu wenig auf den nun folgenden Grundsatz geachtet.

e. Die Stärken der Beteiligten nutzen[32]

Wenn Führungskräfte gebeten werden, von ihrem Mitarbeitenden zu erzählen, kann wiederum festgestellt werden, dass in hohem Maße von den Defiziten der Mitarbeitenden berichtet wird: Was sie alles nicht können, wo sie Schwierigkeiten haben, wo sie schwach sind.
Menschen neigen dazu, sich auf das Negative zu fokussieren. Dies geschieht nicht deswegen, weil Menschen grundsätzlich schlechte Wesen sind. Es geschieht aus dem Grund, dass unser Gehirn darauf trainiert ist,

32 Malik, F., a. a. O.

für uns in kürzester Zeit Fehlendes, uns Ärgerndes, uns Störendes zu erkennen, damit es abgestellt bzw. ausgeglichen werden kann. Ein uralter Instinkt, der uns das Überleben zu sichern half und der deswegen als erfolgreiches Konzept der Entwicklungsgeschichte des Menschen tief in unser Inneres eingebaut ist. Dennoch sollten wir dies heutzutage überdenken, denn nicht jedes Defizit bedroht unser Leben, auch wenn unser Gehirn uns Ähnliches signalisiert. Nicht jede Schwäche eines Kollegen oder einer Kollegin muss uns verzweifeln lassen. Was wir stattdessen auch tun können, und das ist die Empfehlung dieses Grundsatzes, ist, dass wir die bereits vorhandenen Stärken unserer Kolleginnen und Kollegen in den Blick nehmen und lernen, diese zu nutzen.

Denn was passiert, wenn wir uns auf die Schwächen von Menschen konzentrieren? Wir versuchen sie abzustellen: reden mit Menschen, versuchen sie zu entwickeln, versuchen, Schwächen abzubauen, schicken Menschen auf Fortbildungen und vieles mehr. Oftmals haben diese Maßnahmen – wenn auch kleine – Erfolge. Etwas daran bleibt jedoch merkwürdig. Denn, was wir tatsächlich damit erreichen, ist, dass die Leute letztendlich nur weniger schwach werden. Sie entwickeln sich zu ihrem Mittelmaß. Wir haben uns auf die Beseitigung der Schwächen konzentriert und dabei völlig außer Acht gelassen, dass Menschen bereits vorhandene Stärken haben, die wir aber aus dem vorher beschriebenen Grund erst gar nicht gesehen haben.

Die Erfahrung zeigt eindeutig, dass dort, wo es gelingt, Aufgaben (Beiträge) von Menschen in Einklang mit ihren Stärken zu bringen – sie sich also nicht quälen müssen – es wesentlich wahrscheinlicher ist, erfolgreiche und motivierte Kolleginnen und Kollegen zu haben. Das, was einem gut von der Hand geht, macht man viel lieber als Unangenehmes, und das, was einem sogar Spaß macht, weil man es kann, sowieso. Bekannte und erfolgreiche Persönlichkeiten berichten fast alle, dass sie früh erkannt haben, was sie tun möchten und worin sie gut waren, wo sie Talent erkannt haben, wofür sie gebrannt haben. Dies haben sie dann ausgebaut, weiterentwickelt und letztlich zur Meisterschaft gebracht. Ein Quälen oder ein permanentes Arbeiten gegen innere Widerstände hätte sicherlich nicht zu gleichen Erfolgen geführt.

Praxistipp für das Finden und Einsetzen vorhandener Stärken bei den Mitgliedern eines Gremiums:
In Einzelgesprächen kann man herausfinden, wo Leute Stärken haben. Oftmals sind sich Menschen ihrer Stärken gar nicht bewusst. Deshalb macht es Sinn, Einzelgespräche in zeitlichen Abständen zu wiederholen und auf Dauer herauszufinden, was genau und welche Themen den Kollegen im

Gremium liegen würden, was angenehm für sie wäre und wo sie erfolgreich sein würden.
Zum Beispiel kann sich jemand sehr damit quälen, ein gut verständliches Protokoll zu schreiben, jemand anderes tut sich damit aber leicht. Oder jemand schwitzt Blut und Wasser, wenn er eine Rede vor einer großen Gruppe halten soll. Andere haben jedoch keine Probleme damit, im Gegenteil, man müsste sie eher bremsen. Oder jemand tut sich schwer damit durch die Hallen der Produktion zu gehen, weil es sicherlich viele Beschwerden und auch unreflektiertes Gemeckere über die Arbeit des Betriebsrats geben könnte. Jemand anderer hingegen wird erst richtig warm, wenn es Gegenwind gibt und hat keine Probleme damit, die Dinge gerade zu rücken und somit eine gute Außenwirkung des Gremiums zu erzeugen. Manche Leute sind sehr gut vernetzt und kennen in allen Bereichen der Firma Leute, die sie für verschiedene Dinge fragen könnten. Andere wiederum arbeiten lieber zurückgezogen und entwickeln dort gute Ideen oder können Dinge im stillen Kämmerlein erarbeiten. Falsch wäre es nun jedoch, unachtsam viele Tätigkeiten von vielen zu verlangen, weil man – übertrieben formuliert – der Meinung wäre, alle müssten alles können.

Es ist also oft schiere Unüberlegtheit, die uns dazu bringt, Menschen in die Passivität zu bringen, weil wir von ihnen Dinge verlangen, bei denen sie sich mit Sicherheit schwer tun werden. Wenn die Konstituierung eines Gremiums lediglich daraus besteht, dass in einer Sitzung die Mitglieder des (neuen) Gremiums begrüßt und die Ausschüsse gewählt werden, danach darüber gesprochen wird, was gerade ansteht und danach weitergearbeitet wird, hat man sicher nicht bedacht, wie mit den oben beschriebenen Ideen ein Start in ein neues und mit einem neuen Gremium auch ganz anders gestaltet werden kann, möglicherweise produktiver, geschlossener, engagierter und motivierter, in dem über die mitgebrachten Kompetenzen der Menschen gesprochen wird.[33]

f. Gegenseitiges Vertrauen[34]

Ein verbindendes Element einer erfolgreichen, gemeinsamen Arbeit ist das gegenseitige Vertrauen: Nur dies lässt zu, dass Fehler passieren können; nur dies lässt zu, dass man Mut entwickelt und sich selbst ausprobiert oder auch Neues testet. Wenn bei allem, was getan wird, davon ausgegangen werden muss, dass hintenrum bereits kritisiert und getratscht wird, wird man sich kaum zeigen wollen und sich nicht engagieren. Man

33 Ein ausführliches Instrument zu den Kompetenzen gibt es weiter unten.
34 Malik, F., a. a. O.

wird gerade das tun, was rein rechtlich von einem verlangt wird, darüber hinaus jedoch sehr wenig bis nichts.
Menschen in Gruppen haben ein Gespür für Gerechtigkeit in der Kommunikation und im Umgang miteinander. Grundsätzlich starten Leitungs- und Führungskräfte mit einem Vertrauensvorschuss, dieser kann jedoch zerstört werden, meistens wiederum aus Gründen der Unachtsamkeit im Tun oder Sagen.

Hinweise zur Zerstörung von Vertrauen:
Vorsitzende sollten eigene, geschehene, aber offensichtliche Fehler zugeben. Man sollte Fehler nicht leugnen oder sie anderen Personen in die Schuhe schieben. Das Zugeben von Fehler erhöht Vertrauen, es schmälert es nicht, wie oft angenommen wird. Vertrauen spielt sich in erster Linie auf der sozialen Ebene ab, der Ebene der Beziehungen. In zweiter Linie erst auf der fachlichen Ebene. Dies wird jedoch häufig verwechselt, denn die tragende Ebene ist die soziale Ebene. Fehler passieren in der Regel nicht mit Absicht. Von daher ist es sinnvoll, im Gremium offen darüber zu sprechen bzw. eine Kultur der Zusammenarbeit zu gestalten, die Fehler aushält. Eine Kultur, die robust ist und bei der nicht jedes Wort auf die Goldwaage gelegt wird, aber eine Kultur, die offen und ehrlich ist.
Ein weiterer Führungsfehler, der häufig passiert ist, dass die Vorsitzenden qua Amt immer in allem bei allen Gesprächen und Diskussionen Recht haben müssen,[35] weil sie glauben, sonst an Achtung zu verlieren. Das Gegenteil ist jedoch der Fall: Wer immer Recht hat, verkauft andere für dumm und vermindert somit ihr Engagement. Wer lernt, dass er gar nichts beitragen kann, wird letztlich auch nichts beitragen wollen. Von daher gehört es auch dazu, vielleicht einmal zu zeigen, dass man auch als Vorsitzender dazu lernen kann, oder wenigstens die Argumente der anderen zu würdigen.

Zum Erhalt von Vertrauen zählt auch, dass man sagt, was man tut und tut, was man sagt. Menschen haben ein Gespür für Zuverlässigkeit im Sagen und Tun. Wer zu oft Dinge ankündigt, die dann aber nicht umgesetzt werden, verliert an Reputation und Glaubwürdigkeit. Wer fast alle Dinge im Alleingang macht, ohne sie anzukündigen oder anderen eine Chance der Beteiligung zu geben, ebenso. Die Gruppe kommt dann nicht mehr mit, weil sie den Weg nicht mehr sieht oder weil sie das Gefühl entwickelt, ohnehin nichts beitragen zu können.
Ebenso sollten Vorsitzende nicht im Nachhinein die Regeln der Zusammenarbeit ändern, so wie es ihnen passt, um am Ende richtig zu liegen. Das Wichtigste an Regeln ist, dass sie den Rahmen bilden, innerhalb

35 Malik, F., a. a. O.

dessen gehandelt wird, damit eine Basis für Vertrauen entstehen kann. Gemeinsame Regeln gelten deswegen für alle gleich, niemand sollte über diesen stehen. Wer Regeln im Alleingang verändert, verliert an Rückhalt, denn das Verhalten wird nicht mehr einschätzbar und damit nicht bewertbar und Menschen steigen tendenziell innerlich aus.

g. Die konstruktive Haltung[36]

Wenn wir nun alles zusammennehmen und abschließend einen Grundsatz betrachten, der eine Basis darstellen könnte, all die Schwierigkeiten, Unzulänglichkeiten und Probleme, die – wie bereits erwähnt – allesamt eher normal sind, besser ertragen zu können, so kommen wir auf die Frage der eigenen inneren Einstellung oder Haltung, mit der wir jeden Tag an unsere Aufgaben gehen. Diese innere Einstellung und Haltung hat einen enormen Einfluss darauf a), wie es uns selbst geht und was wir denken, und b), wie wir daraus resultierend mit anderen kommunizieren.
Der Pygmalion-Effekt, der den Einfluss einer positiven Erwartung an die Leistung eines anderen Menschen und den daraus resultierenden Ergebnissen beschreibt, wurde erstmals in einer Studie von Rosenthal und Jacobson[37] in den 1960er Jahren an einer Schule untersucht. In dieser Studie wurde einer Gruppe von Lehrern zwei Schülerklassen zugeordnet. Man hat den Lehrern gesagt, dass eine der Klassen nur aus Spitzenschülern mit hoher Intelligenz und guten Ergebnissen besteht, die zweite Klasse lediglich aus mittelmäßigen Schülern. Es wurde ein Jahr lang parallel mit beiden Klassen, aber mit denselben Lehren, gearbeitet. Die gleiche Lehrergruppe, jedoch mit den beiden unterschiedlich leistungsstarken Klassen. Nach dem Jahr hat man durch Tests die Leistungsstände der Schüler ermittelt. Man hat dabei festgestellt, dass die Klasse der »Spitzenschüler« Spitzenergebnisse erzielt hat und die Klasse der »Mittelmäßigen« mittelmäßige Ergebnisse. Also alles normal und richtig gelaufen?
Die Krux an diesem Experiment ist, dass es nie zwei unterschiedliche Klassen gegeben hat, es wurde nicht *die* Spitzenklasse ermittelt und nicht *die* mittelmäßige Klasse. Beide Klassen wurden streng zufällig gebildet. Beide Klassen waren auf absolut gleichen Leistungsniveaus unterwegs. Trotzdem gab es am Ende des Jahres Leistungsunterschiede. Woran lag das?

36 Malik, F., a. a. O.
37 Rosenthal, R./Jacobson, L.: Teachers' Expectancies: Determinants of Pupils' IQ Gains. Psychological Reports 19, 1966, S. 115-118.

Nun, es bestand im Kopf der Lehrer die Annahme, dass eine Gruppe nur aus sehr guten Leuten bestand, während für die zweite Gruppe die Annahme bestand, man habe es mit mittelmäßigen Schülern zu tun. Es bestand also lediglich die Annahme über die unterschiedlichen Leistungsniveaus der Schüler in den Köpfen der Lehrer. Durch Beobachtungen des Unterrichts und des Verhaltens der Lehrer im Laufe des Jahres konnte analysiert werden, dass die Lehrer gegenüber der angenommenen »Spitzenschüler« wesentlich positiver eingestellt waren, wesentlich wertschätzender, unterstützender und geduldiger mit ihnen interagiert haben, während sie bei der angenommen »normalen« Klasse deutlich schneller und ohne weitere Unterstützung anzubieten den Unterrichtsstoff fortgesetzt haben, zur Tagesordnung übergegangen sind. Man kann also ableiten, dass allein die Annahme über die Schüler am Ende *reale* Bewertungen und Ergebnisse zur Folge hatte.
Diese Studie belegt das Konzept der sog. *Selbsterfüllenden Prophezeiung*, nach dem sich am Ende das als Ergebnis zeigt, was man sich zu einer Sache oder Person vorstellt. Eine weitere kleine Geschichte zu diesem Thema ist die einer Führungskraft mit seinen Mitarbeitenden und des besonderen Umgangs mit ihnen und der besonderen Gedanken über sie. Weil eine Führungskraft mit ihren Mitarbeitern nicht zufrieden war, mit der Leistung und ihrem Engagement, behandelte er sie schlussfolgernd und weil alles ja keinen weiteren Sinn mehr mache und weil die Führungskraft ohnehin schon sehr genervt war, als seien ihre Mitarbeiter »Affen und Idioten«. Nach einer gewissen Zeit verlassen diejenigen das Team, die nicht nachvollziehen, so behandelt zu werden. Übrig bleiben die »Affen und Idioten«, die sich an die Behandlung durch die Führungskraft gewöhnt hatten, denn als »Affe und Idiot« muss man nicht unbedingt ein schlechtes Leben haben. Die Führungskraft hat sich also das Team selbst geschaffen, über das sie sich die ganze Zeit beklagt hatte.

Praxistipp zur konstruktiven Haltung:
Die konstruktive Haltung, also das positive Denken, hat eine enorme Auswirkung auf die eigene psychische Gesundheit. Wenn ich in allem etwas Schlechtes finden möchte, finde ich es auch. Ich muss nur lange genug suchen oder eben genau mit dieser Art von Brille auf alles schauen. Ebenso macht aber vielleicht auch Sinn, in allem Negativen auch etwas Positives zu finden, was es sicherlich auch gibt. Die Energie geht dahin, worauf der Fokus liegt, und es ist meine eigene Entscheidung, was ich über eine Sache denke und welche Realität ich demzufolge in meiner Wahrnehmung erzeuge. Mit dieser konstruktiven Haltung strahle ich Selbstbewusstsein, Unerschrockenheit und Zuversicht aus. Dies ist für Menschen in meiner Um-

gebung allemal angenehmer und vertrauenserweckender als permanentes Nörgeln und Meckern.

Wie bereits erwähnt geht es in der Arbeit im Gremium auch darum, dass Menschen mit mir als Vorsitzender mitkommen oder dabeibleiben. Das tun sie umso mehr, wenn ich eine positive oder konstruktive Ausstrahlung habe. Um Missverständnissen vorzubeugen: Damit ist nicht das berühmte Alles-Schönreden oder gar Sich-Selbst-Etwas-Vormachen gemeint. Es geht nicht um ein Verkennen der Realität. Mit der konstruktiven Haltung kann ich alle Schwierigkeiten und Probleme offen und klar benennen, den Blick nach vorne richten und eine Lösung suchen. Ich werde mich aber mit hoher Wahrscheinlichkeit nicht so sehr darüber ärgern oder in einen Grübel-Kreislauf einsteigen, kein Magengeschwür bekommen und nicht schlecht schlafen. Und das möglicherweise nur, weil die Mitglieder meines Gremiums manchmal nicht so agieren, wie ich das möchte. Ich weiß, dass ich die Dinge ansprechen und klären kann. Ich kann mir vornehmen, das morgen auf konstruktive Art und Weise zu tun, denn wir werden sicherlich eine Lösung finden. Danach kann ich mich im gemütlichen Bett umdrehen und gesund weiterschlafen.
Diese sechs Grundsätze zusammengenommen ergeben eine Art Six-Pack, dass sich lohnt auszuprobieren. Ein erster Schritt kann eine Selbstreflexion sein, in welchem Maße bereits einige der Grundsätze in eigenes Handeln überführt wurden. In einem weiteren Schritt könnte dann festgelegt werden, welchen der Grundsätze oder welches Element aus den Erläuterungen übernommen und ausprobiert werden könnte. Das Buch von Malik[38] gehört nicht ohne Grund zu den besten Management-Büchern weltweit. Es handelt sich um von wirksamen Führungskräften abgeschauten Grundsätze, die wiederum großen Anklang bei denjenigen finden, die nach Antworten auf die vielen Alltäglichen Führungsfragen suchen, aus der Praxis für die Praxis.
In den folgenden Kapiteln des vorliegenden Buches werden einzelne Themen zu den obigen Ausführungen nochmal vertieft aufgegriffen, zudem werden noch weitere Modelle zu ergänzendem Führungswissen hinzugefügt. Mit den Grundsätzen haben wir eine Art Basis gelegt.

38 Malik, F., Führen Leisten Leben. Wirksames Management für eine neue Welt. Frankfurt 2019.

h. Die Kompetenzmatrix

Ein Tool, das viele Gremien nutzen, womit aber dennoch vorsichtig umgegangen werden sollte, ist die sogenannte Kompetenz-Matrix. Die genaue Anwendung der Matrix unterscheidet sich jedoch von Gremium zu Gremium. Von daher soll dieses Tool nicht als fertiges Rezept verstanden werden, sondern als Grundlage für die eigene Erstellung. Im Kern geht es um eine Matrix der vorhandenen oder vermuteten Kompetenzen der Mitglieder eines Gremiums. Gemeinsam entwickelt und besprochen, nicht stigmatisierend oder als geheimes Bewertungsinstrument. Das Tool kann dabei vom Vorsitzenden, ggf. zusammen mit der Stellvertretung, entwickelt werden oder mit dem gesamten Gremium möglicherweise auf einer Klausur. Wie offen über Kompetenzen im Gremium gesprochen werden kann, hängt von der Kultur der Offenheit zu Rückmeldungen ab, die im Gremium herrscht. Manche Gremien tun sich hiermit sehr leicht, bei anderen wiederum wäre das Tool mit allerhöchster Vorsicht zu genießen. In unseren Seminaren stellen wir das Tool vor und lassen eine erste Einschätzung erarbeiten. Wir stellen dabei fest, dass es Unterschiede zwischen Gremien, in denen offen über Kompetenzen gesprochen werden kann, und Gremien, in denen dies noch nicht möglich ist, gibt. In jedem Fall kann die Kompetenz-Matrix aber in den schon mehrfach erwähnten Einzelgesprächen mit (neuen) Mitgliedern im Gremium verwendet werden. Die Kompetenz-Matrix bezieht sich auf eine allgemeine Fremd- und/oder Selbsteinschätzung der BR-Mitglieder in Bezug auf mögliche Aufgaben, die im Gremium zu übernehmen wären. Mit Kompetenzen sind Interessen, Erfahrungen, Stärken, Talente und Fachkenntnisse gemeint, die Mitglieder mit in die Gremienarbeit bringen und die es zu nutzen gilt. Doch um dies tun zu können, müssen sie erstmal besprochen werden. Das ist der wesentliche Zweck der Kompetenz-Matrix.

aa. Aufgaben und Verantwortung

Aufgaben, die Mitglieder im Gremium übernehmen können, bewegen sich innerhalb von vier Feldern,[39] die zum einen von der Organisation verlangt werden und zum zweiten von der Person, die die Aufgabe bekommt, mitgebracht wird.

---

39 Vgl. Schmid, B./Messmer, A.: Vier Dimensionen eines Verantwortungssystems, 2004.

Organisation/Gremium

- **Dürfen**: Mandat, Befugnis, Rechte, Erlaubnis, Macht, Autorisierung
- **Müssen**: Pflichten, Erwartungen, Zuständigkeit, Anforderungen an das Amt

Person/Betriebsrat

- **Wollen**: Motivation, Interesse, Überzeugungen, Erfolgswillen, Werte
- **Können**: Kompetenzen, Erfahrung, Weiterbildungen, Talente, Qualifikation

bb. Übersicht Kompetenzen

Im Folgenden betrachten wir die Rubrik *Können*, also die Kompetenzen, die mitgebracht oder erworben werden, etwas genauer. Allerdings sind die unten aufgelisteten Beispiele für Kompetenzen nicht völlig trennscharf zu der Rubrik *Wollen*. Hier wäre hilfreich, nicht dogmatisch oder holzschnittartig bei der Analyse von Kompetenzen vorzugehen, sondern in der Form, die für das Gremium und seine Mitglieder in der jeweils aktuellen Situation hilfreich und sinnvoll wäre.

Die Kompetenzen, Erfahrungen, Weiterbildungen, Talente und Qualifikationen können dabei wiederum grob unterteilt werden in die Kategorien der

- fachlichen Kompetenzen,
- sozialen Kompetenzen und
- methodischer Kompetenzen.[40]

Wir betrachten im Folgenden insbesondere Beispiele für soziale und methodische Kompetenzen, denn diese sind die, über die sich am wenigsten häufig unterhalten wird. Fachliche und inhaltliche Kompetenzen sind dagegen im betrieblichen Alltag offensichtlicher. Die aufgeführten Listen sollen Beispiele für Kompetenzen darstellen. Sie sind bei weitem nicht vollständig. Sie sollten aber auch nicht als Blaupause verwendet werden, denn Kompetenzen und Talente sind bunt und vielfältig und nicht schematisch.

---

40 Eine umfangreiche Beschreibung der Arbeit mit Kompetenzen im Gremium ist zu finden in: Schwartau, B.: Betriebsratsarbeit gut organisiert. Bund-Verlag. Frankfurt am Main 2019.

Abb. 8: Beispiele für soziale und methodische Kompetenzen

Soziale Kompetenzen	Methodische Kompetenzen
Eigeninitiative	Strukturierte Arbeitsweise
Zuverlässigkeit	Prozesskompetenz
Teamfähigkeit	Kaufmännische Kompetenz
Offenheit	Strategisches Denken
Verantwortungsbewusstsein	Strategietools
Selbstdisziplin	Ergebnisorientierung
Einfühlungsvermögen	Komplexes Denken
Kooperationsfähigkeit	Selbstständiges Arbeiten
Kontaktfreudigkeit	Projektmanagement
Kritikfähigkeit	Problemlösungsfähigkeit
Lösungsorientierung	Konfliktbearbeitung
Fähigkeit zur Selbstreflexion	Agile Methoden
Gewissenhaftigkeit	Kommunikationskompetenz
Interkulturelle Kompetenz	Analysetools
Motivationsfähigkeit	Organisationstalent
Wertschätzung	Konzeptionelle Kompetenz
Konstruktives Kritisieren	Wissen über Organisationsentwicklung
Proaktives Denken und Handeln	Unternehmerisches Denken
Tatkraft	Digitale Kompetenz
Risikobereitschaft	Umgang mit PC und Software
Durchsetzungsstärke	Anwendung rechtlicher Grundlagen
Entscheidungsfähigkeit	Präsentationen gestalten
Gestaltungswille	Präsentationen halten
Loyalität	Videotechnik
Selbstbewusstsein	Informationsbeschaffung
Integrität	Informationsaufbereitung
Zugänglichkeit für Argumente	
Respekt	
Toleranz	
Glaubwürdigkeit	
Hilfsbereitschaft	
Vernetzungsfähigkeit	
Lernbereitschaft	

cc. Matrix erstellen

Wie oben bereits erwähnt, kann die Erstellung der Matrix auf sehr unterschiedliche Weise erfolgen. Der Tipp ist hier, sehr pragmatisch zu bleiben und die Liste stets als veränderlich anzusehen, die jederzeit bearbeitet, verändert und ergänzt werden kann. Nachfolgend nun ein schematisches Beispiel der Gestaltung der Matrix. Manche Gremien zeichnen die Matrix auf Papier, andere nutzen ein großes Flipchart-Blatt, wieder andere verwenden eine Software dazu. Auch hier sollte das Prinzip Machbarkeit vor Perfektionismus gelten. In der Zeile oben werden die Namen der Mitglieder des Gremiums eingetragen und in der Spalte ganz links wird begonnen, die Kompetenzen, die wahrgenommen werden oder die besprochen werden, aufzulisten. Dann wird pro Person in der Matrix eingetragen, ob man der Meinung ist, dass eine Kompetenz vorhanden oder nicht vorhanden ist. Viel komplizierter muss man es eigentlich gar nicht machen, denn es geht um den Abgleich von vorhanden Stärken und der Übernahme entsprechender Beiträge. Manche Gremien beginnen damit, die Kompetenzen aufzulisten, von denen sie der Meinung sind, dass diese im Gremium notwendig wären. Und nochmal: Es soll hier nicht stigmatisiert werden oder Menschen zu Unrecht bewertet. Deshalb ist die Empfehlung immer die, besser **miteinander** zu reden als übereinander.

Abb. 9: Beispiel einer Kompetenz-Matrix

Kompetenzen	Name	Name	Name	Name	Name	…
Eigeninitiative	vorhanden	Nicht vorhanden	…	…	…	…
Zuverlässigkeit	…					
Teamfähigkeit						
…						

5. Die Dilemmas der Führung eines BR-Gremiums

Wir stellen in unseren Seminaren aus den Erzählungen der Vorsitzenden und Stellvertretenden immer wieder fest, dass es fünf Dilemmas[41] zu geben scheint, die allen Beteiligten im Gremium eine relativ gleichmäßige Verteilung von Aufgaben erschweren mögen. Auf die Dauer sind diese Dilemmas für das gemeinsame Erreichen von Zielen bzw. Ergebnissen wenig funktional, neben dem, dass die Zusammenarbeit für alle Beteiligten keinen Spaß macht. Vor allem nicht für die Vorsitzenden, die Hauptbetroffene sind. Im Grunde kann man sagen, je mehr die Vorsitzenden

41 Vgl. Baschab, F.: Betriebsratsführung: 5 Fallstricke vermeiden. In: AiB 2/2024.

tun, umso eher können sich die Mitglieder des Gremiums zurückhalten. Im Folgenden betrachten wir fünf Kompetenzfelder im Detail, welche die Dilemmas im Wesentlichen ausmachen. Es ist zum einen wichtig, diese zu kennen und zum anderen zu wissen, dass man etwas dagegen tun kann.

a. Einfluss und Macht

Die Vorsitzenden und/oder Stellvertretungen sind in einer *aktiven* Rolle, wodurch sie durch ihr Tun mehr und mehr Einfluss bekommen und ihnen möglicherweise auch so etwas wie »Macht« zugetragen wird. Das Dilemma hierbei ist, je mehr Kompetenz und Einfluss sie erhalten, um so tendenziell weniger Einflussmöglichkeiten könnten die Mitglieder des Gremiums für sich ableiten, denn »es gibt ja jemanden, der das macht und auch viel besser kann als ich«. Die Mitglieder des Gremiums ziehen sich demzufolge aus der Übernahme von Verantwortung zurück, tun dabei weniger, erreichen weniger, beteiligen sich weniger, was die Vorsitzenden wiederum dazu bringt, mehr anzustoßen, mehr aufzugreifen, weil die Themen sonst liegen bleiben. Darunter auch kleinere Themen, die auch von Betriebsräten bearbeitet werden könnten. Ein sich selbst verstärkender Kreislauf beginnt. Die einen erreichen mehr, weil sich die anderen weniger beteiligen und umgekehrt.

b. Kompetenz im Handeln

Gleiches gilt für das konkrete tägliche Handeln: Die Vorsitzenden greifen zu erledigende Themen auf und bearbeiten sie. Kleine, aber auch große Dinge. Dadurch bekommen sie Durchführungs-Routine, Erfahrung und zunehmende Kompetenz. Die Mitglieder des Gremiums können hingegen oft aus Zeitgründen nicht so viel tun. Sie leiden unter mangelndem Selbstvertrauen bzgl. ihres Handelns und ggf. sogar auch Angst davor, Fehler zu machen, zu versagen oder sich zu blamieren. Deshalb übernehmen sie weniger Verantwortung, lernen deshalb aber auch weniger dazu und entwickeln keine Handlungs-Routinen, weshalb dies die Vorsitzenden wiederum übernehmen.

c. Vorsprung an Wissen

Genauso verhält es sich mit dem Thema Wissen: Die Vorsitzenden und Stellvertretenden häufen Wissen an, haben ggf. mehr Zeit dafür und auch mehr Möglichkeiten. Auf diesem Wissen kann das Gremium aufbauen. Die Mitglieder des Gremiums können sich aber auch darauf ausruhen und in der Folge weniger Wissen erlangen. Um aber dennoch ihrer Rolle als *gutes Mitglied des Gremiums* gerecht zu werden, möchten sie mitreden, diskutieren, oft mit unvollständigem Wissen im Vergleich zu dem der Vorsitzenden. Nicht selten kommt es dann seitens der Mitglieder aus Sicht der Vorsitzenden zu simplen und undurchdachten Behauptungen, zu Wiederholungen von Redebeiträgen, zu verstärkter auch emotionaler Beteiligung an Gesprächsthemen, wie z. B. Toilettenpapier, Parkplätzen, Preise an Automaten und ähnliches. Aus der Sicht der Vorsitzenden eher lapidare Themen. Dies sind dann Verhaltensweisen, die die Vorsitzenden wiederum verärgern, habe diese doch meistens größere Themen oder das große Ganze im Blick.

d. Erfahrung in der Kunst des Redens

Das vierte Dilemma betrifft die Kunst des Redens. Vorsitzende lernen allein durch viel Reden das gute Reden. Dazu zählt auch das Halten von Reden vor großen und kleinen Gruppen sowie das Führen von Verhandlungen. Meistens entwickelt sich diese Kompetenz als unbewusste Kompetenz weiter und wird von anderen wiederum als stark wahrgenommen. Auch hier führt die Wahrnehmung seitens der Mitglieder des Gremiums dazu, dass sie sich selbst mit dieser beobachtbaren Kompetenz vergleichen und dabei natürlich nicht selten zu der Einschätzung kommen, niemals so gut werden zu können. Sie gehen einen Schritt zurück, um sich nicht etwaigen Vergleichen und damit möglichen Blamagen aussetzen zu müssen, was dazu führt, dass die Vorsitzenden und/oder Stellvertretenden wieder mehr übernehmen.

e. Zur Verfügung stehende Zeit

Das fünfte Dilemma ist eines, das die anderen in großem Maße unterfüttert: Die zur Verfügung stehende Zeit: Vorsitzende und Stellvertretende wollen Zeit von den BR-Mitgliedern, um Dinge zu übernehmen. Die Mitglieder des Gremiums gehen davon aus, dass die Vorsitzenden und Freigestellten über ausreichend Zeit verfügen, um alle wichtigen Dinge zu übernehmen. Betriebsräte haben die Zeit oft nicht, aus unterschiedlichen Gründen, oder erstreiten sie nicht in ihren Arbeitsgruppen oder Teams. Sie *delegieren* rein aus diesen Gründen Aufgaben zu den Vorsitzenden. Weil man keinen Stress mit den direkten Kollegen und Vorgesetzten möchte, beschränkt sich die Arbeit im BR dann häufig auf die Teilnahme an den Sitzungen. Die Vorsitzenden sind froh, dass alle überhaupt teilnehmen und hören irgendwann auf, mehr Zeit von den Betriebsräten zu

verlangen. Sie bedienen damit wiederum das Muster, mehr zu übernehmen, weil die anderen weniger übernehmen und umgekehrt. Wieder ein Beispiel eines zirkulären Musters vom Denken und Handeln.
Die Vorsitzenden und/oder Stellvertretungen kommen aus diesen Dilemmas nur heraus, indem sie diese ganz konkret im Gremium adressieren und klar ankündigen, welche Aufgaben sie übernehmen, welche aber auch sehr deutlich nicht. Betriebsräte können Zeit für die Betriebsratsarbeit aushandeln oder erstreiten. Sie können kleine Aufgaben übernehmen und auch große Aufgaben. Sie sollten Fehler machen dürfen und mit den Aufgaben wachsen. Die Vorsitzenden können und müssen die Organisation der Arbeitsverteilung als Führungs- und Leitungsaufgabe betrachten, um nicht zu *Alleinunterhaltern* zu werden.

6. Die häufigsten Fehler bei der Leitung von Gruppen

Wenn Menschen in Leitungspositionen arbeiten, wie z. B. in einem Betriebsratsgremium oder auch in Führungsrollen von Teams oder Abteilungen, und Teil der Führung werden, weil sie gute Fachlichkeit bewiesen haben, werden sie zumeist nicht auf die Führung von Menschen vorbereitet oder trainiert, dann spricht man mittlerweile gerne davon, dass die Firma an dieser Stelle zwei Fehler auf einen Schlag macht. Es fehlt der Firma eine gute Fachkraft, denn sie wird viel weniger zur fachlichen Arbeit kommen, und die Firma hat zusätzlich eine schlechte Führungskraft, denn Führungskompetenz kann nicht vorausgesetzt werden; Leitungskompetenz ist nicht unbedingt angeboren. Es gibt zwar sog. Natur-Talente, aber letztlich ist nicht gesagt, dass diese Talente genügend Einfluss haben, um eine komplette Firma mit guter Führungskompetenz auszustatten. Alle anderen »normalen« Menschen machen Fehler, Führungs- oder Leitungsfehler und müssen oft Lehrgeld bezahlen, um dazu zu lernen.[42]
Die Fehler, die in Führungs- oder Leitungsrollen am häufigsten passieren, werden in diesem Kapitel dargestellt. Fehler passieren, wie bereits erwähnt, nicht immer absichtlich. Aber sie sollten wider besseres Wissen nicht wiederholt passieren. Im Folgenden nun eine Liste der Führungsfehler, die abgestellt werden können.

42 Vgl. Malik, F., 2019.

a. Fehlende Aufmerksamkeit für Einzelne

Wer eine Gruppe leitet, leitet auch Einzelne. Die Gruppe schafft sich eine Gruppenidentität, einzelne Menschen versuchen ein Zugehörigkeitsgefühl zur Gruppe zu entwickeln. Aus diesem Grund ist die Vernachlässigung Einzelner durch Nichtbeachtung, keine persönliche Ansprache oder kein persönlicher Kontakt mit der Leitung oft ein Hindernis, ein Zugehörigkeitsgefühl zu erzeugen. Menschen brauchen einen persönlichen Bezug zu den Mitgliedern und zur Leitung von Gruppen, eine Anwesenheit in Sitzungen ohne diese persönliche Bindung reicht oft nicht aus. Warum uns Menschen diese Gefühle wichtig sind und welche Mechanismen in unserem Gehirn hierzu aktiv sind, betrachten wir detailliert in Kapitel III.2.

b. Fehlende Rückmeldung

Zweitens ist es Menschen wichtig zu wissen, wo sie in der Gruppe und wo (wie) sie zu ihren Aktivitäten stehen. Welchen Platz sie einnehmen können, was sie beitragen können und auch, ob (wie) sie persönlich ankommen. Es gibt in Deutschland und Europa regelmäßige Studien über die Leistungsbereitschaft und Motivation von Mitarbeitenden in Unternehmen. Regelmäßig kommt als Ergebnis dieser Studien heraus, dass sich sehr viele Menschen als demotiviert bezeichnen. Sie machen nur noch Dienst nach Vorschrift, suchen keinen weiteren Erfolg bzw. Anstrengung. Wird dann weiter gefragt, was diese Menschen sich wünschen würden, um sich motivierter zu fühlen und sich mit der Firma zu identifizieren, dann kommt die Antwort: ehrliche und offene Rückmeldungen der Vorgesetzten. Wie gute, offene und ehrliche Rückmeldung geht, schauen wir uns in Kapitel IV.1. genauer an.

c. Fehlende individuelle Unterstützung und Förderung

Gerade im Betriebsratsgremium mit dem für viele Menschen so schwierigen Handwerkszeug, dem BetrVG, wird von Neulingen oft rasche Anschlussfähigkeit an die Themen und das Gremium erwartet. Entweder gelingt ein gutes Onboarding recht früh, oder es kann passieren, dass Menschen sich bereits von Beginn ab abgehängt fühlen. Es kann dann vorkommen, dass sie auch nicht mehr aktiv nach fachlichem Anschluss suchen. Oft genügt ihnen dann die bloße Anwesenheit bei den Sitzungen, um legitimieren zu können, sie seien dabei. Eigene Themen werden sie aber wegen des Gefühls des nicht-mitgekommen-seins nicht mehr übernehmen. Aus diesem Grund sind eine persönliche Begleitung und Unterstützung und eine gezielte Förderung gerade zu Beginn sehr wichtig. Hier können Einzelgespräche hilfreich sein oder eine Art Mentoring, was bedeutet, dass Neuere und Ältere sich zusammentun und die Ersteren den Letzteren »über die Schulter schauen« können und die Erfahrenen aus ihrem reichhaltigen Erfahrungsschatz aktiv berichten und viele Fragen, auch dumme, beantworten.

d. Fehlendes Vertrauen

In Kapitel II. 4. f. sind wir bereits intensiv auf dieses Thema eingegangen. Das Thema Vertrauen ist essenziell, denn da wo Misstrauen herrscht, verstecken Menschen sich und ihre Möglichkeiten. Da wo Misstrauen besteht, gibt es keine Initiative, die etwas wagt, die mutig nach vorne geht, denn, wenn ich nicht sicher bin, wie mit eventuellen Fehlern umgegangen wird, verzichte ich auf die mögliche Häme, die dabei aufkommen kann und eine mögliche Blamage. Da wo kein Vertrauen herrscht, kann auch kein Selbstvertrauen wachsen. Vertrauen entsteht durch Offenheit. Offenheit gegenüber Fehlern, auch gegenüber den eigenen. Dennoch sollte man beim Thema Offenheit bedenken, dass in Arbeitsbeziehungen optimale Offenheit besser ist als maximale Offenheit, denn eine Gruppe verträgt auch nicht andauernd alle persönlichen Themen und Befindlichkeiten ihrer Mitglieder. Hier braucht es ein gesundes Mittelmaß, dass immer wieder gemeinsam reflektiert und justiert werden kann. Wir werden in Kapitel IV. 2. b. auf mögliche Inhalte und Methoden von Betriebsrats-Klausuren eingehen.

e. Fehlende Verbindlichkeit

»Sagen, was man tut und tun, was man sagt« ist, wie bereits weiter oben dargestellt, ein weiterer Schlüssel zum Erhalt von Vertrauen. Fehlende Zuverlässigkeit in den Aussagen und im Tun kann eine Gruppe nachhaltig irritieren, denn da, wo keine Verbindlichkeit herrscht, gibt es keinen Verlass und alles wird willkürlich. Alles kann möglich sein und doch wieder nicht. Nichts wird umgesetzt und der Glaube an die zielgerichtete Schlagkräftigkeit eines Gremiums schwindet. Man bekommt am Ende nur noch Zuschauer im Gremium, aber keine Mitspieler mehr. Mit guten Argumenten etwas ablehnen ist allemal wirksamer als etwas im Stillen abzulehnen. Ausschweifende Ankündigungen, ohne sie danach umzusetzen, führen zu Unglaubwürdigkeit.

f. Fehlende Klarheit

Klarheit, vor allem in der Kommunikation, ist ein wesentliches Element im Erhalt von Vertrauen und Engagement. Menschen kommen in der Regel mit ehrlicher Kritik besser klar, als mit weichgespülten Formulierungen, bei denen der Gesprächspartner feststellt, eigentlich traut sich die Person gar nicht, ihre ehrliche Wahrnehmung mitzuteilen. Es fehlt der Mut zur ehrlichen und klaren Aussage. Wir vertrauen klaren Aussagen mehr als zu nett formulierten Aussagen, klaren Menschen mehr als denjenigen, die sich nicht trauen ein ernstes Wort zu führen. Klarheit, in dem was geht und in dem, was nicht geht, stets versehen mit nachvollziehbarer Argumentation schaffen eine solide Basis für gute Zusammenarbeit.

g. Fehlendes Mitspracherecht

Für ein Gremium ein absolutes No-Go. Ein demokratisch gewähltes Gremium innerhalb des gesamten rechtlichen Rahmens der Mitbestimmung braucht Mitbestimmung bzw. verspielt das Interesse und die Beteiligung der Mitglieder, sollten diese das Gefühl bekommen, kein Mitspracherecht zu haben. Sollte es diesen Fehler seitens des Vorsitzenden oder der Vorsitzenden geben, dass sie zu viel bis hin zu allem Wesentlichen allein ausführen, weil es einfacher, unkomplizierter und effektiver zu sein scheint, werden sie im Sinne der selbsterfüllenden Prophezeiung irgendwann tatsächlich alles alleine machen, weil es gar keine Möglichkeit mehr für die Mitglieder des Gremiums gibt, irgendwo anzudocken.

h. Fehlende gemeinsam geteilte Strategie

Das Thema Strategie ist eines der schwierigsten und missverständlichsten in der Gruppenarbeit. Die erste Frage kann schon die sein, was die Beteiligten überhaupt unter dem Begriff Strategie verstehen und natürlich, ob es ein geteiltes Bild einer gemeinsamen Strategie gibt. Falls es eine Strategie gibt, wurde diese dann von allen erarbeitet oder nur von wenigen und wie wurde sie geteilt? Sprich: Ist sie gleichermaßen bei allen angekommen und wird sie von allen verfolgt?
Ein weiterer Unterpunkt kann der sein, ob es überhaupt einen Unterschied gibt, zwischen dem Zielbild innerhalb der Strategie und den Schritten der Umsetzung dieser Strategie. Auch hier bestehen häufig Missverständnisse, denn Strategie wird häufig mit Vorhaben verwechselt. Ein Vorhaben bedeutet aber noch nicht, dass es eine passende gemeinsame Strategie gibt. Allein aufgrund begrifflicher Ungenauigkeiten und

unterschiedlichen Verständnissen entstehen hier evtl. Missverständnisse und letztlich auch Frustrationen. In Kapitel VI. werden wir das Thema deswegen nochmals genauer anschauen.

i. Fehlendes gemeinsames Konfliktmanagement

Verfügt ein Gremium oder eine Gruppe nicht über ein gemeinsames für alle gleiches Verständnis, Prinzip oder Tool zum Bearbeiten von Konflikten, so nutzen die einzelnen Mitglieder einer Gruppe die individuellen Muster der Konfliktklärung, die sie in ihrer persönlichen Sozialisation gelernt haben. Diese können dabei sehr unterschiedlich sein und von anderen unterschiedlich bewertet werden. Diese persönlichen Muster können sich z. T. heftig widersprechen und deswegen Konflikte eher verschärfen als klären. Es lohnt sich von daher, das Thema gemeinsam Streiten lernen oder Konfliktbearbeitung ausführlich gemeinsam in einer Gruppe zu erarbeiten. Wichtig ist auch hier, nicht Einzelpersonen allein zu Konfliktseminaren zu schicken, weil auch hier nur in Bezug auf eine Person mit ihren Konfliktmustern gearbeitet wird, was nicht bedeutet, dass dies auch die Muster sind, die die Gruppe bräuchte. Eine Gruppe, die zusammenarbeitet, muss auch lernen, gemeinsam mit Konflikten umzugehen. Gerade bei diesem Thema, ist ein gemeinsames Verständnis und die gemeinsame Einigung auf eine Vorgehensweise für eine Gruppe sehr wichtig. Wir werden in Kapitel VI. das Thema deshalb ausführlich aufgreifen und konkrete Hinweise zu einem gemeinsamen Verständnis und einer gemeinsamen Vorgehensweise vorstellen.

j. Fehlende Fehlerkultur

Fehler gehören zu Arbeit, Fehler gehören zur menschlichen Existenz. Wer nicht viel macht, macht auch keine Fehler. Wer viel macht, macht natürlich auch mehr Fehler. Eine Teamkultur, die Fehler bestraft, mit Hohn oder Gelächter beantwortet, bringt die Mitglieder der Gruppe dazu, weniger zu tun, allein schon, um diesen Situationen auszuweichen. Fehler sollten deshalb angenommen, analysiert und durchdacht werden, so dass sie möglichst kein zweites Mal geschehen können. Menschen lernen zudem durch Fehler nachhaltiger, weil sie in der Regel mit emotionalen Reaktionen verbunden sind. Etwas, was gut läuft, fällt nicht in der gleichen Weise emotional ins Gewicht, wie es ein Fehler tut. Etwas, was gut läuft, kann schnell zur Gewohnheit werden und verblassen. Fehler können mehr Wucht entfalten und haben deshalb auch eine andere Bedeutung für das Lernen einer einzelnen Person und einer Gruppe. Fehler vermeiden zu wollen oder zu bestrafen, verhindert somit lernen. Das wiederum ist aber in Gruppen andauernd wichtig.

k. Fehlendes Gruppengefühl

Menschen binden sich, wie bereits beschrieben, in erster Linie an Menschen, in zweiter Linie an Themen. Obwohl ein Gremium einen klaren Auftrag hat, innerhalb des gesetzlichen Rahmens agiert, und die Arbeit des Gremiums ebenso durch rechtliche Abläufe geregelt ist sowie festgelegten Abläufen folgt, wäre eine »Entmenschlichung« eines Gremiums dennoch nachteilig. Mit einem gesunden, durchaus nicht übertriebenen Gefühl für und zur Gruppe wird die Arbeit im Gremium erfolgreicher sein und sie wird vor allen Dingen angenehmer. Bei aller Wichtigkeit der inhaltlichen Arbeit des Gremiums, dem Ärger, dem man mitunter ausgesetzt ist und den negativen Rückmeldungen, die häufig aus der Belegschaft kommen, darf Betriebsratsarbeit dennoch auch Spaß machen. Diesen Spaß erlangt man um so eher, je stärker ein Wir-Gefühl besteht, welches einen ein Stück weit auffängt. Ein Gremium muss dabei kein Spitzenteam sein oder auch keine Kuschelgruppe. Das Gegenteil von Gruppengefühl wäre Ich-AG. Allein der Begriff legt nahe, was dies am Ende bedeuten könnte.

7. Gruppendynamische Aspekte

a. Der vertikale Schnitt – Positionen in Gruppen

Da, wo Menschen zusammenkommen und zusammenarbeiten, entwickelt sich Gruppendynamik. Menschen suchen nach ihrem Platz oder Rang in einer Gruppe. Sie tun dies zunächst auf der psychologisch-sozialen und dann erst auf der inhaltlichen Ebene der Zusammenarbeit. Die Gründe hierfür liegen in der Funktionsweise unseres Gehirns und unseres Nervensystems.[43]

Eine »Mindestausstattung« differenzierter rangdynamischer Rollen, die eine Gruppe braucht, zeigt uns das Modell der Rangdynamik von Raoul Schindler.[44] Das gruppendynamische Grundverständnis Schindlers, basierend auf drei Grundthesen, nach denen (I) sich jede Gruppe über einen

43 Siehe Kapitel III. 1.

44 Schindler et al., 2016; König und Schattenhofer, 2011.

Gegner konstituiert, (II) jede Gruppe sich im Verlauf von Phasen entwickelt und (III) jede Gruppe Rangpositionen ausbildet.
Der Gegner bzw. das Gegenüber kann dabei »gleichermaßen eine Person, ein Kollektiv oder eine Aufgabe, ein zu erreichendes Ziel«[45] sein, demgegenüber sich die Gruppe zu einer gemeinsamen Handlung zusammenfindet. Sobald sich die Gruppe aus einer Art Vorgruppenphase als gemeinsam agierende Gruppe formiert, bilden sich rangdynamische Positionen aus. Überwunden ist hierbei bereits das *Angstniveau* der Anfangsphase. Mit Hilfe der im Modell ausgedrückten soziodynamischen Grundformel lassen sich, gerade in der Organisations- und Teamentwicklung, mögliche Spannungsfelder und Konfliktpotentiale aufzeigen, verstehen und anschließend, insofern es für die Gruppe und deren Ziele Sinn macht, korrigieren. Auf jeden Fall gibt das Modell den Teilnehmenden an Gruppenprozessen eine Erklärung über empfundene Störungen und hilft dabei, wahrgenommene *Gruppenkrisen* zu verstehen.
Das Modell Schindlers geht von unterschiedlichen gruppendynamischen Rollen aus, wobei es ausdrücklich die Rolle eines außenstehenden Faktors berücksichtigt, nämlich das Gegenüber der Gruppe oder auch der gemeinsame Gegner (G). Dieser kann eine andere Gruppe, aber auch ein Auftrag, ein Ziel sein. Der Gruppe selbst verhilft (G) zur Stärkung der eigenen inneren Identität. Die Beziehung zu (G) selbst ist dabei nie nur eindeutig positiv oder negativ, freundlich oder feindlich, es handelt sich hier um ein funktionales Modell, inhaltlich wertfrei.

Abb. 10: Rangdynamik nach Schindler, graphische Darstellung nach Geisbauer[46]

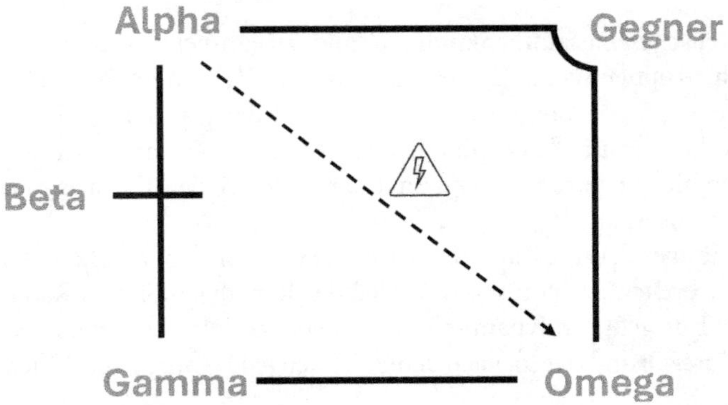

45 Ebd.
46 Geisbauer, W., 2023, S. 84.

In der Auseinandersetzung mit (G) entsteht innerhalb der Gruppe eine Rangstruktur, die wie folgt beschrieben wird:
Alpha ist der Kristallisationspunkt, die Führungs- bzw. Entscheidungsrolle der Gruppe. Die Gruppe, vertreten durch *Gamma*, erwartet von *Alpha* Impulse der Leitung und Organisation der Gruppe und folgt *Alpha*, solange die Gruppe Erfolg wahrnimmt. Verändert sich die Aussicht auf Erfolg, kann es zu Unsicherheit in *Gamma* kommen und zur Neubesetzung der Position von *Alpha*.
In unmittelbarer Distanz zu *Gamma*, also denen, die sich mit der Gruppe, *Alpha* und dem Gruppengeschehen identifizieren, befindet sich eine weitere rangdynamische Position, die *Omega* genannt wird. *Omega* sieht sich selbst oder wird wahrgenommen als am weitesten weit weg vom Mitglieds-Ideal der Gruppe. *Omega* hinterfragt das Thema und somit die Gruppe, geht *gegen den Strich*, kritisiert – auch auf offener Bühne – *Alpha* (oft als sog. Hofnarr[47], der dem König stets direkte Rückmeldung geben durfte), irritiert und verunsichert jedoch einige der Gruppenmitglieder damit. Die eigentliche Absicht von *Omega*, auch unbewusst, hierbei ist jedoch das Bestreben nach Ausgleich. Während *Alpha* für Kontinuität und Identität steht, erwirkt *Omega* Umdenken, bringt neue und unkonventionelle Ideen und wendet sich somit gegen eine mögliche Verkrustung und Erstarrung, stellt das Geschehen in der Gruppe in Frage und bringt die Gruppe dadurch in Konflikte. *Omega* läuft dabei Gefahr, von der Gruppe ausgeschlossen zu werden. Sollte dies geschehen und wird *Omega* »aus der Gruppe entlassen, entwickelt sich aber nach kurzer Zeit ein neuer *Omega*«[48] aus der Gruppe heraus.
In der Tendenz erleben *Alpha* und *Gamma* dies als störend, vor allem *Alpha* sieht die eigene Position gefährdet und geht daher oft einen Konflikt mit *Omega* ein, was in einem Rangkampf münden mag. Geschieht dies, ist eine sinnvolle inhaltliche Auseinandersetzung meistens nicht mehr möglich. Übersehen wird dabei oft, dass inhaltliche und strukturelle Konflikte dem Fortbestand der Gruppe und dem Erreichen der Ziele dienlich sein können. Eine zu starke Tendenz nach inhaltlicher und struktureller Harmonie kann für Gruppen hinderlich sein. Eine zu starke und »einseitige Ausrichtung in Richtung Integration kann zum Wärmetod der Gruppe führen«.[49] *Omega* kann wegen der als Störung empfundenen Rolle von der Gruppe auch als Sündenbock betrachtet werden.

47 Winter: in Maturana und Radatz 2003, S. 199.
48 Geisbauer, W., 2018, S. 62.
49 Edding und Schattenhofer 2009, S. 37.

Die *Beta*-Position des Modells steht für eine beratende, unterstützende, vermittelnde, auf großer Erfahrung gestützten Rolle, die nicht in den unmittelbaren Konflikt zwischen *Alpha* und *Omega* involviert ist und eher neutral zu beiden Positionen klärend wirken kann, vorausgesetzt, *Beta* wird von *Alpha* anerkannt und beide stehen nicht im rangdynamischen Konflikt zueinander. In reinen Machtgruppen, wie z. B. politischen Parteien, kann beobachtet werden, dass sich *Beta* auch über einen längeren Zeitraum darauf vorbereiten kann, der neue *Alpha* zu werden. Durchaus auch mit offen zur Schau getragenen Widersprüchen oder Konflikten.
Die Rolle des Hofnarren (*Omega*) als wichtige Instanz der Reflexion, des Unterbrechens oder des Überdenkens, des In-Frage-Stellens oder aber schlicht des offenen und ehrlichen Ansprechens von für alle sichtbaren Missständen, stellt für die Stabilität einer Gruppe einen entscheidenden Faktor dar. Die Übernahme der Rolle des Hofnarren »ist ein Instrument des Systems und nicht umgekehrt«.[50] Dies bedeutet, dass es die Gruppe ist, die den Hofnarren entstehen lässt, und nicht (nur) die Person selbst. Das Modell Schindlers systemisch verstanden hat demzufolge auch unter diesen Aspekten Relevanz, denn Systeme versuchen sich auszugleichen und Balance herzustellen. Im ursprünglich gewünschten Verständnis von Teams als homogene Gruppen stört dieses Denkmodell jedoch. Die Erfahrung zeigt aber auch hier: Setzt die Gruppe bzw. die Führungskraft den Hofnarren frei (durch Entfernen aus dem Team), wird die Rolle durch ein anderes Teammitglied neu besetzt.[51] Omega kann als eine weitere Möglichkeit auch die Rolle des Clowns einnehmen. Die wichtige Rolle, die durch Humor für Entspannung sorgen kann.
Da es sich bei diesem Modell, wie bereits erwähnt, um ein funktionales Modell handelt, was impliziert, dass Rangdynamik in unterschiedlichen Gruppen mit unterschiedlichen Aufgaben und Missionen vorkommt, liegt es auf der Hand, dass die Besetzung der Rollen innerhalb der Gruppe variieren kann. Die Rollen müssen nicht dauerhaft von den gleichen Personen besetzt sein, sondern können von unterschiedlichen Personen übernommen werden.

b. Der horizontale Schnitt – Phasen in Gruppen

Das Modell der Gruppenphasen von Tuckman (1966) ist das am häufigsten erwähnte Modell gruppendynamischer Phänomene auf der Zeitach-

50 Winter: in Maturana und Radatz 2003, S. 199.

51 Erkenntnis des Autors aus zahlreichen Teamentwicklungsprojekten und Klausuren mit Betriebsratsgremien.

se.[52] Bekannt sind die Phasen a) Forming, b) Storming, c) Norming und d) Performing.
In einigen Darstellungen werden die Phasen anders bezeichnet und um eine fünfte Phase, die Abschiedsphase, erweitert.[53] Da das Modell von einem mehr oder weniger gleichzeitigen Eintreten von Gruppen in die gleiche Phase ausgeht, was bei vielen Gruppen in der heutigen Zeit nicht (mehr) passiert, kann für viele Gruppen, in denen hohe Fluktuation herrscht, die *Stormingphase* zu einem fast permanenten Zustand werden.
Eine etwas differenziertere Darstellung unterschiedlicher Phasen der Gruppenarbeit bietet das *Team Performance Model* von Drexler und Sibbet (2014)[54]. Sie haben ein Modell entwickelt, das angereichert um weitere Stufen in der Entwicklung hin zu selbstorganisierten Teams sehr gut in die moderne Zeit mit modernen Teamarbeitsanforderungen passt. Es besteht aus sieben statt nur vier Stufen, stellt konkrete Fragen zu Klärungspunkten und beschreibt mögliche Systemzustände im Falle einer gemeinsamen, klärenden Bearbeitung der jeweiligen Ebene, aber auch deren Nichtbearbeitung.
Im Folgenden wird das Modell in einer eigenen Darstellung in Bezug auf die Arbeit in und mit Gruppen wiedergegeben, in Anlehnung an Drexler/Sibbet (2014).

Team-Performance-Modell

Stufe 1: Sich orientieren – Warum bin ich hier?

Die erste Phase beschäftigt sich mit der grundsätzlichen Frage des Zwecks der Gruppe und *warum wer* Mitglied der Gruppe geworden ist. Das Gremium definiert sich über die bevorstehende Aufgabe, über das zu erreichende Ziel oder das Thema und definiert weiterhin die grob zu erwartenden Beiträge der Einzelnen zum Gesamten.

---

52 Vgl. Sherif et al. (1961). Sherif et al. Beobachteten in Ferienfreizeiten mit Jugendlichen die später von Tuckman aufgegriffenen Gruppenphasen. Des Weiteren führten sie das sog. Ferienlager-Experiment durch, in dem sie zwei Gruppen Jugendlicher während eines Ferienaufenthalts bewusst in eine Rivalitätssituation gebracht haben. Um diese Situation und die daraus in den beiden Gruppen entstandenen Stereotypen gegenüber der jeweils anderen Gruppe wieder abzumildern, ließ man die Gruppen zusammen die Mahlzeiten einnehmen u. ä. Dies führte noch zu keiner Annäherung bzw. erhielt die gegenseitigen Ressentiments. Erst durch gemeinsame aktive Zusammenarbeit mit gemeinsamen Zielen ließ sich die entstandene Rivalität wieder abbauen.

53 König und Schattenhofer 2011.

54 Team Performance Modell von Drexler/Sibbet: The Grove Consultants International. Canada 2014

Sind die Themen dieser Phase gelöst, besteht Klarheit über Sinn und Zweck, Gruppen-Identität und Zugehörigkeit. Sind sie ungelöst, besteht eine Tendenz zur Orientierungslosigkeit, Unsicherheit und Angst.

Stufe 2: Vertrauen bilden – Wer bist du?

Gegenseitiges Vertrauen[55] ist die notwendige Basis für Prozesse der Zusammenarbeit. Es geht um Vertrauen in die Kompetenz, genauso wie um Vertrauen in den Umgang miteinander und die Integrität der handelnden Personen. Dies betrifft die Klärung gegenseitiger Erwartungen genauso wie persönliche Stile der Zusammenarbeit. Ebenso geht es um weitere relevante Informationen über die Einzelnen, die für die gemeinsame Arbeit wichtig zu wissen sind. *Wer bist du?* und *Was wirst du von mir erwarten?* sind essenzielle Fragen dieser Phase. Die Gruppenmitglieder akzeptieren in dieser Phase ihre Abhängigkeit voneinander für den gemeinsamen Sinn und Zweck, akzeptieren aber auch die Zusammensetzung des Teams, d. h. jedes Teammitglied mit seinen Persönlichkeitsmerkmalen.

Sind die Themen dieser Phase gelöst, besteht Klarheit, Wertschätzung, Offenheit, sowie Vertrauen und mögliche Zuverlässigkeit. Sind sie ungelöst, besteht eine Tendenz zu Vorsicht, Misstrauen und Oberflächlichkeit/Fassade.

Stufe 3: Ziele klären – Was machen wir? Wo wollen wir hin?

Gruppen starten häufig in die Zusammenarbeit, ohne dass *psychologische Einzelverträge* der Gruppenmitglieder zu den Kernaufgaben der Gruppe ausformuliert sind. Es ist also entscheidend, sich zu einem frühen Zeitpunkt darüber im Klaren zu sein, was die Kernziele der Gruppe sind und wohin man sich gemeinsam auf den Weg macht, durchaus mit der Unterteilung in Unter- oder Zwischenziele. Die Frage *wozu* oder *wohin* ist spezifischer als die Frage nach dem Zweck der Gruppe und hilft dabei, das Ziel quasi begreifbar zu machen. Je klarer das gemeinsame Ziel, umso effizienter ist der Energieeinsatz und umso motivierter sind die Teammitglieder.

Sind die Themen dieser Phase gelöst, besteht Klarheit über übereinstimmende Prämissen, integrierte Ziele und eine gemeinsame Vision. Sind sie ungelöst, besteht eine Tendenz zu Gleichgültigkeit und Teilnahmslosigkeit, Skepsis und sinnloser Konkurrenz.

Stufe 4: Bereitschaft klären – Wie werden wir das machen?

In dieser Phase liegt der Schwerpunkt auf dem gemeinsamen Narrativ der Gruppe. *Welches Gremium wollen wir sein*? Wie wollen wir unterwegs sein? Ebenso ist in dieser Phase ein wichtiges Element die Rollenklärung bzw. die Definition der Beiträge der Einzelnen zur Zielerreichung. Das

55 Vgl. Endreß, M., 2002.

Team kann an dieser Stelle feststellen, dass Einzelheiten aus den vorangegangenen Phasen noch nicht ausreichend geklärt sind, und kann zu diesen Phasen und den damit verbundenen Fragen zurückkehren. Rollenverhandeln kann als permanent zur Verfügung stehendendes Klärungsinstrument etabliert werden, ebenso Feedbackschleifen.

Sind die Themen dieser Phase gelöst, besteht Klarheit über Rollen und Feedback-Instrumente, transparente Verteilung der Ressourcen und diesbezüglicher zu treffender Entscheidungen. Sind sie ungelöst, besteht eine Tendenz zu Abhängigkeiten von anderen oder Widerstand.

Stufe 5: Umsetzung/Implementierung – Wer macht was, wann und wo?

Erst in dieser Phase steigt die Gruppe in die konkrete Umsetzungs-planung und die eigentliche Umsetzung ein. Viele Gruppen beginnen bereits an dieser Stelle mit der konkreten Zusammenarbeit und stellen fest, dass ihnen die Klärungen der ersten vier Stufen fehlen. Klare Prozesse, Strategien, Erwartungen an die Aufgaben, die Ziele und die Erfüllungsanforderungen werden in dieser Phase festgelegt. Ebenso die Zeitstruktur, aber auch die interne Ablauf- und Aufbaustruktur kann definiert werden. Auch technische Details zu den Orten der Umsetzung der Arbeit können definiert werden, einhergehend mit der Organisation der technischen Teamkommunikation, ein Punkt, der gerade für virtuell und verteilt arbeitenden Gruppen von großer und wichtiger Bedeutung ist.

Sind die Themen dieser Phase gelöst, besteht Klarheit über die Prozesse, einer deutlichen Ausrichtung und motivierter Umsetzung der Vorhaben. Sind sie ungelöst, besteht eine Tendenz zu Konflikten und Verwirrung, Abgrenzung, sowie verpassten Fristen.

Stufe 6: Hochleistung zeigen

Diese Phase entspricht der *Performing*-Phase des Tuckman-Modells. Die Gruppe ist in die Zusammenarbeit eingeschwungen und erreicht die Ziele. Es entstehen Synergien und die Zusammenarbeit macht weitestgehend Spaß. Es wird keine Energie für ungeklärte Themen aufgewendet, denn die Gruppe ist in der Situation, mit Veränderungen von außen angemessen umgehen zu können, weil sie im inneren stabil ist. Es entsteht eher ein Wettbewerb der guten Ideen und Lösungen, gemeinsam ist man in einem guten *flow*.[56] Die Kommunikation und Zusammenarbeit ist frei und gelöst, zielführend und kreativ.

Sind die Themen dieser Phase gelöst, entstehen spontane Interaktion, Synergien mit guten Ergebnissen. Sind sie ungelöst, besteht eine Tendenz zu Überlastung und Disharmonie.

Stufe 7: Erneuern – Warum machen wir weiter?

---

56 Siehe Kapitel III. 3.

Da sich der Kontext eines Teams stets ändert, ist es regelmäßig notwendig, den Sinn und Zweck der Gruppe und die inneren Strukturen an die Veränderungen von außen anzupassen. Die Basis für interne Veränderungen ist durch die Klärungen der vorherigen Stufen gegeben, die Gruppe verfügt über gute Anpassungsbedingungen. Es ist möglich, sich insgesamt neu auszurichten oder sogar komplett neue Aufgaben zu verteilen.
Sind die Themen dieser Phase gelöst, entsteht gegenseitige Anerkennung und Erfolge können gefeiert werden, Veränderungen werden gemeistert auf der Basis von kreativer Ausdauer. Sind sie ungelöst, besteht eine Tendenz zu Langeweile oder die Gefahr des Ausbrennens.
Die ganz zu Beginn dieses Abschnitts beschriebe Abschiedsphase sollte in Bezug auf das Ausscheiden von Mitgliedern eines Gremiums nach der Wahl durchaus bewusst zelebriert werden. Es ist wichtig, dass die innere und auch die äußere Entlastung (manchmal auch Entlassung) aus einer Rolle sichtbar wird, ebenso, dass sich eine Rolle durch Neubesetzung geändert hat. Manchmal ist zu beobachten, dass Menschen noch an ihren alten Rollen anhaften und dies durch Handlungen oder ihre Kommunikation zeigen, obwohl sie formal eine Rolle nicht mehr innehaben. Die aktuellen Rolleninhaber kann dies irritieren und auch das Gremium kann dadurch gestört sein. Wenn man die Wahrscheinlichkeit in Betracht zieht, dass ein ehemaliger Vorsitzender durchaus auch die Rolle des oben beschriebenen *Omega* einnehmen kann, ist hier allerdings Konfliktpotential geboten.

c. Statuskämpfe im Gremium

Die Tendenz, dass Gruppen sich im Allgemeinen selbst organisieren, sprich eine Balance herbeiführen bezüglich Verhaltenstendenzen zwischen verschiedenen Positionen oder Polen wie: »Bewahrer – Veränderer, Leistung – Beziehung, Überblick – Detail, Experte – Generalist, Beschleuniger – Entschleuniger usw.«[57] erklärt, warum es nicht nur in der Rangdynamik in Gruppen zu »Kämpfen« kommen kann, sondern auch auf der eher inhaltlichen Seite. Die oben beschriebenen Rollen entsprechen dabei nicht ausschließlich Charaktertypologien, sondern sind »lediglich wertfreie Schwerpunktfunktionen mit der Absicht, das soziale System zu stabilisieren und ausgewogen zu machen«.[58] Aus gruppendynamischer Sicht wird hierbei deutlich, »dass Verhaltensweisen und Aktionen von Einzelnen vor dem Hintergrund der Gruppe interpretiert werden

57 Geisbauer 2018, S. 56.
58 Ebenda.

müssen«,[59] eingebettet in deren Umwelt. Persönlichkeitspsychologische Rollenmodelle oder Typologien reichen hierzu nicht aus, wie z. B. die Modelle, in denen die Mitglieder einer Gruppe mit Charaktereigenschaften von Tieren verglichen werden. Es kommt also immer auf das Zusammenspiel des Einzelnen mit der Gruppe an, in der er oder sie sich befindet. In unterschiedlichen Gruppen haben die gleichen Menschen durchaus unterschiedliche Status-Rollen.

Schauen wir uns die Statuskämpfe noch einmal genauer an. Typische Status-Rangeleien können im Gremium entstehen zwischen den Polen, hier bewusst durch Rollen formuliert, um:

- Bewahrer und Veränderer
- Innovator und Konservierer
- Schneller Denker und langsamer Denker
- Vernetzer und Eigenbrötler
- Experte und Generalist
- Erfahrener und Unerfahrener
- Träumer und Realist
- Der stille Ruhige und der präsente Laute
- Der Macher und der Zuschauer

Hinzu kommen noch:

- Ergebnisorientierung und Beziehungsorientierung
- Detailverliebtheit und Oberflächlichkeit

Man kann diese Liste sicherlich noch ergänzen. Im Sinne eines funktionierenden Gremiums ist es wichtig, diese unterschiedlichen Pole zu erkennen, auch und gerade, wenn sie mit bestimmten Personen eng verbunden sind. Es ist nicht zu leugnen, dass Persönlichkeitsmerkmale und Kompetenzen eine große Rolle diesbezüglich spielen. Die Pole sollten sich jedoch nicht bekämpfen, auch und schon gar nicht die damit verbundenen Personen. Eher kann man dazu übergehen, die dahinter liegenden Tendenzen zu nutzen und alle Perspektiven in die Diskussionen miteinbeziehen. Wer Umwege geht, sieht mehr. Für die Arbeit im Gremium ist dies möglicherweise von Nutzen.

Praxistipp zum Umgang mit unterschiedlichen Statuskämpfen im Gremium:

Statt zuzulassen, dass z. B. Karla immer nur an neue Vorgehensweisen denkt und sich mit diesen stark einbringt, z. B. Jupp aber ständig dagegenhält, weil er schon lange im Gremium ist und weiß, wie die Dinge funktionieren, könnte man hier den folgenden Vorschlag machen: »Lasst und doch mal

59 König und Schattenhofer 2011, S. 52.

gemeinsam darüber nachdenken, völlig wertfrei, was wir verändern könnten, warum und wie. Danach lasst uns, ebenso wertfrei, gemeinsam darüber nachdenken, was wir erhalten wollen, weil es sich als nützlich erwiesen hat.« Die inhaltlichen Themen werden somit weitestgehend von Personen abgekoppelt und können neutral diskutiert werden. Nach der Diskussion kann dann auch gemeinsam bewertet und entschieden werden. Es kommt zu weniger Gesichtsverlusten, weil sich Personen nicht mit ihren Themen verbinden und somit auch loslassen können, sollte eine andere Idee oder Vorgehensweise für die Gruppe sinnvoller erscheinen.

Gleiches gilt für alle anderen Pole, die stark mit Personen verbunden eher zu persönlichen Konflikten führen können als um die Entscheidung, was für das Gremium und dessen Arbeit das Richtige sein kann. Die Stillen haben erfahrungsgemäß sehr gute Ideen, weil sie im Hintergrund beobachten und leise nachdenken, die Lauten sind mitunter zu forsch, zu schnell, weil sie eben vorkommen wollen. Die Detailverliebten können ihre Stärken bei ganz besonderen Themen einbringen, während die Oberflächlichen sehr gut in groben Planungen sind, weil sie eher die größeren Zusammenhänge sehen und Übersicht haben. Die Träumer kommen auf unkonventionelle Ideen, währen die Detailverliebten natürlich stets nachfragen werden, wie all diese Ideen umgesetzt werden sollen.

Alle vorhandenen Potentiale zusammen machen das Ganze rund. Eine Person allein kann nie das, was eine bunte und vielfältige Gruppe mit unterschiedlichen Typen kann, auch wenn dies manchmal anstrengend zu sein vermag.

III. Psychologische Aspekte von Leitung und Beteiligung

1. Wie das menschliche Gehirn funktioniert

a. Das limbische System

Man kann sich an dieser Stelle die Frage stellen, was die Funktionsarbeit des Gehirns mit der Betriebsarbeit zu tun hat. Die Antwort auf diese Frage ist leicht: Viel mehr als wir es uns vorstellen können. Denn das menschliche Gehirn hat ganz besondere Funktionsweisen, die eine große und wichtige Rolle spielen. Sie finden statt, egal wo immer wir auch sind, egal mit was wir uns beschäftigen und egal in welchen akuten Situationen. Unser Gehirn wird nämlich ungefragt aktiv, wenn:

- Wir uns ärgern oder unter Stress oder Anspannung stehen, oder
- Dinge gut laufen, wir Erfolg haben und die Arbeit im Gremium Spaß macht.

Beide Male vollzieht das Gehirn Abläufe, von denen wir glauben, sie bewusst zu steuern, in Wirklichkeit laufen sie jedoch unwissentlich ab, man kann auch sagen unwillkürlich. Unser Gehirn steuert uns weitaus mehr, als wir es bewusst wahrnehmen, und manchmal spielt es unserem Verstand sogar Streiche.

Das sog. Schichtenmodell des menschlichen Gehirns in einer stark vereinfachten Beschreibung wie im Folgenden dargestellt besteht aus drei groben Bereichen,[1] dem **Stammhirn**, dem **limbischen System** und der **Großhirnrinde** (Präfrontaler **Cortex**). Die einzelnen Bereiche sind wiederum unterteilt in weitere kleinere und spezialisierte Areale, die hier jedoch nicht weiter betrachtet werden. Alle drei groben Bereiche enthalten verschiedene Funktionen und sind aus Verbindungen von Nervenzellen zusammengesetzt und in komplexen Netzwerken miteinander ver-

1 Schmidt, G., Einführung in die hypnosystemische Therapie und Beratung. Carl-Auer Verlag 2015.

bunden. Sie haben, vereinfacht gesehen, unterschiedliche grundlegende Zuständigkeiten.

Abb. 11: Das Schicht-Modell des menschlichen Gehirns

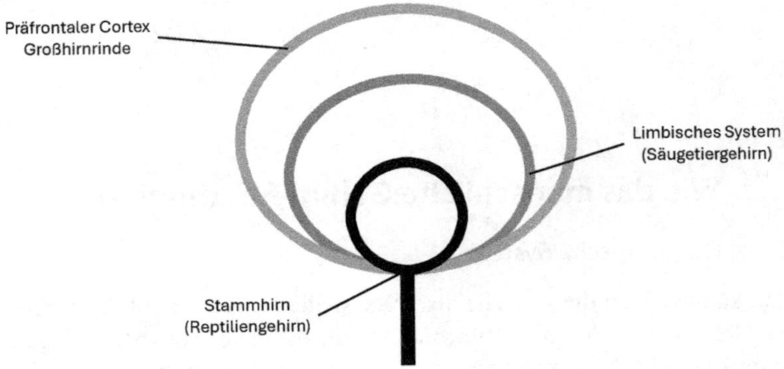

Das **Stammhirn** ist der (evolutionär) älteste Teil des Gehirns. Es wird deshalb auch als »*Reptilienhirn*« bezeichnet. Es

- verarbeitet die über die Sinnesorgane ankommenden Informationen,
- leitet wesentliche Reflexe ein,
- regelt die unbewussten Körperfunktionen wie Atmung, Blutkreislauf und Instinkte,
- ist das »Tor zum Bewusstsein« (Empfang aller ankommenden Signale aus dem Körper und den Sinnesorganen),
- sorgt für die Weiterleitung dieser Signale, nach Bewertung der Bedeutung, durch den Abgleich mit inneren Mustern in unter-schiedliche Richtungen,
- entscheidet somit, was zum Bewusstsein gelangt oder unbewusst als Gefühl weiterverarbeitet wird, also über das Willkürliche und das Unwillkürliche.

Das **limbische System** ist das evolutionär zweitälteste Gehirnareal, wird auch »*Säugetiergehirn*« genannt und ist im Wesentlichen zuständig für die Auslösung emotionaler Reaktionen aufgrund eingegangener Reize. In ihm enthalten sind unterschiedliche Funktionen, wie:

- die Verknüpfung von wahrgenommen Ereignissen mit Emotionen und deren Bewertung,
- das Aktivieren der Amygdala (Mandelkern), Ausschüttung von Adrenalin (Gefahr/Angst) und Cortisol (Stress), aber auch emotionale Regungen wie Freude, Ekel, Traurigkeit, Wut und Ärger, also unsere menschlichen Grundemotionen.

- die Überführung von Körpergefühlen in die Wahrnehmung,
- das Körpergedächtnis (Erinnerung an frühere Ereignisse, verbunden mit starken Gefühlen und Auslösen einer adäquaten Reaktion),
- Abspeichern innerer Muster,
- das Generieren neuer Erinnerungen (ältere Erinnerungen sind in weitreichenden komplexen Netzwerken abgelegt, neuere Erinnerungen werden in neueren Netzwerken unbewusst verknüpft),
- ein Abgleich von Informationen mit der Großhirnrinde (Aufmerksamkeit, Fehler- und Konflikterkennung, Beobachtung der Umwelt mit Verknüpfungen zum Langzeitgedächtnis),
- das Belohnungssystem (Ausschüttung von Dopamin und Serotonin, den Belohnungs- und Glückshormonen),
- die Steuerung der Ausschüttung von Oxytocin (bewirkt den Aufbau von Vertrauen und sozialer Bindung, Gruppenzugehörigkeit),
- das Erlernen neuer Verhaltensmuster und deren Speicherung.

Die **Großhirnrinde** (Cortex) ist stammesgeschichtlich der jüngste Teil des Gehirns, sie ist zuständig für

- die visuelle Wahrnehmung,
- die sprachlichen Fähigkeiten,
- die Verarbeitung sensorischer Informationen,
- die Ausführung von kontrollierten und bewussten Denk-prozessen und der Sprachsteuerung,
- willentliche Aktionen (auch die Planung künftiger Handlungen),
- das Bewusstsein über Sinnesreize,
- komplexe gedankliche Prozesse,
- sowie das Arbeitsgedächtnis.

Das limbische System reagiert allerdings bei all unseren Wahrnehmungen von Reizen von außen schneller als das Großhirn. Reize werden im Stammhirn und limbischen System früher registriert als im Großhirn, wir denken jedoch, es sei andersherum. Wahrnehmungen werden mit bereits vorhandenen inneren Mustern im limbischen System verknüpft und zum Stammhirn oder zum Cortex weitergeleitet. Der weitaus größte Teil dieser Wahrnehmungen stammt allerdings aus bereits gemachten Vorerfahrungen in bereits vorhanden neuronalen Netzwerken. Aus diesem Grund spricht Schmidt[2] von innerer »Wahrgebung«, was bedeutet, dass nur ein kleiner Teil dessen, was wir in Situationen neutral erleben, von außen in unser Bewusstsein gelangt. Der größte Teil der Informationen, die in unser Gehirn gelangen, wird mit Vorerfahrungen, Wissen, Bedeu-

2 Ebd.

tungen und Gefühlen verknüpft und erst dann unserem Bewusstsein zur Verfügung gestellt. Erleben wird also in unserem inneren erzeugt.

Die Amygdala (Mandelkern) als Teil des limbischen Systems schüttet z. B. das Hormon Adrenalin (und das Stresshormon Cortisol) bereits ca. zwölf Millisekunden nach Auslösen des Reizes aus und sorgt damit für eine sofortige körperliche Reaktion auf unsere Wahrnehmungen von außen. Adrenalin sorgt für eine Erhöhung des Blutdrucks und der Herzfrequenz, während die Großhirnrinde einige Zeit braucht, um vom gleichen Reiz stimuliert zu werden.

Adrenalin in großer Menge sorgt zudem für eine Barriere zwischen dem limbischen System und dem Großhirn, was dazu führt, dass wir, wenn wir unter Strom stehen, den Kontakt zu unserem Wissen und zu unserem klaren Denken verlieren. Deswegen wissen wir bspw. vor Reden auf Bühnen vor großen Gruppen den Text nicht mehr. Oder wir erinnern uns erst wieder an die guten und sinnvollen Argumente, wenn das in einem Streitgespräch aktivierte Adrenalin abgebaut wurde. Adrenalin aktiviert zuallererst die unwillkürlichen Körperreaktionen, in dem es den Zugang zu den kognitiven Hirnbereichen abriegelt, denn im Falle von Angst sind vom Körper schnelle Reaktionen mit kurzfristiger Hochleistung gefragt, wie etwa Flucht, Angriff oder Erstarrung, und nicht etwa die Bilanz des vergangenen Geschäftsjahres.

Auch selbsterzeugte, selbstgedachte negative Gedanken können diesen Prozess aktivieren. Wir können uns durch reines Erinnern in Adrenalin-Ausschüttung bringen. Das limbische System steuert unser Erleben durch ein schnelles Rückmeldeverfahren, welches uns nach dem Prinzip leitet: Gut für uns, schlecht für uns.

Abb. 12: Das limbische System mit der Barriere zwischen dem limbischen System und der Großhirnrinde

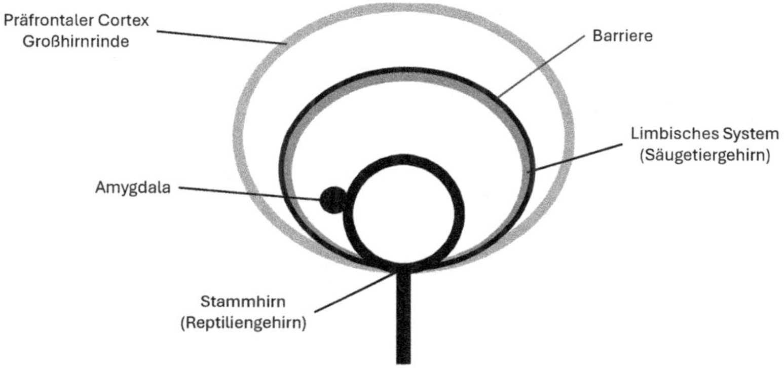

Das limbische System als der zweitälteste Bereich des Gehirns funktioniert aufgrund der oben beschriebenen Funktionen und der Geschwindigkeit im Gehirn demzufolge als eine Art *Vorstand* der Entscheidungshierarchie. Hier wird entschieden, wo eine Information hingeht: in den Verstand oder in eine direkte und schnelle emotionale Reaktion. Die Großhirnrinde, der entwicklungsgeschichtlich jüngste Teil des Gehirns fungiert dabei eher als *Berater* des limbischen Systems. Wir können durch bewusstes Beruhigen oder Nachdenken, unmittelbare limbische Reaktionen herunterkochen. Dazu benötigen wir allerdings eine Art der Selbstkontrolle, die trainierbar ist, sollte das für unseren emotionalen Haushalt von Bedeutung sein. Unwillkürliche (limbisches System) und willkürliche Prozesse (Kortex) zu koordinieren, im Sinne des Abrufens von Kompetenzen, um diese dann unwillkürlich wirken zu lassen, bringt eine erhöhte Wirksamkeit und verbesserte Erfolgschancen des Handelns in vielen Lebensbereichen. Ebenso kann so das unbewusste Wissen eines Menschen (auch das des Körpers) aktiviert und abgerufen werden. Es gibt methodische Bearbeitungsformen, die hierzu sehr gute und erfolgreiche Konzepte entwickelt haben.[3]

3 Insbesondere sind hier die Konzepte der Hypnosystemischen Therapie und Beratung zu nennen, begründet von Gunther Schmidt.

Abb. 13: Das limbische System mit der Ausschüttung von Adrenalin, Cortisol und Dopamin, Oxytocin

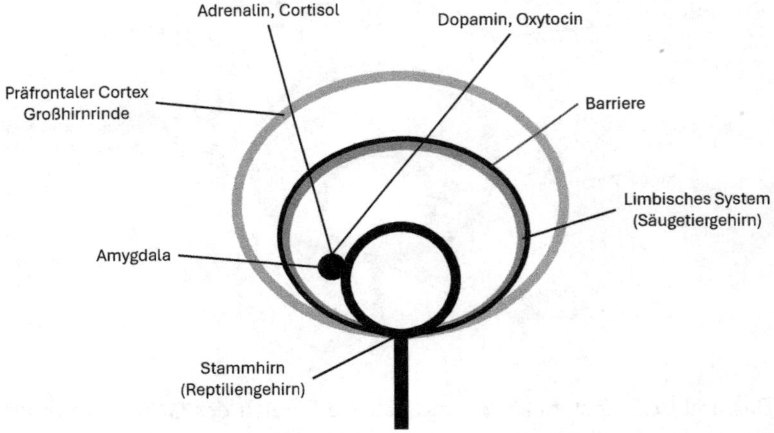

Das gleiche gilt für die Gestaltung von Kooperationsbeziehungen. Kooperationen zwischen Menschen können in einer Art und Weise gestaltet werden, die möglichst das Belohnungssystem anspricht und somit Dopamin und Oxytocin auslöst. Dies ist ausschlaggebend für Kreativität, Motivation und Leistungsbereitschaft. Im Gegenzug gilt es angst- und stressauslösende Kommunikations- und Kooperationsformen zu vermindern bzw. dafür Sorge zu tragen, in Erfahrung zu bringen, wie meine Kommunikation beim Gegenüber wirkt, da ich nicht sicher sein kann, was genau von meinem Gesagten wie angekommen ist.
Wir haben nun gesehen, wie unser Gehirn funktioniert und welche Möglichkeiten es bietet, unsere Wahrnehmungen entweder zu positiven Stimmungen für uns zu führen oder aber auch zu negativen Stimmungen, wenn wir Ärger, Stress und Wut als solche bezeichnen würden. Dennoch sei an dieser Stelle klar darauf hingewiesen, dass das Versprechen des reinen Glücks, das viele Ratgeber aktuell verbreiten, mit Verlaub gesagt, Unsinn ist.

Mentale Balance statt reines Glücksversprechen[4]

Das Leben besteht nicht nur aus Glück, auch wenn wir dies noch so sehr mental trainieren oder alles Schlechte konsequent ausblenden. Es darf bei sog. mentalen Trainings und bei mentaler Gesundheit nicht um Selbstbetrug gehen, sondern letztlich darum zu erkennen, dass Stress und Er-

4 Vgl. Schmidt, G., Milton-Erickson-Institut Heidelberg, *www.meihei.de*.

folg, Glücksempfinden und Ärger, Freude und Wut in einer permanenten Waage ausbalanciert nebeneinander existieren können. Es geht um eine gelingende Selbststeuerung durch bewusste mentale Arbeit in einer Art Meta-Balance in dem Wissen, dass nach schlechten Tagen wieder gute kommen werden und nach Misserfolgen wieder Erfolge. Vorausgesetzt natürlich, ich bleibe selbstwirksam und tue etwas für den Erfolg. Von allein kommt Glück nicht, man muss schon etwas dafür tun.
Bei Fragen der sinnvollen Gestaltung des Lebens haben viele Menschen häufig zu hohe Erwartungen oder Vorstellungen in Bezug auf sich selbst. Oft erweisen sich diese Vorstellungen bei genauerer Prüfung in ihren Auswirkungen als nicht hilfreich oder zieldienlich, z. B. dass man bei schwierigen Aufgaben jeweils gelassen oder entspannt sein müsse. Oder dass, wenn man etwas in gewünschter Weise erreicht hat, einen Job, eine Familie, oder andere erfüllte Wünsche, man damit auch dauerhaft zufrieden sein müsse. Wir wissen alle aus unserer Lebenserfahrung, dass diese Erwartungen nicht realistisch sind. Also lassen wir uns besser nicht von all den Ratgebern, Mental-Trainern, Coaches, der Werbung, Videos im Netz oder sozialen Medien o. ä. täuschen, denn so funktioniert die Welt nun mal nicht. Auch gute Momente im Gremium haben nicht die Garantie auf Dauer gut zu bleiben. Es gibt immer Höhen und Tiefen. In Kapitel III.5i. werden wir dieses Thema nochmals aufgreifen, wenn wir darüber sprechen, was eine gesunde Balance zwischen Glück und Ärger sein kann und wie man in eine Art Meta-Zufriedenheit gelangen kann.

b. Erste-Hilfe-Maßnahmen zur mentalen Gesundheit

Im nun Folgenden betrachten wir einige hilfreiche Methoden und Techniken, die dabei helfen können, heftige und öfter stattfindende Adrenalinschübe zu kompensieren. Es handelt sich bei diesen Hinweisen um anerkannte und erprobte Methoden, die wir an anderen Stellen in diesem Buch wieder aufgreifen und vertiefen werden. An dieser Stelle macht diese Auflistung jedoch Sinn, denn es geht hier um Erste-Hilfe-Maßnahmen, die unsere psychische und körperliche Gesundheit fördern.

Maßnahmen zur mentalen und körperlichen Beruhigung bei Ärger und Stress aus einer Steuerungsposition heraus

Mental

- Mit welcher Haltung wir an Themen herangehen können und zu welchen Ergebnissen dies führen kann, haben wir in Kapitel II.4.g. gesehen. Die grundsätzlich konstruktive Haltung unterstützt eine mentale Gesundheit enorm.
- Die alte Weisheit der Stoiker kann bei der mentalen Einordnung von Problemen oder Schwierigkeiten helfen. Dinge ändern, die ich ändern kann. Dinge hinnehmen, die ich nicht ändern kann. Die Weisheit, das eine vom anderen zu unterscheiden.
- Hilfreich ist zudem, sich mental ablenken zu können, z. B. durch Lesen, Musik hören oder selbst machen, sich mit lieben Menschen treffen, Gartenarbeit, am Haus werkeln, ein besonderes Bauprojekt und ähnliche Tätigkeiten. Wenn wir den ganzen Tag, die ganze Woche und den ganzen Monat mit nur einer Sache hauptsächlich beschäftigt sind, führt das zu einem Tunnelblick und wir verlieren unsere sonstigen Kompetenzen aus den Augen.
- Das Leben ist permanente Ambivalenz, permanente Veränderung, permanente Widersprüche, nicht Stabilität. Das muss man sich immer wieder verdeutlichen und die eigenen Ansprüche an Themen dadurch immer wieder neu in Relation setzen.
- Wenn mich etwas stark belastet, mich beschäftigt, mir den Schlaf raubt oder mich ärgert, dann kann diese Regel hilfreich sein: Was mich 1 bis 2 Tage nicht loslässt, innerhalb der kommenden 1 bis 2 Tage klären.
- Ebenso ist es hilfreich, den eigenen Perfektionismus immer wieder zu reflektieren. Hier kann der folgende Satz hilfreich sein: »Da wo ich bin, so gut ich kann, mit dem, was ich habe.«[5]

Körperlich

- Bewusstes tiefes Durchatmen bzw. Atemübungen. Das hat nichts mit reiner Esoterik zu tun. Der Körper braucht im Stressfall, bei Adrenalin-Ausstoß, Sauerstoff, um das Gehirn wieder zu beruhigen. Alle Redner, Schauspieler, Musiker nutzen vor Live-Auftritten Atemübungen, damit sie z. B. den Text wieder erinnern können.
- Bewegung, Sport, Yoga-Übungen, Progressive Muskel Entspannung u. ä.

5 Dieses Zitat wird Nelson Mandela zugeschrieben.

- Gesunde Ernährung, vor allem für den Körper wichtige Vitamine und Mineralien.
- Ausreichend Schlaf, denn zu wenig Schlaf führt dauerhaft zu Fehlern und deshalb zu mehr Stress.
- Konsum ungesunder Lebensmittel vermeiden. Ungesündere Lebensmittel können Entzündungen im Körper verursachen, die unwissentlich Energie kosten und den Körper dadurch dauerhaft stressen.
- Die Ärger verursachende Situation verlassen. Es kann sinnvoll sein, eine Sitzung oder heftiges Gespräch kurzzeitig zu verlassen, durchzuatmen, kurz um den Block zu gehen, um danach wieder neu zu starten. Im Falle von Adrenalin-Überschuss im Gehirn geht inhaltlich ohnehin nicht mehr viel.
- Regelmäßige Pausen machen.
- Bewusster Umgang mit Körpergiften wie Alkohol, Tabletten, Drogen, Nikotin, die wie bekannt, lediglich kurzfristig Linderung verschaffen, mittel- und langfristig jedoch schaden können.

c. Wie wir andere Menschen scannen

Wenn wir anderen Menschen begegnen, scannt unser Gehirn in Sekundenbruchteilen die andere Person ab. Aus diesem Scan entsteht im limbischen System in Sekundenbruchteilen ein Gefühl, daraus möglichweise eine Handlung. »Der Weg vom Gefühl zur Handlung ist nur kurz, d. h. emotionale Muster erlauben es, schnell zu handeln.«[6]

Die Geschwindigkeit des Fühlens war in der Evolution überlebenswichtig. Die im Laufe der Zeit entstandene kognitive Ausstattung des Menschen bot ihrerseits wiederum überlebenssichernde Elemente. Von großem Nutzen in der Evolution war das Fühlen, vor allem in seiner komplexitätsreduzierenden Wirkung in der direkten Interaktion. Demnach vollziehen Menschen im Fühlen im Allgemeinen drei Bedeutungsdimensionen in der Interaktion mit anderen Menschen:

- »Aktivität (aktiv/passiv),
- Potenz (stark/schwach),
- Bewertung (gut/böse).«[7]

Diese Dimensionen ermöglichen ein unmittelbares Handeln in Interaktionssituationen, was durchaus überlebenswichtig sein bzw. eine starke Auswirkung auf unsere nachfolgende Kommunikation und Kooperation haben kann. Aus der jeweiligen Deutung und Ableitung möglicher Be-

6 Simon, F., 2013, S. 175 f.

7 Vgl. Osgood et al. 1975, zit. in: Simon 2013, S. 176.

wertungen können sich stabile Beziehungsmuster ergeben (auch ohne, dass diese benannt sind), es können sich aber auch Flucht- und Abwehrreaktionen ergeben. Es können zudem Fehlinterpretationen entstehen und daraus resultierend auch fehlgeleitete Ableitungen für die weitere Kommunikation.

> **Praxistipp zur Wahrnehmung einer anderen Person:**
> Fragen können entstehen, wie: Ist jemand besser als ich? Will er mir schaden? Nimmt mir hier jemand meinen Platz weg? Ist sie kompetenter als ich? Diese Fragen, die sehr schnell im Kopf entstehen, werden nicht offen gestellt und deshalb nur von der fragenden Person selbst beantwortet. Meistens werden sie selbst bestätigt, was dann wiederum zu echten Status-Kämpfen oder Macht-Kämpfen führen kann. Notwendig wäre die wirkliche Klärung der Wahrnehmungen durch ein Gespräch.

Gefühle werden somit, »zu Wirklichkeitskonstruktionen aus der Innenperspektive dessen, der handeln muss«.[8] In der Folge beeinflussen sie die Wahrnehmung bezüglich einer Gruppe, können diese aber auch auflösen bzw. beenden. Die Kommunikation und das Erzeugen von Klarheit hierüber sind von entscheidender Bedeutung für eine Gruppe, welche auf Kooperation ausgelegt ist. Auch dieser Aspekt ist gemeint, wenn wir wie in Kapitel V.2.b. über geklärte Rollen und Beziehungen in Gremien sprechen und eine gemeinsame Sichtweise zu den Themen und Zielen des Gremiums existiert.

d. Kognitive Verzerrungen

Unser Gehirn spielt uns jedoch auch Geschwindigkeitsstreiche, in dem es unbewusste Vorurteile oder Stereotypen in unser Denken und Handeln einschleust. Wie oben beschrieben, waren diese schnellen Reaktionen des Gehirns in der Evolution überlebenswichtig, aber noch heute arbeitet unser Gehirn auf die gleiche Weise wie bei unseren Vorfahren vor Urzeiten, in dem es Wahrnehmungen von anderen Menschen in kürzester Zeit mit, aus unserem inneren stammenden, Bewertungen in Verbindung bringt.

8 Simon, F. B., 2010, S. 58.

Unbewusste Vorurteile

Hier eine kleine Auswahl unserer unbewussten Vorurteile:

- Voreingenommenheit aufgrund von Aussehen,
- d. h. wir neigen dazu, Menschen, die ähnlich aussehen wie wir selbst zu bevorzugen; das kann die Hautfarbe betreffen aber auch Kleidung oder Erscheinungsbild des Körpers und messen ihnen unterschiedliche Erfolgschancen zu.
- Voreingenommenheit aufgrund von Ähnlichkeit im Charakter,
- d. h. wir neigen unbewusst dazu, Menschen, die Ähnlichkeiten mit uns selbst aufweisen, sympathischer zu finden.
- Voreingenommenheit aufgrund von Alter,
- d. h. wir vermuten hinter dem Alter von Menschen Eigenschaften wie hohe oder wenig Belastbarkeit, viel oder wenig Kompetenz, Erfahrung, Wissen, Flexibilität u. ä.
- Voreingenommenheit aufgrund von Geschlecht,
- d. h. wir vermuten hinter einem Geschlecht bestimmte Qualitäten an Eigenschaften, Kompetenzen, Charakter u. ä.
- Voreingenommenheit aufgrund einer Bestätigung unserer Meinung, d. h. wir suchen und sehen vorrangig Informationen im Alltag, die uns in unserem Weltbild bestätigen.
- Voreingenommenheit aufgrund von Gruppenzwang,
- d. h. wir neigen dazu, unsere Meinungsbildung gemäß der Mehrheit unserer Bezugsgruppe zu gestalten, um ein Dazugehören nicht zu gefährden.

e. Umgang mit Diversität in Gruppen

In den meisten Betrieben besteht viel Erfahrung im Umgang mit Menschen vieler unterschiedlicher Länder und Kulturen, sexuellen Orientierungen, Geschlechterdefinitionen, Zugehörigkeiten zu Religionen, zu bestimmten Subkulturen und all dem, was das bunte Leben eigentlich ausmacht. Gerade Betriebsratsgremien sind in dieser Hinsicht, weil sie oft sehr durchmischt besetzt sind, hervorragende Beispiele für gelingende interkulturelle Zusammenarbeit und ein Zusammenführen von Diversität.

Was machen Gremien richtig, in denen unbewusste Vorurteile nur eine geringe Rolle spielen?

1. Die Mitglieder des Gremiums geben sich und allen Beteiligten eine Chance für den zweiten Blick. Sie unterliegen nicht dem oben beschriebenen ersten Eindruck und auch nicht eigenen, unbewussten Vorurteilen. Sie ermöglichen allen Beteiligten, sich besser kennen zu

lernen. Dadurch gelingt es ihnen, Vorurteile und damit verbundene Infragestellungen oder Ablehnungen abzubauen.
2. Sie sind sich ihrer unbewussten Vorurteile bewusst und haben gelernt, über diese zu reflektieren, sich selbst zu hinterfragen, in der Vielfalt Chancen zu sehen und die Einfalt mancher Gedanken zu hinterfragen.
3. Sie diskutieren klare Regeln und Grundsätze für ihre Zusammenarbeit und den Umgang miteinander. Sie erarbeiten und leben Regeln, die verbinden, statt auszugrenzen, und sie legen einen größeren Wert auf die Aspekte der gemeinsamen Kooperation und die Kraft der guten Kommunikation.

f. Zusammenfassung

Wenn wir alle in den vorherigen Abschnitten gewonnen Erkenntnisse über die Funktionsweise unseres Gehirns zusammenfassen, dann lassen sich folgende Schlussfolgerungen ziehen:
1. Wir dürfen nicht alles glauben, was wir denken!
2. Wir können in allen Belangen unser Gehirn konstruktiv nutzen und trainieren.
3. Wir können selbst dafür sorgen, dass es uns mental gut geht, und müssen das nicht von anderen Menschen oder Begebenheiten abhängig machen.

Jeder von uns hat schon einmal die Erfahrung gemacht, dass wenn wir an eine konkrete schmerzhafte Situation (z. B. Ärger, Wut, Ohnmacht) denken, wir die Gefühle automatisch wiedererleben, die in der schmerzhaften Situation selbst eine markante Rolle gespielt haben. Unser Gehirn unterscheidet nicht eindeutig zwischen einer real erlebten Situation und den Erinnerungen, verbunden mit emotionalem Erleben, an diese Situation. Unser Gehirn greift auf bereits abgespeicherte Erfahrungen und Erinnerungen zurück, denn es will Energie sparen und nicht in jeder Situation alles neu lernen müssen. Und deswegen vereinfacht unser Gehirn für uns Wahrnehmungs- und Denkprozesse, weswegen es unbewusste Vorurteile gibt. Sie sollen eigentlich unser Leben vereinfachen.

Die Komplexität unserer Welt hat sich jedoch schnell und weitaus vielfältiger entwickelt, als unsere Gehirne dies erfassen können. Und gerade in Situationen, in denen wir Dinge nicht mehr verstehen und Dinge uns unbehaglich erscheinen, greift unser Gehirn zuerst auf tiefe innere Muster zurück, die ihm, und damit uns, das Gefühl von Sicherheit geben. Die schnelle Reaktion des Gehirns soll uns also vermitteln, dass einfaches Denken in Vorurteilen uns selbst Stabilität gibt. Dies entspricht aber nicht mehr dem, was die komplexe Welt gedanklich von uns braucht oder erwartet, um mit ihr zurecht zu kommen. Wir können die mannigfaltigen Entwicklungen nicht mehr zurückdrehen, auch wenn wir uns das noch so sehr wünschen würden. Wir sind also mehr oder weniger gezwungen, uns mit der modernen und vielfältigen Welt auseinander zu setzen und gemeinsame Lösungen für die Zukunft zu finden. Wir sollten von daher nicht alles glauben, was uns zu einem Thema oder einer Person zuallererst in den Sinn kommt, sondern neugierig und interessiert bleiben. Wir können selbst entscheiden, was und wie wir denken wollen. Denn unser Denken bestimmt unser Sein und hat enorme Auswirkungen auf unsere Ausstrahlung und unsere Kommunikation.

Wir haben es selbst in der Hand, ob wir an den Themen, die um uns herum stattfinden, krank werden oder nicht. Wir müssen nicht in eine Opfer-Rolle gehen, wenn um uns herum nicht alles so läuft, wie wir es gerne hätten. Wir können mit unserer Vernunft und unserer Kreativität in Selbstwirksamkeit kommen und Dinge um uns herum verändern.

Der oder die Vorsitzende eines Gremiums oder Ausschusses sollte sich dieser mentalen Kompetenzen bewusst sein, denn diese sind es, die letztlich eine positive Ausstrahlung ausmachen und die letztlich dafür sorgen, dass andere Menschen gerne in der Nähe bleiben und mitmachen, bei all den Themen, die ein Gremium stemmen muss. Betriebsratsgremien sind wichtige Bestandteile der Entwicklung einer Gesellschaft hin zu Solidarität, Gerechtigkeit und Vielfalt. Die gilt es sich und dem Gremium immer wieder vor Augen zu führen.

2. Theorie der menschlichen Grundbedürfnisse

Im nun folgenden Kapitel schauen wir aus einer anderen Perspektive auf die Funktionsweise unseres Gehirns, nämlich aus der Perspektive unserer grundlegenden unterschiedlich stark ausgeprägten Grundbedürfnisse. Wegweisende auch aktuell noch relevante Forschungsergebnisse zum Themenbereich individuelle und soziale Bedürfnisse und Identität und der daraus folgenden Motivation an der Teilnahme von Gruppengeschehen legte David McClelland im Jahr 1976 vor, eine weitere noch umfangreichere empirische Untersuchung im Jahr 1987, mit der er seine *Theory of Needs* bestätigte. In dieser Theorie beschreibt McClelland, dass die menschliche Motivation drei grundsätzliche dominante Bedürfnisse umfasst: das Bedürfnis nach *Erfolg*, das Bedürfnis nach *Macht* und das Bedürfnis nach *Zugehörigkeit*. Vor allem letzteres beschreibt das menschliche Grundbedürfnis nach sozialem Kontakt und begründet dessen

Notwendigkeit für das allgemeine Wohlbefinden des Menschen. Das Erfolgs-Motiv verbindet McClelland neben persönlichem Erfolg, eigener Kreativität, eigenem Fortschritt und Fantasie u. a. auch mit dem Erleben von wirtschaftlichem Wachstum einer Gesellschaft.

Den drei Grundbedürfnissen gegenüber stehen drei Ängste und Befürchtungen[9]: Angst vor *Versagen* (Erfolg), *Ohnmacht* (Macht) und *Wertlosigkeit* (Zugehörigkeit).

Die drei Grundbedürfnisse korrespondieren mit biochemischen Reaktionen im Körper. Zum Grundbedürfnis *Erfolg* werden Vasopressin und Arginin (wirken u. a. Blutdruckerhöhend) ausgeschüttet, zum Grundbedürfnis *Macht* Epinephrin und Norepinephrin (entsprechen den Formen von Adrenalin und regen die Stoffwechselfunktionen in hohem Maße an, was die Leistungsbereitschaft des Körpers erhöht) und zum Grundbedürfnis *Zugehörigkeit* Dopamin. Dopamin gilt im allgemeinen Sprachgebrauch als sog. Glückshormon, dient aber auch der ausgeglichenen Balance zwischen Stress/Angst und Glück/Erfolg. Die folgende Übersicht fasst die Kernaussagen McClellands zusammen:

Abb. 14: Menschliche Grundmotive[10]

Motiv	Erfolg/Leistung	Macht/Kontrolle	Zugehörigkeit
Wünsche	Erfolg, Fortschritt, Kreativität, Abwechslung, Neugier, Fantasie Leistungen anerkennen	Status, Einfluss, Bedeutung, Selbstbestimmung des eigenen Weges, Entscheidungen treffen	Zuwendung, Sicherheit, Selbstwertgefühl, Geborgenheit, Freundschaft Beitrag beachten und integrieren
	Vasopressin, Arginin (Blutdruckerhöhend)	Epinephrin, Norepinephrin (regen Stoffwechsel an)	Dopamin, Oxytocin, Endogene Opioide
Ängste	Unfähig, schwach, erniedrigt, nutzlos, dumm, „Verlierer“, „Versager“ Gefühl: Versagen	Kontrollverlust, unwichtig, abhängig, unbedeutend, missachtet Gefühl: Ohnmacht	Zurückgewiesen, isoliert, ausgeschlossen, allein gelassen Gefühl: Wertlosigkeit
	Cortisol (Stresshormon), Adrenalin (Flucht, Kampf, Todstellen)		

Dopamin gilt als Treibstoff der Motivationssysteme,[11] denn Dopamin erhöht sowohl die körperliche Bewegungsbereitschaft als auch die psy-

9 Vgl. zu den Grundängsten des Menschen: Fritz Riemann 2003.
10 Quelle: McClelland D. C., Human Motivation, Cambridge, 1987.
11 Vgl. Bauer 2008.

chische Antriebs- und Motivationsbereitschaft. Dopamin kann zudem zur Freisetzung weiterer körpereigener Botenstoffe führen, den *endogenen Opioiden*, die wiederum positive Effekte auf das Ich-Gefühl auf die emotionale Gestimmtheit und die Lebensfreude haben. Zudem vermindern sie die Schmerzempfindlichkeit und stärken das Immunsystem. Dopamin, endogene Opioide und Oxytozin können als das Gesamt-Motivationssystem bezeichnet werden. Aus evolutionärer Sicht geht es dem Motivationssystem nicht nur um die individuelle Beschaffung von Nahrung und das Herstellen von Sicherheit, das Motivationssystem ist auf lohnende Ziele ausgerichtet und soll »den Organismus in die Lage versetzen, durch eigenes Verhalten möglichst günstige Bedingungen zum Erreichen dieser Ziele zu schaffen«[12]. Das natürliche Ziel der Motivationssysteme ist die Zugehörigkeit zu sozialen Gemeinschaften und die Gestaltung gelingender Beziehungen, wobei hier nicht nur die engsten soziale Beziehungen zu Verwandten gemeint sind, sondern alle konstruktiven Formen sozialen Zusammenwirkens. »*Kern aller Motivation ist es, zwischenmenschliche Anerkennung, Wertschätzung, Zuwendung oder Zuneigung zu finden und zu geben*. Wir sind – aus *neurobiologischer* Sicht[13] – auf soziale Resonanz und Kooperation angelegte Wesen«.[14] Menschen streben also nach sozialer Bindung, weil sie ihnen guttut. Im Gegenteil leiden Menschen, denen soziale Bindungen abhandengekommen sind oder die ausgegrenzt werden, unter zusätzlichem Stress. Ihnen fehlt möglicherweise, neben der Rückmeldung zu einer eigenen Identität, die Identität, die man durch eine Gruppe bekommt.

Die Theorie der sozialen Identität »nähert sich dem Thema »Intergruppenbeziehung« auf ungewöhnliche Weise, nämlich über das Individuum«.[15] Jeder Mensch hat neben der persönlichen auch eine soziale Identität. »Diese entsteht aus dem sich-zugehörig-Fühlen zu Gruppen. Auf der Grundlage dieser Identifikation führt der Einzelne fortlaufend Prozesse der sozialen Kategorisierung durch: Bist du einer von uns oder einer von denen?« Die Theorie der sozialen Identität geht dabei von der Grundannahme aus, dass »die Gruppe im Individuum ist – und nicht umgekehrt«.[16] Das heißt, dass entscheidend ist, welches Bild ein Mitglied einer Gruppe sich von dieser macht bzw. konstruiert,[17] denn dieses Bild

12 Bauer 2008, S. 35.
13 Hervorhebungen im Original.
14 A. a. O., S. 36.
15 Edding und Schattenhofer, 2009, S. 68.
16 Ebd.
17 Siehe Kapitel II.3. über die systemischen Grundannahmen und Wahrnehmungsprozesse.

der Gruppe ist für dieses Mitglied dessen Gruppenrealität. Diese kann sich von den Bildern anderer Mitglieder unterscheiden.

Hinweise zur Identität einer Gruppe:
Das ist für die Arbeit im Gremium ein interessanter und wichtiger Gedanke, denn es ist ausschlaggebend, wie ein Mitglied eines Gremiums das Gremium wahrnimmt und ob daraus Motivation zur Mitarbeit in der Gruppe abgeleitet wird oder nicht. Es ist nicht in erster Linie die Tatsache, dass ein Mitglied gewählt wurde, die Grundlage für motiviertes Verhalten. Stimmen die Rahmenbedingungen für das Erbringen von Leistung und Kreativität, erleben Mitglieder einer Gruppe allein durch das positive Zugehörigkeitsgefühl Motivation.

Praxistipp zur Reflexion der Gruppenidentität:
Es ergibt Sinn, in regelmäßigen Abständen zu fragen, wie alle Mitglieder des Gremiums die Arbeit des Gremiums und das Gremium selbst sehen und welche Verbesserungsvorschläge sie haben. Die Leitung (Vorsitz) profitiert davon, denn Kritik ist ohnehin in den Köpfen und hat Auswirkungen auf die Beteiligung, also warum dann nicht auch erfragen und die Zusammenarbeit möglicherweise verbessern.

a. Ich bin dabei – Ich haue ab

Das SCARF-Modell (Rock 2008, zit. in Peters und Ghadiri 2013) beschreibt auf der Basis neurowissenschaftlicher Erkenntnisse Empfehlungen für Führungs- und Kooperationshandeln. Die Anfangsbuchstaben des Modells beziehen sich auf die Anfangsbuchstaben der einzelnen Dimensionen des Modells Status, *Certainty, Autonomy, Relatedness, und Fairness*. Scarf (engl.) kann übersetzt werden mit dem deutschen Wort *Schal*. Sinnbildlich dafür, dass eine gute Atmosphäre in der Zusammenarbeit wärmend sein kann, so wie es ein wärmender Schal kann. Das Grundverständnis des Modells basiert auf der Funktionsweise des menschlichen Gehirns, das darauf ausgerichtet ist, Belohnung zu aktivieren und Bedrohung zu vermeiden. Im Modell werden aufbauend auf der Basis der bereits oben genannten Grundbedürfnisse Reiz-Reaktionszusammenhänge der menschlichen Wahrnehmung beschrieben. Für ein Handeln in zwischenmenschlichen Interaktionen, in organisationalen Kontexten werden hieraus fünf Dimensionen abgeleitet, deren Einhaltung dazu beitragen kann, Beteiligte zu motivieren und zu kreativem und mutigem Handeln anzuregen.[18]

1. *Status (engl. Status)* bedeutet die relative Stellung und die Beziehungen der Mitarbeitenden zu- bzw. untereinander. Die Gruppe braucht einen gemeinsam geregelten und transparenten Umgang mit Lob und Kritik, Tipps und gegenseitigen Hinweisen zur geleisteten Arbeit, sowie eine permanente Klärung der Rollen bzw. des Status der Handelnden zueinander. Menschen neigen dazu, Statusspiele und -kämpfe einzugehen und verteilen dabei bewusst, oft auch unbewusst, Hoch- und Tiefstatuspositionen innerhalb ihrer Systeme. Dies erfordert jedoch einen permanenten zusätzlichen Energieeinsatz und kann Unsicherheit und Angst erzeugen. Grundsätzlich geht es bei der Vermeidung von ungewollten Statuskonflikten darum, das Gefühl der Bedrohung zu vermeiden. Dies kann neben der Status- und Rollenklärung und der Regelung des Umgangs mit diesbezüglichen Unschärfen u. a. durch wertschätzende, nicht-bewertende Kommunikation geschehen, z. B. auch durch ein positiv in die Zukunft gerichtetes Feedback, das sog. Feedforward,[19] welches rückblickende Kritik vermeidet und zukünftige Erwartungen vereinbart.
2. *Vorhersehbarkeit/Gewissheit (engl. Certainty):* Das menschliche Gehirn versucht permanent, zukünftige Situationen zu antizipieren. Dabei bringt es Wahrnehmungen aus der Umgebung in Muster. Muster, die dem Gehirn Unsicherheit oder Gefahr signalisieren bzw. Sicherheit oder Vertrautheit. Es entsteht hierbei weniger Stress im Gehirn in gewohnten Situationen als vergleichsweise in unbekannten Situationen. Das Gehirn muss mehr Energie aufwenden, wenn es Situationen nicht einordnen kann. Dies gilt sowohl für nicht einschätzbare Aussichten auf die Zukunft, z. B. die Entwicklung der eigenen Arbeitsstelle, der Abteilung, der Firma, aber auch für Ungewissheiten, erzeugt durch mangelnde Kommunikation über Ziele und Sinn von gemeinsamen Aktivitäten, vor allem, wenn sie mit der eigenen Reputation verbunden sein können. Hier wäre es wichtig, die Kommunikation derart zu gestalten, dass z. B. Veränderungen in der Organisation so bald und transparent wie möglich offengelegt werden. Größere Veränderungsprozesse sollten dabei in kleinere, für die Mitarbeitenden überschaubare und nachvollziehbare Einheiten unterteilt werden, mit einer Beschreibung klarer Ziele und Meilensteine.

18 Peters und Ghadiri 2013, S. 92 f.
19 Vgl. Maturana und Radatz 2003.

3. *Autonomie (engl. Autonomy):* Es geht bei diesem Punkt um die Möglichkeit für Mitarbeitende, den eigenen Einflussbereich gestalten zu können, um zu einem relativen Gefühl der Autonomie zu gelangen, d. h. mit eigenen Gedanken, Aktionen, Planungen und Umsetzungsschritten die eigene Tätigkeit gestalten zu können. Ist dies nicht möglich, kann es zu Stressreaktionen kommen, denn das Gehirn kann mangelnde Autonomie und Handlungsfreiheit als Gefährdung für den Organismus empfinden. Mitarbeitenden, aber auch Mitgliedern des Gremiums, sollte deshalb so viel Selbstverantwortung wie möglich übertragen werden, sowie Gestaltungs- und Entwicklungsmöglichkeiten. Jede nichtverstandene Einengung kann unwillkürlich als Bedrohung empfunden werden.
4. *Soziale Beziehungen (engl. Relatedness):* In Organisationen arbeiten Menschen in unterschiedlichen Konstellationen in unterschiedlichen Gruppen zusammen. Dabei entstehen Arbeitsbeziehungen bzw. zwischenmenschliche Beziehungen mit Zuneigungs- und Abneigungstendenzen. Der Botenstoff Oxytocin (siehe oben) verstärkt das soziale Zugehörigkeitsgefühl des Menschen und fördert somit das Wohlbefinden innerhalb einer Gruppe. Maßnahmen zur Förderung des gegenseitigen Vertrauens und zur Klärung der Beziehungen sind geeignet, um unnötige Stressreaktionen des Gehirns zu vermeiden und setzen Energie für kreative und angstfreie Kooperationsprozesse frei.
5. *Fairness*: Das subjektive Empfinden von Ungerechtigkeit löst im Gehirn das Gefühl von Gefährdung aus, der Körper gerät unter Stress. In den dabei aktivierten Zentren des Gehirns werden Gefühle von Abneigung gegenüber den unfair Handelnden und den vermeintlich bevorzugten Personen ausgelöst. Dieses Gefühl kann nachhaltig reduziert werden, wenn durch Regulierung der Ungerechtigkeit wiederum das Gefühl der Gleichbehandlung entstehen kann. Ebenso dient die nachvollziehbare Erläuterung über eine notwendige, möglicherweise temporäre Ungerechtigkeit der Beruhigung der emotionalen Reaktionen.

Diese fünf Dimensionen entstanden aus einer von Rock (2008) durchgeführten Meta-Studie vieler neurowissenschaftlicher Studien.[20] Sie beschreiben Kommunikationsprozesse und Kooperationsprozesse demnach aus rein neurowissenschaftlicher Sicht auf der Basis der bekannten Reiz- und Reaktionsmuster des Gehirns mit all seinen Funktionen.

---

20 Vgl. Baschab, F.: Bedingungen für selbsttragende Kooperation in Gruppen – Intra- und Interpersonelle Faktoren für eine Selbststeuerung in sozialen Systemen. (Diss.). Zugänglich in Universitätsbibliotheken. 2023.

Die einzelnen Punkte des Scarf-Modells kann man in nichtkonstruktive Verhaltensweisen umdeuten und erhält somit Aspekte, die dazu beitragen könnten, dass die Mitglieder eines Gremiums innerlich aussteigen, also mental *abhauen*. Und das, obwohl sie noch Mitglied im Gremium sind, auch zu den Sitzungen erscheinen, ansonsten jedoch untätig bleiben. Das folgende Schaubild verdeutlicht, worum es bei dem Thema der Integration in eine Gruppe wie ein BR-Gremium gehen kann, aber auch welche negativen Prinzipien dafür sorgen können, das innerlich geflüchtet wird.

Abb. 15: Ich bin dabei – Ich hau' ab[21]

»Ich bin dabei…«	»Ich hau ab…«
Deutung der Arbeit des Gremiums ist positiv	Hierarchiekämpfe
Augenhöhe, Status ist ok	Angenommene Unfairness
Bindung zur Gruppe existiert	Unklare Zukunft für die Gruppe
Echte Gerechtigkeit und Fairness wird erlebt	Abhängigkeit im Denken und Tun
Innere Unabhängigkeit u. Gestaltungsmöglichkeit	Beziehungsstörungen in der Gruppe

b. Resümee: Der wertschätzende Umgang miteinander

Immer wieder veröffentlichen Forschungsinstitute Studienergebnisse über die Motivation von Mitarbeitenden in Organisationen, und immer wieder kommen die Studien zu dem Ergebnis, dass es Motivationsdefizite gibt. Nach den Gründen gefragt, wird nicht selten der fehlende wertschätzende Umgang miteinander genannt, am aller deutlichsten von der Führungsseite her. Ein wertschätzender Umgang untereinander kann, wie wir oben gesehen haben, in Menschen die inneren Reaktionen auslösen, die wir eigentlich für eine gute Zusammenarbeit benötigen. Wertschätzende Kommunikation und wertschätzendes Verhalten sind keine unerreichbaren Kompetenzen, sie sind einfach anzuwenden.

Die Säulen des wertschätzenden Umgangs sind:

- Aufmerksamkeit schenken und zuhören
- Angemessene Höflichkeit im Umgang untereinander
- Toleranz gegenüber der Person und ihrer Meinung

---

21 Baschab 2023, nach Rock 2009, zit. in: Peters und Ghadiri 2013, S. 92 f.

- Gegenseitiger Respekt
- Einfühlungsvermögen, d.h. sich in die Lage einer Person hineindenken können.

Diese Merkmale des Umgangs miteinander vermögen es die zu Beginn dieses Kapitels genannten Grundbedürfnisse u.a. nach Zugehörigkeit, Erfolg und Kreativität zu fördern. Es liegt also auch hier in der eigenen Hand der Vorsitzenden und der Mitglieder in einem Gremium dafür zu sorgen, dass die Kooperation für alle fruchtbar und erfolgreich ist. Spitzengremien befolgen diese Aspekte, manchmal bewusst und gelernt, manchmal unbewusst.

3. Motivation – aus neurowissenschaftlicher Sicht

»Wie kann ich mein Gremium motivieren?« ist eine Frage, die uns in Seminaren immer wieder gestellt wird. Die Antwort auf diese Frage ist nicht so einfach, wie man es sich vielleicht wünschen würde. Wir müssen hier, wie bereits in Kapitel II. 3. über das systemische Denken beschrieben, das lineare Denken verlassen, denn man kann einen Menschen nicht aktiv von außen motivieren. Eine schnelle Antwort auf die oben gestellte Frage ist: Man kann Menschen motivieren, aber über Umwege.[22] Was funktioniert ist, dass man die Rahmenbedingungen um ihn herum derart gestaltet oder klärt, dass seine bereits vorhandene innere Motivation, etwas zu tun, aktiviert wird. Sollte sich ein Mitglied eines BR-Gremiums nicht aus reinem Selbstzweck hat aufstellen lassen, dann gibt es ein Motiv, sich der Arbeit des Gremiums zu widmen, sich für die Kollegen im Betrieb einzusetzen, oder sogar noch weiter gefasst: Motive wie Mitbestimmung oder Gerechtigkeit. Wir können als Vorsitzende des Gremiums also nicht aktiv Motivation in jemanden pflanzen, wir können neue Leute durch Einzelgespräche abholen und an uns binden, wir können herausfinden, an welchen Punkten und zu welchen Themen sie einen Beitrag leisten möchten und wir können mit ihnen klären, wie ein guter Start in die Arbeit des Gremiums gelingen kann. Häufig ist es so, dass die neuen (oder alten) Mitglieder nicht richtig abgeholt und eingebunden wurden und aus diesem Grund auf Sparflamme laufen. Die konstituierende Sitzung allein reicht nicht aus, es braucht mehr, um Menschen an Gruppen und deren Aktivitäten zu binden. Wir sind an mehreren Stellen in diesem Buch be-

22 Quelle: Vortrag von Prof. Dr. Dr. Gerhard Roth, 2014.

reits darauf eingegangen. Hier betrachten wir dieses Thema aus der Perspektive der Motivation. Die Frage ist also gar nicht so sehr: »Was kann ich tun, um Menschen zur Beteiligung zu motivieren?«, sondern die Frage kann auch andersherum gestellt werden: »Was habe ich bereits getan, damit meine BR-Kolleginnen und Kollegen demotiviert wurden und was kann ich tun, um sie nicht weiter zu demotivieren?«

a. Warum halten wir so gerne an Gewohnheiten fest?

Das Festhalten am Gewohnten trägt eine starke Belohnung in sich selbst. Eine Verhaltensänderung tritt nur dann ein, wenn sie eine wesentlich stärkere Belohnung verspricht, als uns das Festhalten am Gewohnten liefert. Das ist das größte Hemmnis gegen Veränderungen. Gefahren und Risiken wirken doppelt so stark wie positive Aussichten (Verlustaversion). Gewohnheiten liegen tief im Inneren des Gehirns (Basalganglien) und sind abgeschirmt vom Neuronalen Cortex, also der Einsicht. Die Ausführung von Gewohnheiten wird mit einer Ausschüttung von endogenen Opioiden belohnt. Gewohnheiten belohnen sich also selbst im Gehirn. Deshalb spricht man von den »lieben Gewohnheiten«. Je älter Menschen werden, umso eher hängen sie an ihren Gewohnheiten. Umlernen ist für das Gehirn teuer und aufwendig.
Aus den Erkenntnissen der modernen Neurowissenschaften heraus wird bestätigt, dass das aktive Motivieren von Menschen nur sehr schwer umzusetzen ist, die Arbeitsweise unserer Gehirne braucht jeweilige Entfaltungsräume, soziale Anbindung und Sicherheit im Handeln, damit Menschen sich trauen, in für sie ungewohnten Feldern aktiv zu werden und Kompetenzen zu entwickeln. Es wäre also darauf zu achten, wie die Rahmenbedingungen im und des Gremiums gestaltet werden sollten, damit Menschen sich einbringen können. Das ist machbar, dies ist keine besonders anstrengende Leistung, sondern eher normales Führungs- bzw. Leitungshandwerk, wie wir in Kapitel II. 4. über die Grundsätze von Führung bereits sehen konnten. Zusammenfassend kann man also sagen, dass es geeignete und ungeeignete Mittel gibt, Menschen zu motivieren.

b. Ungeeignete Maßnahmen

Wir werden im Folgenden ungeeignete und danach geeignete Maßnahmen zur Motivation von Menschen in Gruppen betrachten und danach ein Resümee ziehen, was das genau für ein Betriebsratsgremium bedeuten kann, sowie Tipps ableiten, was Vorsitzende letztendlich tun können, um Motivation zu erhalten. Sicherlich werden einige der folgenden Erkenntnisse nicht nur für die Arbeit im Gremium spannend sein, sondern für das Leben schlechthin.

Eine oft verwendete Maßnahme, die allerdings leider nur in ganz seltenen Fällen schnell und einfach funktioniert, ist der **Appell an die Einsicht der Beteiligten**. Warum ist das so? Aus der Neurowissenschaft wissen wir, dass zwischen den Hirnzentren, die Einsicht vermitteln und denen, die Motivation aktivieren und unser Handeln steuern, keine direkte neuronale Verbindung besteht. Es gibt also keinen unmittelbaren *Draht* zwischen dem Hören eines Appells und der unmittelbaren Einsicht des Appells mit unmittelbarem Umsetzen desselben in Handlung. Dies erklärt, warum wir so oft scheitern, wenn wir uns Dinge vornehmen und schon bald feststellen, dass wir sie noch nicht ansatzweise umgesetzt haben, wie beispielsweise der gute Vorsatz zu Silvester, im neuen Jahr weniger zu essen und mehr Sport zu treiben. Schon Mitte Januar sind wir oft damit bereits gescheitert.

Eine Einsicht muss stets mit Emotionen oder mit Handeln verbunden sein. D.h. es braucht das disziplinierte Umsetzen des Vorhabens zusammen mit der Möglichkeit, unser Belohnungszentrum im Gehirn zu aktivieren und damit zu verknüpfen, indem wir z. B. kleine Sporterfolge feiern, uns loben (oder loben lassen) und erste Erfolge auf der Waage zelebrieren (aber nicht mit Schokolade!). Weniger zu essen können wir also nur dadurch bewusst als Erfolg erleben, wenn wir beginnen uns besser zu fühlen, fitter, beweglicher und aktiver. Dies führt wiederum dazu, dass es uns leichter fällt, noch mehr Sport zu treiben. Danach können wir uns zur Belohnung sogar ein besonders Essen gönnen, denn der Stoffwechsel des Körpers hat sich bereits umgestellt und das Belohnungsessen wird *nicht so sehr ins Gewicht fallen*. Ein Appell an die Einsicht mit Emotion und Handeln verlinkt im Gehirn zwischen Einsicht, Handeln und Erfolg ist also wesentlich wirksamer als der reine gute Vorsatz.

Genauso verhält es sich mit dem Appell an die Einsicht von Mitgliedern im Gremium, etwas zu tun oder zu verstehen. Es braucht die aktive Komponente des Handelns, am besten gemeinsam oder in kleinen Gruppen, das gemeinsame Betrachten des Ergebnisses und des Messens und Feierns des Gelingens. Lange Diskussionen über Einsicht sind zu wenig, es braucht die schnelle (gemeinsame) Aktion.

Eine weitere ungeeignete Maßnahme zur Motivation, obwohl täglich tausendfach angewandt, ist die **Bestrafung**. Diese hat immer nur vorübergehende Wirkung. Bestrafung wird meist als ungerecht empfunden und weckt den Drang nach Rache. Die meisten Menschen stumpfen gegenüber Bestrafung ab bzw. stellen sich darauf ein. Bestrafung ist kein ad-

äquates Mittel, eine Verhaltensänderung zu erzeugen, weil die positive Verknüpfung mit der lohnenden neuen Verhaltensweise fehlt.
Ebenso so fragwürdig ist die **Strafandrohung**. Diese wirkt einschüchternd, erzeugt Stress, Druck bzw. Amygdala-Reaktionen[23] und engt das Verhalten deshalb ein, weil wir mehr mit der Verarbeitung des Stresses zu tun haben, als frei und unbeschwert eine Handlung ausführen zu können. Eine Strafandrohung wirkt zudem nur so lange, wie die Drohung glaubwürdig ist. Sie lässt in ihrer Wirkung schnell nach, d. h. man muss immer häufiger und stärker drohen, was in der Regel jedoch unmöglich ist. Gerade im BR-Gremium mit der ehrenamtlichen Komponente sind die Mittel der Strafandrohung nicht wirklich vorhanden und sollten deswegen auch nicht verwendet werden.
Obwohl wir diese beiden Maßnahmen z. B. in der Erziehung unserer Kinder häufig anwenden und möglicherweise bei genauer Betrachtung die Grenzen dieser Maßnahmen erkennen müssen, befinden sich diese immer noch im Repertoire unserer Handlungen zur Motivation. Der Unterschied ist jedoch, dass die Maßnahmen allenfalls ein Fehlverhalten verhindern. Sie sind aber nur ungenügend geeignet, neues Verhalten zu fördern, was wir mit Motivation ja eigentlich bezwecken möchten.

c. Geeignete Maßnahmen (mit einem »aber«)

Folgende Maßnahmen eigenen sich deshalb besser, auch wenn sie wiederum Grenzen haben. Die erste zu nennende Maßnahme ist die **Belohnung oder die Aussicht auf Belohnung**. Dies sind die wirksamsten Faktoren für eine Verhaltensänderung. Richtiges und angemessenes Belohnen ist jedoch eine komplizierte Sache.

1. Die Art der Belohnung (materielle, soziale, intrinsische Belohnung) muss an die Motivationsmuster des jeweiligen Menschen angepasst sein. Was für den einen eine Belohnung darstellt, ist es für den anderen noch lange nicht.
2. Eine Belohnung muss zeitnah auf die erwünschte Verhaltensänderung folgen, um verstärkend wirken zu können. Liegt die Leistung, für die belohnt wird, schon lange zurück, so wird die Belohnung kaum mehr als solche empfunden. Ebenso darf die zu erwartende Belohnung nicht zu weit in der Zukunft liegen, sonst wird sie motivational unwirksam.

Es macht also einen Unterschied, wen im Gremium ich auf welche Art genau belohnen möchte. Materielle Belohnung fällt weg, da es keine finanziellen Möglichkeiten gibt, Geld für erfolgreiche Arbeit unmittelbar

23 Vgl. Kapitel III. 1.a.

auszuzahlen. Soziale Belohnung meint in diesem Fall die Fokussierung auf das gemeinsame erfolgreiche Handeln des Gremiums als Ganzes, auch wenn es Einzelne waren, die eventuell größere Beiträge geleistet haben. Ebenso fällt in den Bereich der sozialen Belohnung das gemeinsame Ergebnis, etwas für die Belegschaft erreicht zu haben. Die Mitteilung darüber an die Belegschaft und sogar, wenn auch eher selten, ein Dank von Kollegen aus der Belegschaft. Die soziale Belohnung, verbunden mit innerer Zufriedenheit und mit etwas innerem Stolz, sind große Motivationsfaktoren für die Arbeit im Gremium. Aktiv kann man hier dafür sorgen, dass die Erfolge des Gremiums entsprechend in die betriebliche Öffentlichkeit bekannt gegeben werden, damit es überhaupt dazu kommen kann, dass die Belegschaft positive Rückmeldung geben kann. Gleiches kann aber auch für Beratungsgespräche, durchgeführt von Betriebsräten zu speziellen Themen, mit Kollegen aus dem Betrieb gelten. Oder erfolgreiche Klärungen zwischen Führungskräften und Kollegen. Erfolgreiches Durchsetzen von Verbesserungen im Betrieb. All diese Punkte sollten die Möglichkeit eines positiven Feedbacks enthalten können, das dann wiederum im Gremium aufgegriffen werden kann. Hier können Vorsitzende ansetzen und alle wichtigen Ergebnisse und Beiträge im Gremium würdigen, sich bedanken und das ein oder andere angemessen formulierte Lob aussprechen.

Materielle Belohnungen, wie Boni, Privilegien usw., die in Konzernen noch häufig für die sog. Leistungsträger angewandt werden, verlieren ihre Wirkung bei jeder Wiederholung meist um die Hälfte oder schneller. Man spricht hier von der sog. *Diskontierung*. Boni werden als normal angesehen und nicht mehr als etwas Besonderes und haben deshalb auch keine motivierende Wirkung mehr. Hinzu kommt ein gewisser Enttäuschungseffekt bei Auszahlung einer Belohnung in *erwarteter* Höhe. Deshalb müsste die materielle Belohnung ständig gesteigert werden. Irgendwann muss und wird aber so etwas wie ein *Deckeneffekt* eintreten, denn es gibt dann doch Grenzen nach oben und die Belohnung hat keinen weiteren positiven Effekt mehr, außer dass sie selbstverständlich geworden ist. Im schlimmsten Falle bedient sie die Gier der Empfangenden. Sie haben einen weiteren, starken, negativen Effekt. Wenn sie wieder rückgängig gemacht werden, wird dieser Verlust im Allgemeinen als doppelt so stark empfunden als der vorherige Gewinn. Man muss mit materiellen Sonderreizen also vorsichtig umgehen.

d. Soziale Belobigung

Soziale Belobigungen wie Auszeichnungen, Anerkennung durch die Leitung einer Gruppe oder von Kollegen, besondere Titel oder soziale Privilegien lassen in ihrer Wirkung zwar langsamer, aber ebenfalls stetig nach. Je häufiger belobigt und ausgezeichnet wird, insbesondere nach demselben Ritual, desto schneller verlieren diese Maßnahmen ihre Wirkung. Auszeichnungen »verdienter« Mitarbeiter sind ein probates, aber problematisches Mittel, weil sie fast automatisch Neid und Missgunst hervorrufen. Hier muss besonders auf Transparenz (»Warum er und ich nicht?«) und auf die Gerechtigkeit der Kriterien und des Bewertungsprozess (»Schieberei? Vetternwirtschaft?«) geachtet werden. Einerseits muss jeder, der sich besonders anstrengt, die Auszeichnung bekommen, jedoch ist das Prinzip »Es kommt jeder mal dran« wiederum auch sehr demotivierend, denn es ist nichts Besonderes mehr.
Wir sehen also, dass die Motivationsmethoden Bedrohung, Bestrafung, Bestechung, Belobigung und Belohnung nur begrenzte Motivationsfaktoren sind. Es kommt von daher darauf an, ein anderes und neues Motivationsverständnis zu entwickeln. Dieses Verständnis beruht auf der oben bereits erwähnten Ermöglichung und Entwicklung der sog. intrinsischen Motivation.

e. Intrinsische Belohnung

Die einzige Belohnung, die nicht in Sättigung geht, ist die intrinsische Belohnung bzw. intrinsische Belohnungserwartung. Sie kann sogar mit Wiederholung ansteigen. Sie besteht in:

- der Freude am Gelingen
- der Überzeugung, an einer wichtigen Sache mitzuarbeiten (Sinnhaftigkeit)
- der Selbstbestätigung, die Arbeit zu schaffen und die Ziele zu erreichen
- dem Gefühl der Verwirklichung eigener Fähigkeiten und Ideen (Selbstwirksamkeit)
- der Möglichkeit, im Tun besser werden zu können und Expertise aufbauen zu können
- einer konstruktiven Grundhaltung, auch bei Schwierigkeiten und Problemen

Die meisten Menschen, allerdings keineswegs alle, streben nach dieser intrinsischen Belohnung, die ihrerseits individuell sehr unterschiedlich ausfallen kann. Was heißt das nun für das Gremium?

Tipps, um die Mitglieder eines Gremiums nachhaltig zu motivieren:
Ein erster Schritt ist, wie bereits in Kapitel II. 4. beschrieben und wie in Kapitel III. 3. noch genauer betrachtet werden wird, die Herstellung einer Leistungsmöglichkeit im Gremium und Gespräche über ihre Leistungsbereitschaft und die konkrete Formulierung des konkreten Beitrages zur Arbeit des Gremiums. Auch, wenn dieser Beitrag zu Beginn noch klein und sehr überschaubar sein kann, so ist eine erfolgreiche Umsetzung dieses Beitrages, verbunden mit einer inneren Zufriedenheit, ein erster wichtiger Schritt. Freude am Tun im Gremium kann aufkommen und letztlich Freude am Gelingen der neuen Aufgabe in der neuen Rolle.
Man kann mit der sozialen Belohnung beginnen, indem man die Mitgliedschaft im Gremium nach außen hin zur Belegschaft zelebriert, die Neuankömmlinge feiert, und ihnen somit ein Gefühl der besonderen Bedeutung des Amtes auch nach außen hin gibt. Danach beginnt die Arbeit im Inneren des Gremiums und damit der Aufbau oder die Weiterentwicklung der möglicherweise mitgebrachten intrinsischen Motivation. Schließlich hat sich der Kollege aufstellen und wählen lassen und die Wahl angenommen. Wir können das Motiv, das sie hatten, sich im Gremium zu engagieren, aufgreifen und ausbauen. Und: Wir können alles dafür tun, dass wir sie nicht demotivieren.
Zweitens wäre die Bereitschaft zur Beteiligung an der Mitbestimmung durch Gespräche, am besten Einzelgespräche, zu besprechen. Ein: »Hallo, schön dass du bei uns bist. Lass uns mal besprechen, was du hier im Gremium beitragen kannst. Ich freue mich.« wäre eine denkbare Formulierung und Haltung für einen gelingenden Start. Haben neue Mitglieder dies geschafft und realisiert, dass sie fortan an einer wichtigen Sache mitarbeiten, und einen Platz im Gremium gefunden, können sie sich als Teil eines Größeren fühlen, was wiederum wichtige innere Motivation verleiht.
Wenn die Mitglieder des Gremiums im Laufe der Zeit feststellen, dass sie einen Platz haben, Wissen aufbauen und Erfolge in und mit dem Gremium erzielen können, stellen sie nach und nach fest, dass die Arbeit im Gremium realisierbar und machbar ist und dass Ziele, die sich das Gremium gesetzt hat, erreichbar sind. Die Arbeit fühlt sich gut an, denn sie zeigt Erfolge. Eine sehr wichtige Grundlage intrinsischer Motivation.
Mit zunehmender Selbstsicherheit durch erfolgreiches Handeln steigt das Gefühl der Selbstwirksamkeit. Auch wenn nicht alle Themen erfolgreich durchgesetzt oder verhandelt werden können, das gehört zum Wesen der Mitbestimmung, hat man dennoch das Gefühl, es versuchen zu können oder versucht zu haben und weitere Ideen können entstehen und Kreativität im Tun wachsen. Man kann Handlungsmöglichkeiten auf dieser Basis ausbauen, neue Strategien probieren und neue Erfahrungen sammeln, die wiederum eingebracht werden können.
Im Laufe der Zeit entwickeln dann alle in ihrem Handeln, verbunden mit Fortbildungen, eine Expertise auf ihren jeweiligen Fachgebieten. Ebenso

können sich besondere Interessen, je nach Vorlieben, oder bereits vorhandenes Wissen, Kompetenzen oder Stärken herauskristallisiert haben, für die man brennt und die einem besonders gut gelingen. Hier ist sogar möglich, sich eine Reputation in die Belegschaft aufzubauen. Ein spezielles Thema, das mit hoher Expertise und mit dem eigenen Namen verbunden ist. Verbunden mit dem Interesse, permanent auf dem Laufenden zu sein und vielleicht durch einen weiteren fachlichen Austausch mit anderen Experten weiter zu entwickeln.

Exkurs: Der Flow-Zustand

Aus dem Jahr 1975 stammt das von Mihaly Csikszentmihalyi[24] entwickelte Konzept des Flow-Erlebens, eine Bezeichnung für einen mentalen Zustand völliger Vertiefung und intensiven Aufgehens in einer Situation des konzentrierten Tuns. Eine Person im Flow-Zustand handelt im sog. Nahbereich, d. h. richtet die Aufmerksamkeit auf ein begrenztes Handlungsfeld. Handlung und Bewusstsein verschmelzen. Durch das intensive Erleben des Handelns und das schrittweise Gelingen desselben erhält die Person unmittelbar Rückmeldung über den Handlungsfortschritt. Das Zeitgefühl verändert sich und die Handlung an sich stellt eine innere Belohnung für die handelnde Person dar. Sie braucht an dieser Stelle keine Rückmeldung von außen. Die hierbei entstehenden Gefühle entsprechen der Darstellung der oben beschriebenen Reaktionen aus dem Belohnungszentrum des Gehirns. Wichtig ist aber, dass die Handlung, die Flow-Erleben erzeugt, in einem Spannungsfeld zwischen Angst und Langeweile stattfindet. Allein aus diesem Grund und weil Erleben eine hochindividuelle Angelegenheit ist, macht es wenig Sinn, völlige Angstfreiheit in zwischenmenschlichen Interaktionen zu erwarten. Ein Flow-Erleben stellt sich bei gleichzeitig hoher Anforderung und im Verhältnis zur eigenen Fähigkeit in Bezug auf eine konkrete Handlung ein (siehe Abbildung 15). Eine Aktivität beginnt üblicherweise in einem Bereich, in dem beide Faktoren noch niedrig sind. Durch weiteres Tun und Lernen im Tun und einer einhergehenden Verbesserung fällt das Empfinden einer zu hohen Anforderung zurück und das Empfinden von Langeweile tritt ein. An diesem Punkt wird es notwendig, die Anforderungen an das Tun zu erhöhen, damit eine Rückkehr in den Flow-Korridor möglich wird. Dieses Prinzip wiederholt sich auf der nächsthöheren Ebene weiterer zunehmender Anforderungen.

24 Csikszentmihalyi und Stopfel 2004.

Abb. 16: Steigerung der Komplexität im Zuge des Flow-Erlebens[25]

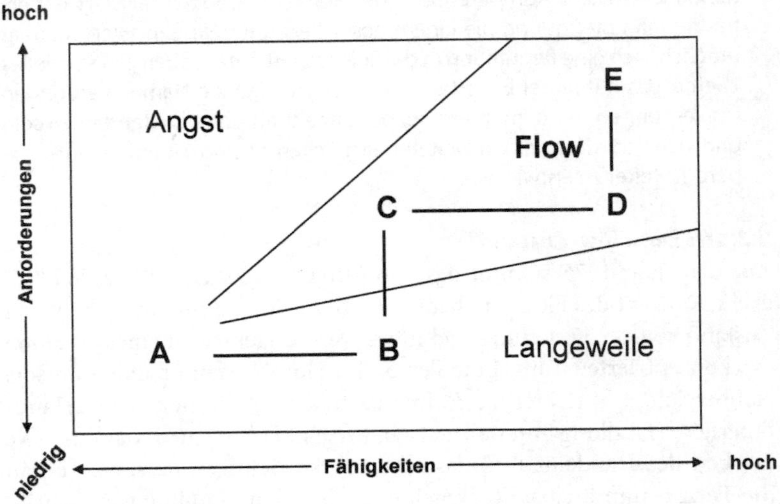

Es soll jedoch nicht der Eindruck entstehen, dass Menschen im täglichen Handeln in Organisationen permanent im Flow-Zustand arbeiten können oder sollen. Ein solcher Zustand kann jedoch eintreten, wenn Menschen mit hoher Konzentration an einem Thema arbeiten und dabei nicht merken, wie die Zeit vergeht. Flow kann also durchaus in spannenden Sitzungen entstehen, in kurzweiligen Seminaren, in Arbeitsgruppen oder Ausschüssen.

Das Gegenteil des Flow-Zustandes ist der Zustand der Apathie, ein Zustand der Teilnahmslosigkeit, Gleichgültigkeit und Leidenschaftslosigkeit. Sollte dieser Zustand über längere Zeit erlebt werden, hat dies unmittelbare Auswirkungen auf die Motivation und die Beteiligung am Gruppengeschehen. Etabliert sich dies als Muster der Beteiligung in einem Gremium, so ist nicht mehr zu erwarten, dass sich die Kollegen engagieren.

Der Umgang mit Apathie

- Durch Gespräche wäre herauszufinden, welche mögliche, negative Balance zwischen Angst und Langeweile besteht und warum?
- Es wäre zu ergründen, was die Kollegen in einen Zustand der Gleichgültigkeit gebracht hat.
- Ebenso wäre zu ergründen, worin das Interesse der Kollegen bestehen würde.

25 Csikszentmihalyi und Stopfel 2004, S. 93.

- Und weiter, was genau passieren müsste, damit eine andere Teilnahme an den Sitzungen und der Arbeit im Gremium möglich wird.
- Und schließlich, was ein nächster konkreter Schritt sein könnte, um zu besserer Motivation zu gelangen.

Es ist davon auszugehen, dass die Beteiligten Antworten auf die Fragen geben können. Mitunter braucht es Nachfragen oder etwas Geduld, bis es zu brauchbaren Reaktionen kommt. Auch wenn eine Antwort kommt, die eindeutig aussagt, dass nicht mehr mit Engagement zu rechnen ist, was sicherlich der Ungünstigste aller Fälle wäre, so ist dies dennoch eine klare Aussage, mit der weitergearbeitet werden kann. Entweder man kann diese Haltung bis zur nächsten Wahl hinnehmen, braucht sich aber nicht mehr zu ärgern oder zu bekämpfen, weil deutlich wurde, dass weitere Bemühungen fruchtlos sein würden. Man kann dieses Thema loslassen und damit auch den nicht mehr zur Mitarbeit bereiten Kollegen. Erstaunlicherweise führt aber genau dieses Loslassen häufig dazu, dass der Kollege nochmals umdenkt und sich eventuell doch zu leichtem Engagement entscheidet. Manchmal erzeugt die dauernde Frage nach mehr Engagement bei manchen Menschen eine Art Machtgefühl im Sinne einer passiven Aggressivität. Beendet man das Muster des Fragens und der passiv aggressiven Reaktion, kann sich auch das Verhalten oder die Einsicht dazu ändern. Wiederum ein Beispiel dafür, dass Verhalten von Menschen nicht immer unbedingt linearen Wenn-Dann-Logiken folgt, sondern Reaktionen auf Veränderungen von Mustern vielfältig erfolgen können.

4. Gemeinsame Werte

Bei genaueren Betrachtungen von Gruppeninteraktionen kann festgestellt werden, dass es an bestimmten Punkten der Kommunikation und Zusammenarbeit zu Missverständnissen oder Spannungen kommt. Diese Missverstände sind im unmittelbaren Geschehen sichtbar, oft aber nicht greifbar oder nachvollziehbar. Ein Grund für diese Missverständnisse können unterschiedliche Wertevorstellungen der Beteiligten sein. Unausgesprochene unterschiedliche Werte als Basis für ein individuelles Verhalten, nicht aber das des gemeinsamen Verhaltens der Gruppe. Dieser Aspekt wird häufig in der Formierung von Gruppen übersehen, ist aber von großem Einfluss.

a. Was sind Werte?

Wertvorstellungen oder kurz Werte bezeichnen im allgemeinen Sprachgebrauch als erstrebenswert oder moralisch gut betrachtete Eigenschaften bzw. Qualitäten, die Objekten, Ideen, praktischen bzw. sittlichen Idealen, Sachverhalten, Handlungsmustern, Charaktereigenschaften oder auch Gütern beigemessen werden.[26]

Ein Beispiele für einen Wert in Gruppen ist die Pünktlichkeit. Ein Betriebsratsvorsitzender nimmt den Wert der Pünktlichkeit nicht so wichtig. Für viele Mitglieder im Gremium ist dieser Wert jedoch von großer Bedeutung. Es ist an dieser Stelle gar nicht ausschlaggebend, ob man bei Pünktlichkeit von einem Wert spricht, von einer Regel oder einer Vereinbarung. Wichtig ist, dass der Kern des Verhaltens erkannt wird und besprochen werden kann. Viele Menschen sind sich ihrer Wertegrundlagen nicht wirklich bewusst und können diese erst nach längerem Überlegen genau bezeichnen. Wird aber jemand, auch in seinen unbewussten Wertevorstellungen gekränkt, fühlt sich diese Person in einem tieferen Sinne beleidigt, angegriffen oder nicht ernst genommen und reagiert meistens mir Ärger oder gar Wut darauf. Beim Thema Pünktlichkeit bzw. andauernder Unpünktlichkeit kann also *warten-müssen* ärgerlich sein, es kann aber auch sein, dass die Pünktlichen in ihrem Wertekonstrukt getroffen sind, da sie sich nicht ernstgenommen fühlen. Obwohl man sagen könnte, man könne doch froh sein, eine kleine zusätzliche Pause zu haben, kann Unpünktlichkeit ärgerlich sein, wenn sie die Werte der Betroffenen verletzt. Es macht also Sinn, gemeinsam darüber zu sprechen, welchen Wert Pünktlichkeit für alle Beteiligten hat und wie dieser Wert als gemeinsamer Wert einer Gruppe besprochen und vereinbart werden kann. Da Werte unter der Verhaltensoberfläche liegen, können hiermit viele Missverständnisse, die zu Ärger führen können, vermieden werden.

Hier nun eine Liste weiterer möglicher gemeinsamer Wertvorstellungen in einem Betriebsratsgremium, die sicherlich hier nicht zu Ende sein muss und noch erweitert werden kann:

26 Quelle: Wikipedia.

Abb. 17: Beispiele Werte

Vertraulichkeit	Sichtbarkeit	Einfluss
Ernsthaftigkeit	Gewissenhaftigkeit	Fairness
Oberflächlichkeit	Gründlichkeit	Freundlichkeit
Sorgfalt	Zuverlässigkeit	Fürsorglichkeit
Gerechtigkeit	Authentizität	Gleichberechtigung
Autonomie	Dazugehören	Humor
Dankbarkeit	Ehrlichkeit	Integrität
Leistung	Macht	Risikobereitschaft
Respekt	Selbstachtung	Sicherheit
Vertrauen	Solidarität	Spiritualität
Zusammenarbeit	Glaube	Würde
Unabhängigkeit	Wahrheit	Verantwortung
Offenheit	Ordnung	...

Nehmen wir als nächstes Beispiel den Wert der Vertraulichkeit. In Gremien wird immer wieder berichtet, dass es Mitglieder gibt, die vertrauliche Inhalte aus den Sitzungen nach außen tragen. Obwohl es hierzu eine klare Regel im Gremium, in der Geschäftsführung oder sogar im BetrVG gibt, verstoßen Einzelne immer wieder dagegen. Jetzt könnte man Absicht, Strategie oder Wichtigtuerei unterstellen, man könnte aber auch gemeinsam darüber sprechen, welchen Wert Vertraulichkeit für jeden Einzelnen im Leben spielt. Bei dieser Betrachtung kann man vielleicht erkennen, dass es einzelne Kolleginnen und Kollegen geben könnte, denen Vertraulichkeit als Wert nicht wichtig ist und auch nie wichtig war. Menschen, die im tiefsten Inneren lieber tratschen und alles breittreten, sich dabei aber nichts Schlimmes gedacht haben. Warum ist das so?

Jeder Wert hat einen oder mehrere Gegenwerte.
Es kann also gut sein, dass der Wert der Vertraulichkeit bei den Menschen, die gerne Tratschen, durch den Wert der Sichtbarkeit übertrumpft wird. Da dies oft unbewusst geschieht, reicht eine bloße Regel nicht aus, denn diese ist als einfach vorgegebene Regel zu kraftlos, um die tiefen inneren Muster zu übertrumpfen. Es ergibt an dieser Stelle also Sinn, mit den Betroffenen oder im Gremium nicht nur darüber zu sprechen, dass man Vertraulichkeit haben möchte, sondern auch darüber, welchen tieferen Sinn man damit verbindet, aber auch wie Sichtbarkeit dennoch hergestellt werden kann für die Personen, denen das sehr wichtig ist.

b. Warum ist ein gemeinsames Werteverständnis im Gremium hilfreich?

Es sind eben die tieferen Muster und Prägungen, die unser Denken oder Handeln leiten. Sichtbar sind sie im Verhalten. Um genau verstehen zu können, warum ein bestimmter Wert für eine Person noch lange nicht der Wert aller Beteiligter ist, sollte gemeinsam darüber reflektiert werden, damit überhaupt die Möglichkeit besteht, an den Kern vieler Missverständnisse und damit möglicher Konflikte zu gelangen.
Jetzt könnte man hier die Frage stellen, wann ein Gremium dies alles leisten soll und ob dies doch nicht zu viel Psychologie ist? Die Antwort auf diese Frage ist leicht. Meistens bestehen in den Gruppen, in denen viele Spannungen existieren, unterschiedliche Wertvorstellungen. Da ergibt es also absolut Sinn, diese Diskussion zu führen, allein um Energie zu sparen, den der spätere andauernde Ärger verursachen würde. Da, wo Gruppen harmonieren, existiert eine Basis der Grundvorstellungen. Hier kann man rasch zur Tagesordnung übergehen.

Praxistipps für die Diskussion gemeinsamer Werte im Gremium:

- Immer dann, wenn viele Spannungen in der Luft liegen, die nicht durch persönliche Abneigung geprägt sind, sondern durch viel missverständliche Kommunikation, kann davon ausgegangen werden, dass unterschiedliche Wertevorstellungen im Spiel sind.
- Zuerst kann hilfreich sein, diese Spannungen als solche erstmal sichtbar zu machen, zu nennen, zu notieren und sie danach Schritt für Schritt zu bearbeiten.
- Ein Übergehen der Spannungen, weil man schließlich genug Arbeit hat, könnte sie verstärken.
- In jeder Sitzung eines Gremiums kann über einen Wert der Betriebsratsarbeit diskutiert werden, damit dieser für alle transparent wird und somit in die Köpfe gelangen kann.
- Auf Klausuren kann darüber gesprochen werden, welche wichtigsten gemeinsamen Werte die Basis für die gemeinsame BR-Arbeit sind.
- Dies kann nach innen und nach außen diskutiert werden, also welche Werte *im* Gremium und welche Werte *des* Gremiums, die für die Belegschaft interessant sein könnten.
- Der Zeitaufwand, dies zu tun, ist geringer als der Zeitaufwand, den es braucht, sich über ständige Auseinandersetzungen zu ärgern, denn diese Diskussion muss nicht oft geführt werden.
- In der Regel reicht eine Klausur zu Beginn der Legislatur eines Gremiums, um u. a. diese Dinge zu diskutieren und festzuhalten.
- Je mehr Missverständnisse ausgeräumt werden können, umso erfolgreicher ist die gemeinsame Arbeit und umso motivierter sind die Beteiligten.

5. Wege zur mentalen Gesundheit bei Stress und Überlastung

Bei all den bisher vorgestellten Klärungs- und Lösungsmöglichkeiten, die in der gemeinsamen Arbeit im Gremium eingesetzt werden können und die, sollten sie erfolgreich *greifen*, Stress reduzieren können, besteht dennoch die Möglichkeit für jeden Einzelnen, an der Fülle der Ereignisse und Themen jeden Tages in ein Gefühl der dauerhaften Überforderung zu gelangen. Die Frage ist also dennoch die: Wie kann es mir gelingen, bei all den schwierigen inhaltlichen Themen, die es zu bewältigen gilt, bei möglichen Zukunftsängsten, Ängsten unserer Kolleginnen und Kollegen, sowie dem Gefühl, nie genügend Zeit für alles zu haben, ich dennoch mental gesund bleiben kann und nicht kaputt zu gehen?
Das menschliche Gehirn kennt sechs verschiedenen Grundmechanismen zum Erhalt psychischer Gesundheit, die im Laufe der Evolution entstanden sind und als erfolgreiche Konzepte somit erhalten wurden. Diese Grundmechanismen sind:

- Stressverarbeitung
- Frustrationstoleranz
- Impulsivität und Impulskontrolle
- Belohnungserwartung
- Soziale Bindung
- Realitätsbewusstsein

a. Stressverarbeitung

Wie werde ich mit ständiger Aufregung fertig? Wie eventuell mit der andauernden Anspannung, die mein Job als BR-Vorsitz mit sich bringt? Auch hier hilft ein Blick in die Erkenntnisse der Neurowissenschaften. Im Gehirn gibt es normalerweise eine funktionierende negative Rückkopplung auf der sog. Stress-Achse, die CRF-ACTH-Cortisol-Rückkopplungsschleife, zwischen Nebennierenrinde, Hypothalamus und Hippocampus. Funktioniert diese Rückkopplungsschleife, regt sich unser Gehirn nach Stress automatisch ab und bringt uns wieder in einen Normalzustand. Unser Gehirn möchte gar nicht, dass wir uns nicht aufregen. Wir müssen uns aufregen können, um Dinge verbessern zu können, Probleme bewältigen zu können. Wir müssen uns aber auch wieder abregen können, was die oben beschriebene Rückkopplungsschleife für uns erledigt.

Bei Dauerstress wird dieser Rückkopplungsprozess jedoch gestört und letztlich unterbrochen. Man kann sich nicht mehr wirklich stark aufregen, aber sich auch nicht mehr abregen. Man fühlt eine gewisse Taubheit der Gefühle. Dauerstress und andauernde Anspannung sind dann der Normalzustand geworden.

Wie vermeide ich Dauer-Stress?

1. Sorgfältige fachliche Vorbereitung auf die beruflichen Anforderungen.
2. Keine zu hohen Ansprüche an die eigene Leistung und Leistungsfähigkeit.
3. Team-Arbeit nutzen, Abgeben von Aufgaben und Verantwortung.
4. Institutionalisierte Möglichkeiten, über Probleme und Ängste zu reden.
5. Entspannen lernen und Entspannungstechniken trainieren.
6. Regelmäßige Bewegung, ausreichend Schlaf, gesunde Ernährung.
7. Regelmäßige Fortbildung zu fachlichen und sozialpsychologischen Themen.
8. Befriedigende Tätigkeiten außerhalb des Berufs, wie z. B. Hobbies, Mitgliedschaft in angenehmen Gruppen (»sich nicht vom Beruf auffressen lassen«).

b. Frustrationstoleranz

Wie bedrohlich erlebe ich die Welt? Wie hoch ist meine Bedrohungsempfindlichkeit? Wie sehr fürchte ich Misserfolge? Was denke ich, passiert mir bei Misserfolgen?

Wie kontrolliere ich meine Frustrationstoleranz?

1. Muss ich mir jedes Problem zu Herzen nehmen (»jeden Schuh anziehen«)?
2. Die Welt geht nicht unter, wenn ich einen Fehler gemacht habe.
3. Auch wenn andere nicht gut funktionieren, muss mich das nicht über die Maßen frustrieren. Ich finde entweder Abstellmaßnahmen oder ich kann unsere Unvollkommenheit akzeptieren.
4. Es kann nie alles perfekt laufen. Ich kann meine hohen Ansprüche relativieren.
5. Ich kann mir das buddhistische Sprichwort zu Herzen nehmen, das besagt:
6. »Wenn du ein Problem hast und es zeichnet sich eine Lösung ab, dann brauchst du dich nicht aufzuregen. Wenn du aber ein Problem hast,

und es gibt keine Lösung, die du herbeiführen kannst, dann brauchst du dich erst recht nicht aufzuregen.«

c. Impulsivität und Impulskontrolle

Wie sehr werde ich von unmittelbaren Motiven oder Bedürfnissen getrieben? Wie schnell und rasch möchte ich eine Lösung oder ein Thema umgesetzt haben? Wie ungeduldig bin ich bei Spannungen oder Störungen? Impulsbeherrschung und Selbstkontrolle sind Tugenden, die einem helfen können, sich selbst und auch andere durch unangemessene Erwartungen und einer zu hohen Geschwindigkeit nicht zu überfordern. Dinge haben ihre Zeit und brauchen auch ihre Zeit. Gerade in Gruppen braucht es die Balance zur Geschwindigkeit und Machbarkeit bzgl. des Mittelmaßes der Gruppe. Immer mit den schnellsten unterwegs zu sein, kann die langsamen abhängen und man kann sie dadurch verlieren. Es braucht also ein vernünftiges Maß an Machbarkeit, auch wenn ich alleine anders unterwegs wäre. Es geht bei der Impulskontrolle also darum, ganz bewusst unsere Handlungen und unsere Stimmung zu kontrollieren.

d. Belohnungserwartung

Wie stark suche ich die Belohnung, den Erfolg, das Risiko, den Kick? Menschen, die auf ein Übermaß an Belohnung aus sind, brauchen eine erhöhte Ausschüttung von Dopamin und endogenen Opiaten. Ein normaler Erfolg mit einer normalen Belohnung reicht ihnen nicht mehr. Dieses Bedürfnis kann im Laufe einer größer gewordenen Routine hinsichtlich einer bestimmten Kompetenz entstehen. Das normale Tun führt nicht mehr zu einer dauerhaften Zufriedenheit. Hier wäre es hilfreich, den Job und dessen Anforderungen zu überdenken und ggf. anzupassen oder zu wechseln. Ebenso kann eine Reflexion darüber erfolgen, was man überhaupt bereits im Leben erreicht hat und wofür man deshalb dankbar und stolz auf sich sein kann. Dies sind oft keine Selbstverständlichkeiten, sondern das Ergebnis harter Arbeit und Anstrengung. Wir verlieren das allerdings häufig aus den Augen.

e. Soziale Bindung

Wie wichtig ist mir das Zusammensein mit anderen, die Anerkennung durch sie? Wie sehr ziehe ich mich von anderen zurück, empfinde sie als Bedrohung oder zu stressig? Biochemisch sind hier Oxytocin, endogene

Opiate, Serotonin 1A oder deren Mangel im Spiel. Bin ich ein Mensch, der Kontakt zu anderen braucht, oder eher nicht?
Jeder Mensch tickt etwas anders und jeder kann sich hin und wieder hierzu selbst reflektieren. Auch unterschiedliche Lebensphasen spielen hier mit hinein. In der Regel haben wir ein gutes Bauchgefühl dazu, was uns in Bezug auf den Kontakt und dessen Häufigkeit zu anderen Menschen glücklich macht und wann wir zu viele soziale Kontakte als Stress empfinden. Hier hilft ein gutes und angemessenes *für-sich-sorgen* im Sinne einer guten Selbststeuerung.

f. Realitätsbewusstsein und Risikowahrnehmung

Wie genau kann ich Situationen und Risiken einschätzen, wie sehr vermag ich aus insbesondere negativen Konsequenzen meiner Handlungen zu lernen? Wie deutlich kann ich eine Realität annehmen, obwohl sie nicht meinen Wünschen und Bedürfnissen entspricht? Gehe ich stets ein zu hohes Risiko und bringe mich deswegen oft in Schwierigkeiten? Nehme ich mir die Zeit, aus Fehlern zu lernen? Nehmen wir uns im Gremium bewusst die Zeit, Fehler zu besprechen, um diese künftig zu vermeiden? Gehe ich doch noch öfter als mir lieb ist, nach dem Prinzip *Augen-zu-und-durch* durchs Leben?
Hier kann der Austausch mit anderen in gleichen beruflichen Situationen helfen. Oft ist man ungeübt in der Selbstreflexion. Manchmal scheut man das Ergebnis. Wir erleben in unseren Seminaren immer wieder, dass die Teilnehmenden gerade den Austausch untereinander zu diesen Themen, teilweise methodisch angeleitet, teilweise am Abend in der gemütlichen Runde als besonders hilfreich erleben. Erfahrungen anderer Menschen zu hören und daraus zu lernen, kann einen auch vor vielen eigenen Fehlern schützen und kann einem die Sicherheit geben, so falsch mit dem eigenen Handeln gar nicht zu liegen, und dass man mit seinen Problemen nicht alleine ist, weil andere die gleichen Schwierigkeiten erleben.

g. Wie tickt ein »normaler Mensch«?

Ein durchschnittlich normaler Mensch in seinen am häufigsten vorkommenden ruhigen und gelingenden Arbeitssituationen zeichnet sich aus durch eine vorhandene Ausgeglichenheit in Sachen Frustrationstoleranz, seinem inneren Antrieb, seiner Impulskontrolle, seiner Empathie zu anderen und zu einer realistischen Risikowahrnehmung. Er regt sich auf, aber auch wieder ab, ist meistens pünktlich, zweckdienlich organisiert und verlässlich. Er erlebt Gefühlsschwankungen, aber nicht übertrieben stark, weder in die eine noch in die andere Richtung (übergroßes Glück oder Depression). Er ist sozial ausgeglichen, umgänglich und erlebt ein ausbalanciertes Gleichgewicht der sechs oben genannten psychischen Grundsysteme. Wichtig ist, die psychische Balance ist eben eine Balance, was bedeutet, das Pendel darf ausschlagen zu jedem der genannten Themen und darf sich wieder einpendeln. Das Leben verläuft nicht linear oder logisch, es besteht aus vielen Widersprüchen und Ambivalenzen.

h. Entgegengesetzte Persönlichkeitsmerkmale: Extravaganz und emotionale Labilität

Nun erleben wir aber Tag für Tag Menschen, auf die die oben beschrieben Merkmale des »normalen Menschen« nicht in dieser Ausgeglichenheit zutreffen. Um es vorwegzusagen, auch das sind normale Menschen. Menschen, die jedoch in ihren Persönlichkeitsmerkmalen zu einem der beiden Pole der Persönlichkeitsbeschreibung tendieren, nämlich *emotionale Labilität* auf der einen Seite und *Extravaganz* auf der anderen Seite. Die Persönlichkeitsforschung nennt hierzu verschiedene Persönlichkeits-Pole. Keine der folgenden Beschreibungen soll Menschen stigmatisieren oder bewerten. Die Beschreibungen sollen nicht als gut oder schlecht, richtig oder falsch bewertet werden, sie sind das Ergebnis wissenschaftlicher Untersuchungen zu Persönlichkeitsmerkmalen auf der Basis neurowissenschaftlicher Forschung[27] zu den biochemischen Vorgängen[28] in uns, die unsere Persönlichkeit definieren. Teilweise wurden diese biochemischen Vorgänge bei der Geburt geerbt und teilweise sind sie in unserer Kindheit in Form von Musterbildung gelernt worden.[29] Alle Merkmale können, durch Arbeit an der eigenen Persönlichkeit, entwickelt und verändert werden. Im Folgenden nun eine Art tabellarische Übersicht:

---

27 Quelle: Prof. Dr. Dr. Gerhard Roth, 2014, Vortrag in Bremen.

28 Allen Persönlichkeitsmerkmalen sind biochemische Elemente, Hormone oder Botenstoffe zugeordnet, die auch benannt werden können. Aus Gründen der Übersichtlichkeit werden hier jedoch nur die wichtigsten genannt.

29 Vgl. Kapitel IV. 1. Das Kommunikationsmodell der Transaktionsanalyse.

Leicht emotional labiler Typ:[30] Relativ schnell aus dem seelischen Gleichgewicht zu bringen, hat häufig Sorgen, ist häufig erschüttert, betroffen, beschämt, unsicher, verlegen, nervös, ängstlich oder traurig. Gewissenhaft bis pingelig, mäßig risikoscheu, eher gehemmt, geht auf »Nummer sicher«. Kombination eines leicht defizitären Stressverarbeitungs- und Selbstberuhigungssystems, einer starken Impulshemmung und einer ausgeprägten Risikowahrnehmung.
Stark emotional labiler Typ: Krankhafte Sorge und Angst, stark risikoscheu, kontaktarm bis kontaktscheu. Zwanghaft ordnungsliebend, phobisch, depressiv, sehr gehemmt. Kombination eines starken defizitären Stressverarbeitungs- und Selbstberuhigungssystems, einer starken Impulshemmung und einer pathologischen Risikowahrnehmung.
Leicht extrovertierter Typ: Optimistisch, belohnungsorientiert, offen, kreativ, selbstsicher, aktiv, gesprächig, energisch, heiter, gesellig, liebt Aufregungen, zeigt Wagemut, gleichzeitig eine gewisse Sorglosigkeit und Unzuverlässigkeit. Leichte Dominanz des Dopamin-Systems und des Bindungssystems mit leichter Schwächung der Impulshemmung und Risikowahrnehmung.
Stark extrovertierter Typ: Starke Belohnungsorientierung, hohe Frustrationstoleranz, hohe Impulsivität, Neigung zu Aggression und Gewalt, Empathie-Defizite. Starke Dominanz des Dopamin-Systems, starke Defizite in der Impulshemmung, der Selbstberuhigung und des Empathie-Systems.

Es gibt in der Literatur oder in Trainings viele Modelle der Beschreibung von Persönlichkeiten. Menschen lieben es, mit diesen Modellen sich selbst und andere zu analysieren und somit Fragen zu sich selbst beantwortet zu bekommen. Es ist jedoch wichtig zu wissen, dass keines der gängigen Modelle auf anerkannt wissenschaftlicher Basis entwickelt wurde, viele Modelle sind Behauptungsmodelle. Keines der Modelle hält demnach wissenschaftlichen Untersuchungen stand, außer den oben beschriebenen unterschiedlichen Persönlichkeitspolen, die sich neurowissenschaftlich belegen lassen.

30 Der eigentlich korrekte Fachbegriff aus der Persönlichkeitspsychologie ist leicht neurotizistischer Typ. Wir verwenden allerdings den entsprechenden umgangssprachlichen Begriff.

i. Meta-Zufriedenheit und Meta-Balance

»Hoffnung ist nicht die Überzeugung, dass etwas gut ausgeht, sondern die Gewissheit, dass etwas Sinn hat, egal wie es ausgeht.«

Vaclav Havel

Bei Fragen der Ziel-/Lebens- Balance[31] stellen viele Menschen oft bestimmte Erwartungen, Zielvorstellungen etc. an sich selbst und andere. Bei genauerer Prüfung erweisen sich diese Erwartungen in ihren Auswirkungen als nicht hilfreich oder zieldienlich, z. B. dass man bei schwierigen Aufgaben jeweils gelassen sein müsse, oder dass man nur völlig entspannt durchs Leben gegen sollte. In diesem Feld hat sich ein Selbst-Optimierungsboom oder -wahn etabliert, der in sich wiederum höchst fragwürdig, weil lebensfremd, ist. Im Grunde entspricht dies linearem Denken, das davon ausgeht, das das Leben gradlinig und logisch verläuft und ein einmal im Leben erreichter Zustand, gleich ob geistig oder materiell, für immer Bestand haben wird. So ist das Leben jedoch nicht. Die einzige Konstante im Leben ist der Wechsel. Generell erweist es sich als wesentlich hilfreicher für eine erfüllende Lebens-Balance, sich auf eine übergeordnete Balance einzustimmen, eine Art Meta-Balance.

Meta- Balance zwischen:

- Den eigenen und fremden Erwartungen gerecht zu werden – denen nicht gerecht zu werden.
- Zufrieden mit sich zu sein- nicht zufrieden mit sich zu sein.
- Alles richtig machen zu wollen- gerade nicht alles richtig machen zu müssen/wollen.
- Sich selbst auch mal antreiben, auch mal perfektionistisch sein – und dann wieder liebevoll tröstend mit sich umzugehen, wenn man nicht allem nachkommen kann.
- Sich in Balance erleben – aus der Balance geraten.

Hieraus kann man dann wieder eine übergeordnete Zufriedenheit, eine Art Meta-Zufriedenheit entwickeln, die die obigen Aspekte berücksichtigt und die gegen den Trend arbeitet, mit allem und jedem unzufrieden zu sein, weil die Maßstäbe, die man ansetzt, viel zu hoch gegriffen sind bzw. von Menschen gesetzt werden, die mit dem Setzen von Maßstäben oder Optimierungsvorschlägen professionell viel Geld verdienen.

---

31 Vgl. Schmidt, G., Milton-Erickson-Institut Heidelberg, *www.meihei.de*.

Meta-Zufriedenheit
Meta-Zufriedenheit bedeutet, zufrieden mit sich zu sein damit, eben nicht ganz zufrieden mit sich zu sein, aber damit auch vielleicht wieder zufrieden zu sein- und das genau das ganz in Ordnung sein darf.

Aufbau einer sicheren Steuerungs- und Beobachtungs-Position
Eine sichere Steuerungs- und Beobachtungsposition erlaubt uns eine reflektierte Selbststeuerung unserer Gedanken und Verhaltensweisen. Manche Menschen tun dies z. B. bei Spaziergängen, in Gesprächen mit Freunden, in professionellen Gesprächen mit Fachleuten, beim Schreiben von Tagebüchern, in der Spiritualität, im Glauben oder ähnlichen Dingen. Der Wunsch, das eigene Leben zu reflektieren und in eine Übersicht zu gelangen, ist auch im Gehirn vorgesehen, denn wenn wir das nicht tun, uns zu sehr treiben und stressen lassen, reagiert unser Gehirn mit Stressreaktionen, die bis hin zu körperlichen Reaktionen reichen können, die uns signalisieren, dass etwas nicht in Ordnung ist. Wir müssen uns dann oft gezwungenermaßen Zeit für Klärungsprozesse einräumen. Zeit zum Nachdenken, zur Reflexion, Auszeit oder ein tägliches Zeitfenster, das wir nicht damit verbringen, zu arbeiten oder uns mit schlechten Nachrichten vollrieseln zu lassen. Wir haben selbst in der Hand, wie und was wir über unser Leben denken.
Hierzu eine kleine Geschichte:

»Ein weiser Häuptling saß mit seinen Enkeln am Lagerfeuer. Nach einer Weile des Schweigens sagte er zu ihnen: »Wisst ihr, im Leben ist es oft so, als ob zwei Wölfe im Herzen miteinander kämpfen. Einer ist ängstlich, schwach, mutlos und unzufrieden. Der andere hingegen ist kraftvoll, liebevoll, mitfühlend und voller Selbstvertrauen.« »Und welcher der beiden gewinnt den Kampf?« fragt einer der Enkel. »Der Wolf, den du fütterst«, antwortet der Häuptling.«[32]

j. Resilienz

Resilienz, die mentale Widerstandskraft, ist das Immunsystem der Seele, die verschiedene Denk- und Handlungsoptionen betrifft. Die sieben klassischen Bausteine von Resilienz sind:

32 Quelle unbekannt.

Abb. 18: Aspekte von Resilienz

Eigenschaft	Beschreibung	Typische Statements und Fragen
Optimismus	Zuversicht	Bin ich eher mit einer konstruktiven Grundhaltung unterwegs, oder eher pessimistisch? Ist das Glas halbvoll oder halbleer?
Akzeptanz	Einflussbereiche kennen, Bereiche ohne Einfluss kennen	Wo habe ich Einfluss? Wo nicht? Was bewegt mich, wo ich aber keinen Einfluss habe? Wie kann ich lernen, beide Bereiche besser unterscheiden zu können?
Lösungs-orientie-rung	Zukunfts- und Lösungsorien-tierte Einstellung oder problemori-entierte Denk-muster?	Welche Probleme habe ich in der letzten Zeit gut gelöst? Welche Lösungskompetenzen haben mir dabei geholfen? Wie kann ich diese (und andere) Lösungskompetenzen noch besser erkennen, absichern und nutzen?
Selbst-wirksamkeit	Erfolge wahr-nehmen und »feiern«, aktive Gestaltung des eigenen Lebens	Skala 0–10: Wieviel Vertrauen habe ich darauf, dass mein Handeln eine Wirkung hat? Wie sehr bin ich überzeugt, dass ich alles in mir habe, um wirksam zu sein? Wie sehr nutze ich meine Selbstwirksamkeit, um meine Probleme aktiv zu lösen?
Verant-wortungs-über-nahme für mich selbst	Wahrnehmung der eigenen Bedürfnisse	Wo und wie nehme ich meine eigenen Interessen, Bedürfnisse oder Wünsche wahr und ernst? Welche Bedürfnisse sind mir wichtig? Wo und wem gegenüber gehe ich (noch) in die »Opferrolle«? Was kann ich daran ändern?
Netzwerk-orientie-rung	Eingebunden sein / Zugehörig-keit / Beziehun-gen pflegen und ausbauen	Mit wem tausche ich mich über was aus? Wie kann ich mein soziales Netz gestalten? Was könnte/sollte ich mit wem klären? Wen sollte ich noch ansprechen?
Zukunfts-orientie-rung	Eigene Ziele	Was ist mein Bild von mir in der Zukunft? Wo möchte ich wann sein? Wie und mit wem? Womit möchte ich mein Leben finanzieren? Mit was glücklich und zu-frieden sein? Welchen Plan habe ich für meine Zukunft?

IV. Kommunikation als das alles verbindende Element

In Kapitel II.3. über die systemischen Grundprinzipien haben wir gesehen, welche wichtige Rolle der Kommunikation bei der Gestaltung von Gruppen und deren gelingender oder aber auch nichtgelingender gemeinsamer Aktivität zukommt. Obwohl wir täglich kommunizieren, sind wir dennoch noch lange nicht Experten in gelingender Kommunikation. Obwohl uns Kommunikation als so selbstverständlich erscheint, machen wir oft unbewusst Kommunikationsfehler, die enorme Auswirkungen auf unsere Beziehungsgestaltung zu anderen Menschen haben können. Kommunikation ist eben nichts selbstverständliches, sondern sie besteht aus vielen Missverständnissen und Bewertungen, aber auch aus unbeabsichtigten Abwertungen oder Überhöhungen anderer. Ein sehr hilfreiches und klassisches Modell, mit dessen Hilfe man sich selbst, andere Personen und die Kommunikationen zwischen Personen analysieren kann, ist die sog. Transaktionsanalyse, die wir uns in diesem Kapitel genauer anschauen werden.

1. Das Kommunikationsmodell der Transaktionsanalyse

Eric Berne[1] gilt als der Begründer der Transaktionsanalyse. Mit Transaktion ist das Geben und Nehmen von Kommunikationsbestandteilen gemeint. Der Begriff Analyse geht darauf zurück, dass Berne Muster der Kommunikation bei Menschen beobachtet und untersucht hat.

1 Berne, E.: Spiele der Erwachsenen. Psychologie der menschlichen Beziehungen. Reinbek bei Hamburg 1967.

Wir haben bereits im Kapitel III. 1. a. zum limbischen System gesehen, dass wir Menschen Muster des Verhaltens und Fühlens, des Denkens und Sprechens sowie des Handelns in einem jeweiligen Kontext abspeichern und in Kommunikationssituationen wieder abrufen. Vor allem wenn Situationen mit Emotionen verbunden sind, sowohl positiv wie negativ, reagieren wir eher aus dem limbischen System, sprich aus unseren inneren Mustern, oder wie die Transaktionsanalyse (abgekürzt: TA) sagt, aus unseren Ich-Zuständen. Berne bezeichnet seine beobachteten Muster als Ich-Zustände und meint damit Systeme (Kombinationen) des Denkens, Fühlens, Reagierens, Sprechens und Handelns. Im Folgenden werden diese Ich-Zustände erläutert und später mit Beispielen aus Kommunikationssituationen aus dem Gremium versehen, so dass Schritt für Schritt deutlich wird, wie die TA funktioniert, wie Kommunikationen damit analysiert werden können und wie die TA im Alltag angewendet werden kann.

a. Das Struktur-Modell der menschlichen Persönlichkeit

Berne beschreibt die Grundstruktur der menschlichen Persönlichkeit mit folgenden drei Ich-Zuständen:

Abb. 19: Das Strukturmodell der menschlichen Persönlichkeit

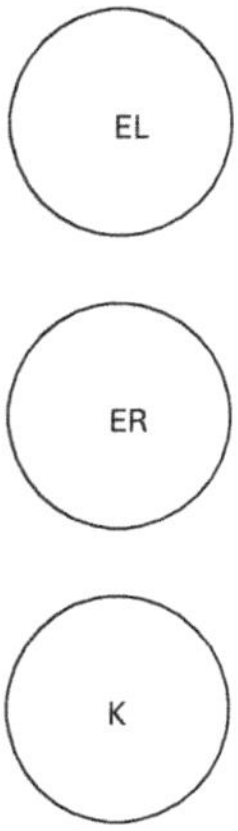

Eltern-Ichzustand

- Wer denkt, handelt und fühlt, wie man es bei seinen Eltern oder Bezugspersonen beobachten oder wahrnehmen konnte, befindet sich in einem Eltern-Ich-Zustand

Erwachsenen-Ichzustand

- wer sich mit der gegenwärtigen Situation oder Realität auseinandersetzt, Tatsachen sammelt und sie mit Vernunft verarbeitet, befindet sich in einem Erwachsenen-Ich-Zustand
- Hier werden Schlussfolgerungen gezogen und Entscheidungen getroffen,
- sachlich, logisch, konsequent, beschreibend,
- Fragen gestellt. Emotionen werden kontrolliert.

Kindheits-Ichzustand

- Wer denkt, handelt und fühlt, wie man es als Kind konnte und tat, befindet sich in einem Kindheits-Ich-Zustand

Diese drei Ich-Zustände bilden die Grundstruktur unserer Persönlichkeit. Wie wir welchen Ich-Zustand in bestimmten Situationen mit Energie besetzen und wie wir sie in der Kommunikation mit anderen nutzen, das macht die Einmaligkeit unserer Persönlichkeit aus.

Für die genauere Analyse der Kommunikation mit anderen benutzen wir ein differenzierteres Modell mit einer Unterteilung des Eltern- und Kindheits-Ichs mit dem Namen Funktionales Ich-Zustand-Modell. Es geht dabei nicht mehr nur um die Grundstruktur der Persönlichkeit, sondern um Interaktionen, so wie wir in Interaktion funktionieren.

b. Das funktionale Ich-Zustands-Modell[2]

Abb. 20: Das funktionale Ich-Zustands-Modell

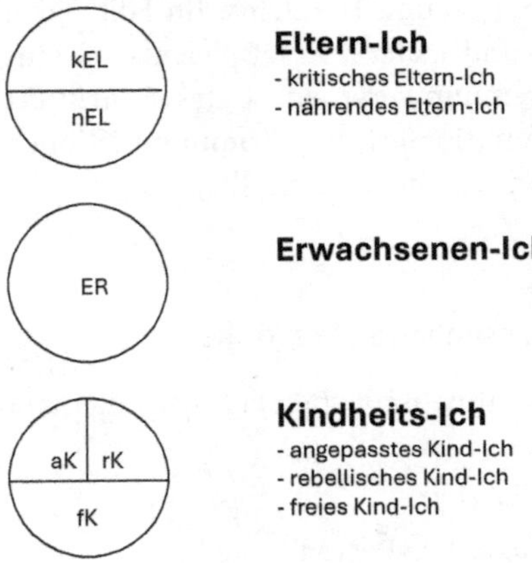

Die Bezeichnungen der oben genannten Ich-Zustände beschreiben bereits deren Eigenheiten. Was wir als Kinder beobachtet haben, wie sich unsere Bezugspersonen uns gegenüber verhalten haben, haben wir im Eltern-Ich abgespeichert, in zwei unterschiedlichen groben Verhaltensweisen. Wenn unsere Eltern oder Bezugspersonen sehr kritisch mit uns gesprochen haben, oder wenn sie fürsorglich und unterstützend waren. Im Kindheits-Ich haben wir in drei groben Bereichen abgespeichert, wie wir uns verhalten haben oder mussten, abgeleitet haben, um an Aufmerksamkeit und Zuwendung zu kommen. Genauer betrachtet funktionieren die Ich-Zustände wie im Folgenden aufgelistet:

2 Schmidt, R.: Immer richtig miteinander reden, Paderborn 2002.
Vgl. zudem: Gührs, M./Nowak, C.: Das konstruktive Gespräch. Limmer-Verlag 2002.

Abb. 21: Das funktionale Ich-Zustands-Modell im Detail[3]

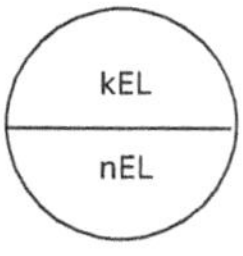

kritisches Eltern-Ich (kEL)
- Zurechtweisungen, Verbote, Drohungen
- Vorurteile, Abwertungen, keine weitere Diskussion
- Distanz durch Einschüchterung, Kontrolle
- Aufrechterhaltung von Normen und Regeln
- stoppt destruktives Verhalten (normatives Eltern-Ich)
- Opposition: Rebellisches Kindheits-Ich

nährendes Eltern-Ich (nEL)
- Fürsorge, Schutz, Unterstützung, Hilfe, Lob, Ermutigung, Besänftigung, gütig, tröstend
- kann auch andere klein halten und abhängig machen
- kann vorschnell harmonisieren, um Konflikte zu vermeiden

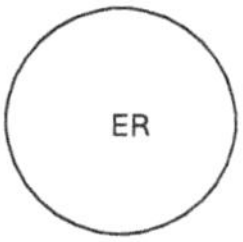

Erwachsenen-Ich
- Ebene der Vernunft, der Inhalte, Informationen, der Sache
- kann ein Selbstbewusstsein über die Ichzustände herstellen
- ohne Eintrübung durch störende Emotionen und Gefühle
- kann die die Ich-Zustände reflektieren und trainieren

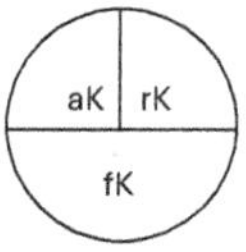

freies Kindheits-Ich (fK)
- ursprünglichster und natürlichster Teil unserer Person
- unmittelbare Bedürfnisse und Gefühle, spontane Impulse
- richtet sich nicht nach den Erwartungen und Vorschriften anderer
- kreativ und pfiffig, spielerisch und zärtlich, egoistisch und rücksichtslos

angepasstes Kindheits-Ich (aK)
- Forderungen, Kontrolle, Ge- und Verbote der Autoritätspersonen werden übernommen
- vitale Impulse eingeschränkt, um das Überleben bzw. die für uns lebensnotwendige Zuwendung zu sichern
- passt sich den Erwartungen anderer (auch an den nur vermuteten) an
- stellt eigene Wünsche und Ideen zurück
- übertriebene Ängstlichkeit, unangemessenes Schuldgefühl, Verwirrtheit, Weinerlichkeit, Unzulänglichkeitsgefühle, beleidigter Rückzug
- agiert nicht, sondern reagiert und überlässt anderen die Initiative
- stellt eigenes Licht unter den Scheffel und verbirgt die wahren Bedürfnisse und kreativen Möglichkeiten des freien Kindes

rebellisches Kindheits-Ich (rK)
- Orientierung an den (tatsächlichen oder vermuteten) Erwartungen anderer, aber handeln ins genaue Gegenteil des Erwarteten
- reibt sich an (vermeintlichen) Autoritäten
- tritt mit Power auf, geballter Faust in der Tasche
- bringt mitunter produktive Prozesse in Gang, Rebellion, revolutionäre Ideen aber auch die Verhärtung der Fronten

Wenn nun die einzelnen Ich-Zustände auf Kommunikationssituationen übertragen werden, können wir nachvollziehen, was das Spannende an der TA sein kann. Wir können erklären, warum Kommunikation manchmal gut geht und warum sie manchmal nicht gut verläuft. Der Grund liegt in der Verwendung unterschiedlicher Ich-Zustände innerhalb eines Gespräches. Der Umstand, aus welchen Ich-Zuständen von der einen Person zu welchen Ich-Zuständen der anderen Person gesprochen wird, hat Auswirkungen darauf, ob ein Gespräch konstruktiv verläuft oder ob es

3 Nach Schmidt, R., a. a. O., u. Gührs, M./Nowak, C., a. a. O.

Störungen geben wird. Im Wesentlichen kennt die TA drei grundsätzliche Formen der Transaktion zwischen Menschen.

c. Drei unterschiedliche Formen von Transaktionen

Abb. 22: Drei Formen von Transaktionen

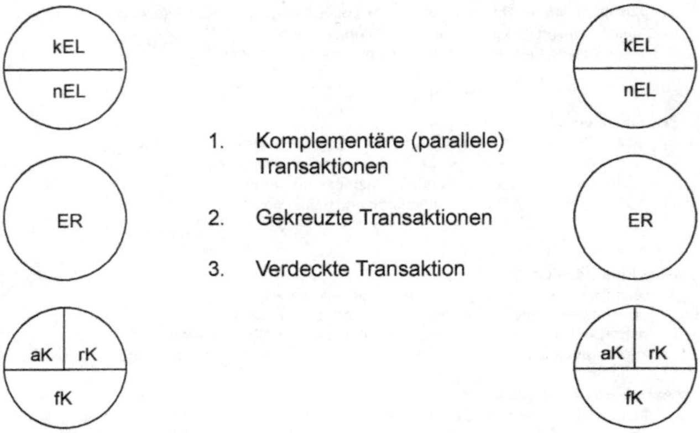

Transaktionen können grundsätzlich parallel, also komplementär, d. h. sich gegenseitig im angesprochenen Ich-Zustand haltend oder verstärkend verlaufen. Im folgenden Beispiel vom kritischen Eltern-Ich-Zustand der einen Person zum kritischen Eltern-Ich-Zustand der anderen Person. Es ist aber auch möglich z. B. von Kind zu Kind zu sprechen oder aber auch parallel (komplementär) von kritischem Eltern-Ich einer Person zum angepassten Kind einer anderen Person. Auch ein Gespräch aus diesen beiden Ich-Zuständen kann über längere Zeit für das Ergebnis konstruktiv verlaufen. Keine Transaktion ist dabei jedoch richtig oder falsch. Die Frage ist stets, ist sie für das zu besprechende Thema zielführen, also funktional, oder nicht zielführend, also dysfunktional. Auch die Ich-Zustände sind nicht in sich gut oder schlecht, gut oder böse. Es kommt immer auf die Situation an und die gewünschten Ergebnisse, für die das Gespräch eigentlich aufgenommen wurde.

Abb. 23: Parallele Transaktionen

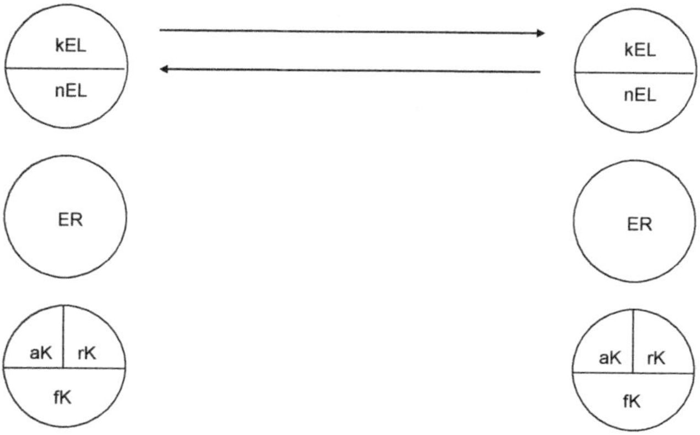

Beispiel für ein Gespräch mit parallelem kritischen Eltern-Ich:
Zwei Kollegen in der Firma unterhalten sich über diese, in kritischen Ton mit kritischem Blick.
Max: »Das bringt doch alles nichts mehr!«
Klaus: »Sehe ich auch so. Alles geht den Bach runter!«
Max: »Unsere Führung macht nichts. Hat keinen Plan, keine Vision, gar nix!«
Klaus: »Noch nicht mal den Mut, uns mitzuteilen, was geht oder nicht, haben sie.«
Max: »Und hierfür habe ich mir die ganzen Jahre den Buckel krumm gemacht.«
Klaus: »Zuhause ist auch alles schlecht, weil ich so viel gearbeitet habe, so viele Schichten. Tag und Nacht. Nie zu Hause und jetzt wollen sie von mir nichts mehr wissen.«
Max: »Undankbares Pack.«
Klaus: »Wenn wenigsten einer hier was auf dem Kasten hätte. Und wüsste, was zu tun wäre.«
Max: »Vergiss es! Gibt es nicht!«

Wir haben hier eine parallele Kommunikation zwischen zwei kritischen Eltern-Ich-Zuständen. Beiden geht es dabei hauptsächlich um das Kritisieren und nicht um die Besprechung einer Lösungsidee. Diesen Dialog könnte man noch lange fortführen, ohne, dass eine konstruktive Wendung zu erwarten wäre. Es geht beiden darum, noch eins drauf zu setzen, noch etwas kritischeres zu sagen, noch etwas schlimmeres zu finden. Beide bestätigen sich somit und fühlen sich, auch wenn alles schlecht ist, zueinander und miteinander gut, denn sie sehen die Dinge ja gleich.

Wenn wir nun den gleichen Start des Dialoges noch einmal durchspielen, aber eine andere Reaktion, nun mit Sandra, einer erfahrenen BR-Vorsitzenden, können wir einen Unterschied feststellen. Sandra hat nämlich gelernt, das kritische Eltern-Ich weitestgehend zu vermeiden und stattdessen das Erwachsenen-Ich zu verwenden.

Beispiel für ein Gespräch, das vom kritischen Eltern-Ich in das Erwachsenen-Ich kreuzt:
Max: »Das bringt doch alles nichts mehr!«
Sandra: »Was meinst du genau, Max?«
Max: »Unsere Führung macht nichts. Hat keinen Plan, keine Vision, gar nix!«
Sandra: »Ich kann verstehen, dass du das so siehst. Ich sehe das allerdings etwas anders.«
Max: »Ja, wieso? Ich habe mir so lange den Buckel krumm gemacht für nix!«
Sandra: »Max, für nix war das bestimmt nicht. Unsere Führung ist sicher nicht brillant, aber komplett untätig sind sie nicht. Das weiß ich aus unseren gemeinsamen Gesprächen.«
Max: »Ja, da wo ihr zusammen Kaffee trinkt.«
Sandra: »(Lacht) Ja, Kaffee trinken wir auch. Aber wir verhandeln auch hart über die Zukunft der Firma. Vielleicht bekommst du das nicht mit. Unser Fehler! Aber wir fordern einiges von ihnen und sie bewegen sich auch in einigen Dingen.«
Max: »Nur, sehen können wir nichts.«
Sandra: »Wie gesagt, wir als Betriebsrat müssen euch besser auf dem Laufenden halten. Einiges dauert aber auch bis es in der gesamten Firma ankommt. Aber glaube mir. Es gibt hier auch Menschen, die sich kümmern und die möchten, dass die Firma überlebt. Es ist nicht alles um-sonst!«
Max: »Ich muss gleich wieder an den Platz.«
Sandra: »Ok. Wenn du möchtest, kann ich dir gerne bei Gelegenheit mal genaueres berichten.«
Max: »Ja, das kannst du machen.«
Sandra: »Ich melde mich bei dir. Bis dann.«
Max: »Bis dann.«

Abb. 24: Gekreuzte Transaktionen

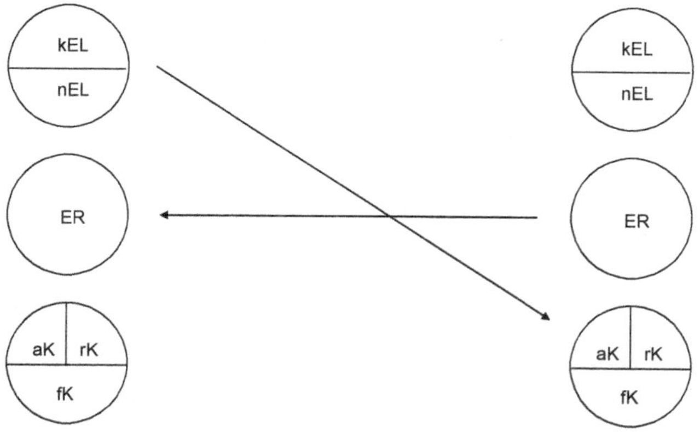

Was in diesem Dialog geschah, ist, dass Sandra die Aussagen von Max aus ihrem Erwachsenen-Ich gekreuzt hat. Sie ist nicht mit ihrem kritischen Eltern-Ich eingestiegen, um Max zu bestätigen oder aber gegen ihn zu schimpfen, das ginge aus diesem Ich-Zustand auch. Nein, sie hat aus dem Erwachsenen-Ich erstmal eine Frage gestellt und somit Max das Gefühl gegeben, dass er angehört wird. Danach ist sie ebenfalls aus dem Erwachsenen-Ich auf ihre Sicht der Dinge eingegangen und hat das Gespräch in der Tendenz wesentlich konstruktiver fortführen können als im obigen ersten Beispiel-Dialog. Sie konnte sogar aus dem Erwachsenen-Ich ohne Probleme einen Fehler zugeben, ohne betroffen zu sein, weil sie reflektiert hat, dass nicht alles perfekt laufen kann, es aber auch nichts nützt, sich darüber aufzuregen und sich gegenseitig abzuwerten. Der kurze Dialog hat gezeigt, welche konstruktive Kraft das Erwachsenen-Ich, das Einsetzen eines vernünftigen und reflektierten Dialoges, haben kann.
Der folgende Dialog entwickelt sich allerdings wieder unvernünftig und weniger konstruktiv, sondern führt in einen Konflikt. Wir werden sehen, wie das kritische Eltern-Ich und das rebellische Kind aufeinander treffen können. Wenn sich beide gegenseitig verstärken, führt das nicht zur Konstruktivität, sondern eher zu Distanz und Streit.
Herr Maier ist Personalleiter, Karl ist Mitarbeiter in der Produktion, ganz neu in den Betriebsrat gewählt. In einem Gespräch haben sich beide über das Thema Ausstempeln für Kaffeepausen verhakt.

Beispiel für ein Gespräch zwischen kritischem Eltern-Ich und rebellischen Kind-Ich:
Maier: »Wir sehen es mit großer Sorge, dass die Leute so viel Kaffee trinken und so wenig arbeiten.«
Karl: »Das ist doch dummer Quatsch. Die Leute arbeiten genug!«
Maier: »Wir haben hier eindeutige Daten, die belegen, dass es nicht so ist, dass es nicht aus-reicht«
Karl: »Was sollen das denn für Daten sein? Wo haben Sie die denn her. Aus ihrem Kaffeesatz. Unsinn. Interessiert nicht.«
Maier: »Die haben wir erheben lassen. Jetzt seien Sie doch mal vernünftig und sehen sich das an. Die Zahlen sind wichtig.«"
Karl: »Ich bin nicht unvernünftig. Und auch nicht dumm. Falls Sie das meinen. Sie haben nur keine Ahnung davon, wie es wirklich ist.«
Maier: »In diesem Ton reden Sie nicht mit mir. Das Kaffeetrinken kosten die Firma Unsummen an Geld.«
Karl: »Ja, so wie Ihre dauernden Meetings ohne Ergebnis. Ihre dicken Autos und die viel zu vielen Führungskräfte. Kostet alles auch sehr viel Geld.«
Maier: »Sie haben doch keine Ahnung. Das ist alles notwendig, um die Firma gut zu leiten.«
Karl: »So wie die dauernden Dienstreisen der Chefs. Keine Ahnung, was da alles an den Abenden passiert. Auf Kosten der Firma. Man hört ja einiges.«
Maier: »So, was soll man denn da hören. Sie verzapfen wohl auch den ganzen Tag über einiges an Unsinn?«
Karl: »Ich weiß, wie es läuft. Sie kennen anscheinend ihren eigenen Laden nicht.«
Maier: »Es reicht, so lasse ich nicht mit mir reden.«
Karl. »Dann kündigen Sie doch.«

Abb. 25: Parallele Transaktionen

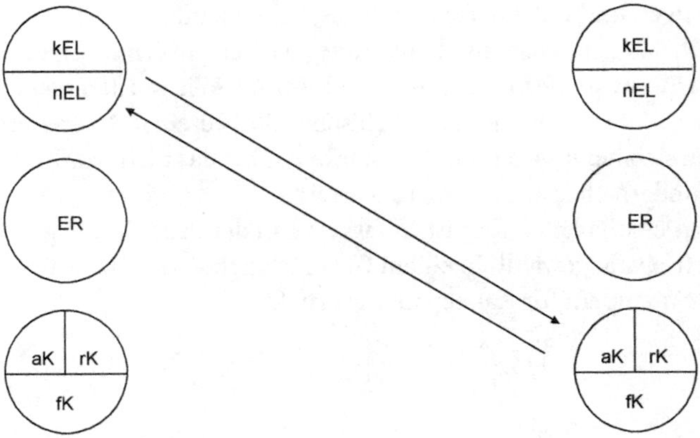

Wir können hier sehen, wie sich beide in ihren jeweiligen Ich-Zuständen festsetzen oder auch vom anderen festsetzen lassen. Auch dieser Dialog kann über lange Zeit so weiter gehen. Wenn sich beide zum nächsten Gespräch treffen und sich nichts ändert, werden auch die weiteren Gespräche ähnlich verlaufen. Notwendig, um in einen konstruktiven Modus zurück zu kommen, wäre hier wiederum das Kreuzen einer der beiden in das Erwachsenen-Ich, wie z. B. durch das Stellen einer Frage oder das vernünftige und sachliche Vortragen der Argumente, und nicht durch abwertende Behauptungen.

Beispiel für eine konstruktive Wendung des Gesprächs mit einem Kreuzen in das Erwachsenen-Ich:
Maier: »Wir sehen es mit großer Sorge, dass die Leute so viel Kaffee trinken und so wenig arbeiten.«
Karl: »Das ist doch dummer Quatsch. Die Leute arbeiten genug!«
Maier: »Wir haben hier eindeutige Daten, die belegen, dass durch Pausen einiges an Produktivität verloren geht.«
Karl: »Was sollen das denn für Daten sein? Wo haben Sie die denn her. Aus Ihrem Kaffeesatz. Unsinn. Interessiert nicht.«
Maier: »Nein. Wir haben diese Daten erhoben und auch darauf geachtet, dass sie aussagekräftig sind. Wir möchten unsere Mitarbeiter nicht stigmatisieren oder beleidigen. Aber das Thema treibt uns um. Wir wissen nicht, wie sich das entwickeln wird. Und Sie kennen unseren Umsatz und auch den unseres direkten Konkurrenten. Deswegen machen wir uns Sorgen.«
Karl: »Es ist ja nicht gesagt, dass beim Kaffeetrinken nicht über die Arbeit gesprochen wird. Ich glaube, Sie sehen das hier zu negativ.«
Maier: »Das ist schon möglich, dass Sie über die Arbeit reden, wissen tun wir das allerdings nicht.«
Karl: »Ein wichtiges Kriterium ist doch, dass die Arbeit, so wie geplant, erledigt wird. Geschieht das nicht, ist das der Job ihrer Führungskräfte, die Kollegen darauf hinzuweisen.«
Maier: »Das ist richtig. Aber Sie wissen auch, dass unsere Führungskräfte völlig unterschiedlich sind.«
Karl: »Genau, das wissen wir. Hier aber sehen wir wiederum den Ball bei Ihnen. Es ist Ihre Aufgabe, die Führungskräfte zu unterweisen und zu schulen. Wir möchten nicht, dass hier ständig schlecht über die Kollegen gesprochen wird, nur weil Ihre Führung nicht richtig funktioniert.«
Maier: »Nicht funktioniert stimmt ja so nicht. Wir möchten, wie gesagt auch nicht die Kollegen diskreditieren, aber es werden schon viele Pausen gemacht.«
Karl: »Die Arbeit ist ja auch nicht ganz leicht. Es gibt auch immer Leute, die voll durchziehen und viel tun und es gibt die Leute, die es langsamer angehen lassen müssen. Wir können nicht dauernd alle über einen Kamm

scheren. Es muss der Job der jeweiligen Gruppenleitung sein, die Leute individuell anzusprechen und nicht für teures Geld Umfragen durchzuführen und Misstrauen zu fördern. Manchmal hilft das offene und ehrliche Gespräch. Die Leute sind ja auch nicht dumm.«

Abb. 26: Gekreuzte Transaktionen in das Erwachsenen-Ich

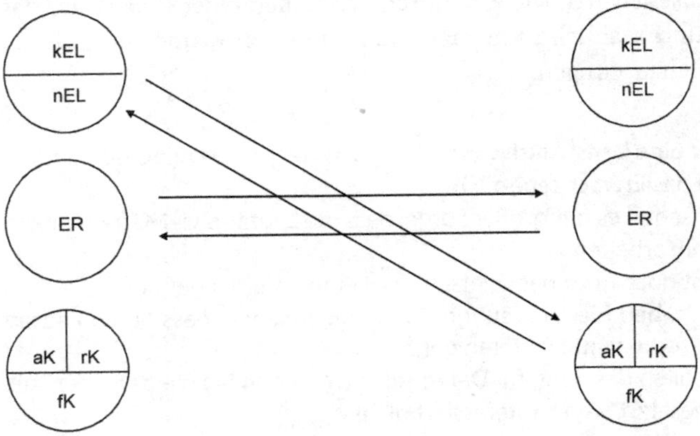

Wir können an diesem Beispiel sehen, dass im Wesentlichen vom kritischen Eltern-Ich und rebellischem Kind in das beiderseitige Erwachsenen-Ich gekreuzt wurde. Auch wenn einige Aussagen, je nach Ton, denn der Ton macht die Musik, auch aus anderen Ich-Zuständen verstanden werden könnten. Beide geben sich im Beispieldialog jedoch Mühe, das Erwachsenen-Ich zu halten und zu einem annehmbaren Ergebnis des Gespräches zu kommen. Das auf der menschlichen Ebene vernünftige, sach- und zielorientierte Gespräch ist das zentrale Anliegen in der konstruktiven Verwendung der Transaktionsanalyse. Natürlich können auch zielführende Dialoge aus den anderen Ich-Zuständen geführt werden, dies hängt in hohem Maße von der jeweiligen Sprachkultur einer Organisation ab oder der eines Teams oder Gremiums. Von daher ist die TA ein Tool, nicht-erwünschte Kommuni-kation zu analysieren und andere Muster der Kommunikation dagegen zu setzen.

Verdeckte Transaktionen

Eine Art der Kommunikation, die bereits erwähnt wurde, aber noch nicht erklärt, ist die verdeckte Transaktion. Auf diese gehen wir im nun folgenden Abschnitt ein.

Abb. 27: Verdeckte Transaktionen

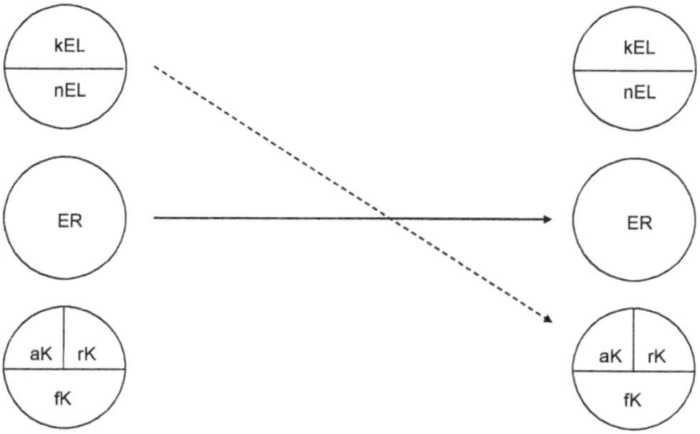

Bei der verdeckten Kommunikation wird auf der inhaltlichen Ebene etwas anderes ausgesagt, als es auf der Beziehungsebene gesendet wird und auch empfangen werden soll. Meistens wird dies unterstützt durch einen besonderen Gesichtsausdruck, der dem Gegenüber signalisiert, dass die Botschaft doppeldeutig ist oder doppeldeutig verstanden werden kann.

Beispiele für verdeckte Transaktionen:

- Jemand gibt eine Rückmeldung zu einer Veranstaltung und rollt bei der Aussage mit den Augen und zieht die Augenbrauen hoch. »Das war aber ein interessanter Workshop. Hoffentlich erinnern wir uns noch lange an die Ergebnisse.«
- Ein Kollege aus dem Gremium spricht zum Vorsitzenden des Gremiums. Die Aussage wird begleitet mit einem melodiösen Ton in der Stimme und leichtem Kopfwackeln. »Du bist ja gut Freund mit dem Geschäftsführer. Ihr werdet euch sicher schnell einig bei der nächsten Verhandlung.«
- Der Vorsitzende auf der Betriebsversammlung zur Geschäftsleitung mit ironischem Unterton: »Niemand, der bei klarem Verstand ist, würde diese Strategie wählen. Niemand mit Kompetenz, würde diesen Weg gehen. Wir bewundern alle Ihre Weitsicht.«

Es wird also etwas anderes gemeint als es gesagt wird. Verdeckte Botschaften sind auf der einen Seite eine mögliche Form der hohen Kunst der Diplomatie, auf der anderen Seite sind sie gefährlich, denn es ist nicht klar, wie genau die damit verbundene Botschaft aufgefasst wird und wie damit umgegangen wird.

Verdeckte Transaktionen können zu Missverständnissen führen, können als Angriff verstanden werden oder auch gar nicht verstanden werden. Als Botschaft, mit der man Kritik oder Rückmeldung senden möchte, die einem wirklich wichtig ist, eigenen sich verdeckte Transaktionen nicht. Hier wäre es besser, offen und direkt, klar und eindeutig Rückmeldung zu geben, als zu hoffen, die verdeckte Form der Kommunikation wäre schonungsvoller oder angenehmer für andere.
Sollte man selbst in einem Gespräch verdeckte Botschaften erhalten, deren eigentlicher Inhalt einem unklar scheint, sollte man nachfragen, damit der Inhalt klar wird. Manche Menschen haben gelernt mit verdeckten, doppelbödigen Kommunikationen gut durchs Leben zu kommen. In Organisationen, wo es um eindeutige Themen, Ziele, Strategien und Ergebnisse geht, können verdeckte Kommunikationen zu unnötigen Missverständnissen führen. Die Botschaft, die oft ankommt, ist Abwertung. Viele Führungskräfte bedienen sich dieser *Technik,* ohne dabei zu erkennen, dass sie dabei Schritt für Schritt den Kontakt zu ihren Mitarbeitenden verlieren können.

Beispiele für Reaktionen auf verdeckte Transaktionen:
- »Können Sie bitte klar und deutlich sprechen, ich vertrage die Wahrheit.«
- »Was genau meinen Sie mit dieser Aussage, wie soll ich das verstehen?«
- »Entschuldigen Sie bitte, ich habe nicht studiert, können Sie so sprechen, dass ich Sie zu hundert Prozent verstehen kann.«
- »Ich merke gerade, dass Sie etwas anderes sagen, als Sie meinen. Ich kann mich täuschen. Habe ich recht damit und wie können wir klar und deutlich miteinander reden?«

d. Die konstruktiven Ich-Zustände

Keiner der Ich-Zustände ist in sich gut oder schlecht, richtig oder falsch. Es ist stets das Zusammenwirken der Ich-Zustände zwischen zwei oder mehreren Personen in ihrer Kommunikation. So kann eine Kommunikation z. B. schwierig werden, wenn jemand aus seinem kritischen Eltern-Ich mit jemanden spricht und diese Person in ihrem angepassten Kind-Ich anspricht. So als wäre die andere Person ein Kind. Die Reaktion könnte dann auch prompt sein: »Sprich nicht mit mir, als wäre ich ein Kind!« Sollte diese Ich-Zustandskombination sich nach dieser Intervention nicht ändern, ist mit hoher Wahrscheinlichkeit davon auszugehen, das die weitere Kommunikation zwischen diesen beiden schwierig wird. Es gibt jedoch von den sechs verschiedenen Ich-Zuständen drei, die am ehesten dazu geeignet sind, eine Kommunikation in konstruktive Bahnen lenken zu können. Es handelt sich um die folgenden drei:

Nährend-führsorgliches Eltern-Ich
Weil es Schutz und Sicherheit geben kann. Der anderen Person und sich selbst. Weil es eher konstruktiv und weniger destruktiv ist. Weil es sich selbst und andere stärkt und nicht abwertet. Und weil es Zuversicht und Unterstützung ausstrahlt und weniger Pessimismus.

Das Erwachsenen-Ich
Weil es den vernünftigen Austausch ermöglicht, in der Sache klar und möglicherweise hart, aber zur anderen Person hin ohne beleidigende Abwertung oder Überhöhung. Weil an Lösungen interessiert ist, nicht an Zerstörung der anderen Person und weil es so weit wie möglich negative Beeinträchtigungen durch zu starke Emotionen begrenzt.

Das freie Kind-Ich
Weil es spontan, kreativ, lustig und locker sein kann. Wir fühlen uns wohl mit Menschen, die begeisterungsfähig sind und Humor haben und die über sich selbst lachen können. Gemeinsam Lachen hat noch immer ernste Situationen konstruktiv aufbrechen können.

Ein Beispiel für eine reale Teamsituation, in der gemeinsames Lachen Wunder bewirkt hat:
Ein Projektteam hat sich in der Diskussion um neue Produkte völlig verhakt. Es ging nicht mehr vor und nicht mehr zurück. Jede Fachrichtung wollte die eigenen Konzepte durchsetzen und die eigenen guten Ideen nicht aufgeben. Die Stimmung wurde zunehmend gereizt. Die gesamte Sitzung war sehr anstrengend und führte zu keinen nennenswerten Ergebnissen. Die Stimmung war kurz vor der Eskalation.
Die Sitzung fand in einem Raum im Erdgeschoss des Bürogebäudes statt, mit großen Glasfronten von der Decke bis zum Boden. Es öffnete der Betriebskindergarten, der in einem Seitenflügel, nur um die Ecke des Sitzungsraums untergebracht war, seine Tür nach außen und die Kinder kamen lachend und schreiend raus. Einige kamen zu den Scheiben des Sitzungsraums, um zu sehen, was denn da Buntes an der Wand leuchtete (die Präsentation). Einige der Kinder drückten ihre Nasen fest an die Scheibe, andere patschten mit ihren Händchen an das Glas, was natürlich Abdrücke hinterließ. Wieder andere machten Mätzchen, Grimassen und ähnliches. Natürlich wurde das alles von den Sitzungsteilnehmern gesehen. Es wurde gemeinsam darüber gelacht. Einige erzählten spontan von ihren eigenen Kindern zu Hause und den lustigen Dingen, die dort passieren. Die Stimmung wurde auf einmal

eine ganz andere, lockerer und unverkrampfter. Das Treffen konnte wesentlich entspannter und konstruktiver weitergeführt und auch zu Ende gebracht werden. Alle hatten ihr freies Kind-Ich aktiviert, was dazu geführt hat, die vorher diskutierten Inhalte nicht mehr nur mit absolutem Ernst zu betrachten. Die kritischen Eltern konnten relativiert werden, die Erwachsenen nach vorne gebracht und in der Mischung mit den freien Kindern der gemeinsame Spaß und die Kreativität hin zu gemeinsamen Lösungen bestärkt werden.

Man kann grundsätzlich also von allen Ich-Zuständen in alle Ich-Zustände kommunizieren, parallel und gekreuzt, von Konstruktivität zu Nicht-Konstruktivität und umgekehrt. Von Eric Berne stammt der Satz, dass eine Kommunikation dann schwierig wird, wenn ich eine andere Person in einem Ich-Zustand anspreche, in dem diese sich nicht befindet. Es kann also Sinn machen, mit Menschen, die sich viel im angepassten Kind befinden, zu reden wie mit einem Kind, wenn sie dies verstehen und auch annehmen. Es wird allerdings schwierig, wenn ich mit jemandem rede, so wie sich diese Person selbst nicht sieht. Die innere Reaktion erfolgt sofort. Wir haben dies beim Blick ins limbische System gesehen. Unser Inneres reagiert unmittelbar und unwillkürlich auf kommunikative Abwertungen oder Angriffe und die weitere Kommunikation ist stark beeinträchtigt durch einen entstehenden Kampf zwischen Angriff und Abwehr, Abwertung und Gegenreaktion, alles stark unter emotionaler Beeinträchtigung. Beide Gesprächspartner verlassen die Ebene der Vernunft und begeben sich in einen Kampf, bei dem es im Grunde nur noch ums Gewinnen auf beiden Seiten geht.

e. Das Ego-Gramm

Die Verteilung der eigenen Ich-Zustände läßt sich graphisch darstellen, mithilfe des sog. Ego-Gramms. Wir Menschen verfügen über eine grundlegende Verteilung von Energie auf mehrere Ich-Zuständen gleichzeitig, können uns jedoch in der Kommunikation auf wenige Ich-Zustände begrenzen. Normalerweise liegt eine gewisse Grundenergie bereit, je nach Stimmung, Situation und Thema, werden die Ich-Zustände mit mehr oder weniger Ausschlag, wie bei einer Amplitude, erhöht oder sie werden gesenkt. Eine Einschätzung zur Verteilung der Energie auf die Ich-Zustände kann durch Reflexion über die eigen Person erfolgen, durch Gespräche mit sehr vertrauten Menschen oder anhand von Fragebögen, die in einschlägigen Büchern zum Thema zu finden sind oder im Internet.[4] Wenn wir als Ausgangsbasis unserer Selbstreflexion unser Ego-Gramm nehmen, so wie wir uns in den allermeisten normalen Arbeitssituationen sehen, könnte sich z. B. ein Ego-Gramm ergeben, wie in der folgenden Abbildung.

Abb. 28: Beispiel-Ego-Gramm

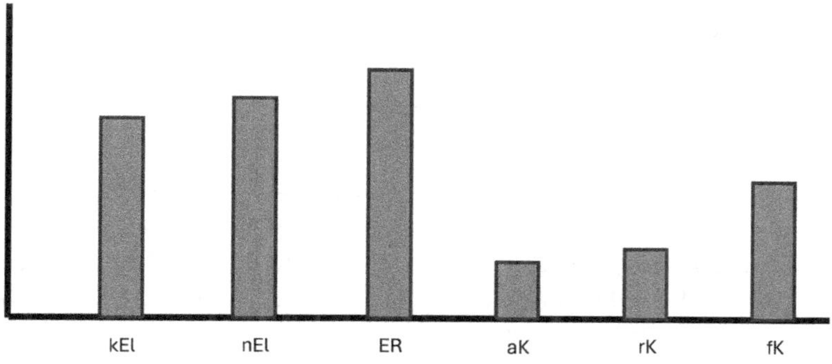

f. Ich-Zustände, die Konflikte schüren können

Die Verteilung kann natürlich rasch variieren, je nach Gesprächsinhalt, Person und Umstände eines Gespräches, das uns tagsüber unterkommen kann, obwohl wir eigentlich in so etwas wie in unserer Ruhe-Ich-Zustandsverteilung waren. Und das ist gleichzeitig eine weitere spannende Analysemöglichkeit, wenn wir z. B. in Streit mit einer anderen Person geraten. Hier spielt eine große Rolle, in welchen Ich-Zuständen wir die andere Person erleben und wie diese Ich-Zustände auf mich wirken. Im Streit mit einer anderen Person, vor allem wenn dieser mit starken Emotionen einhergeht, erleben wir die andere Person häufig mit einer starken Energie auf deren kritischem-Eltern-Ich und/oder starkem rebellischem Kind-Ich, wie in der Abbildung unten dargestellt.

4 Siehe dazu: *https://transaktionsanalyse.online/egogramm/.*

Abb. 29: Beispiel-Ego-Gramm in einem Streit mit einer anderen Person

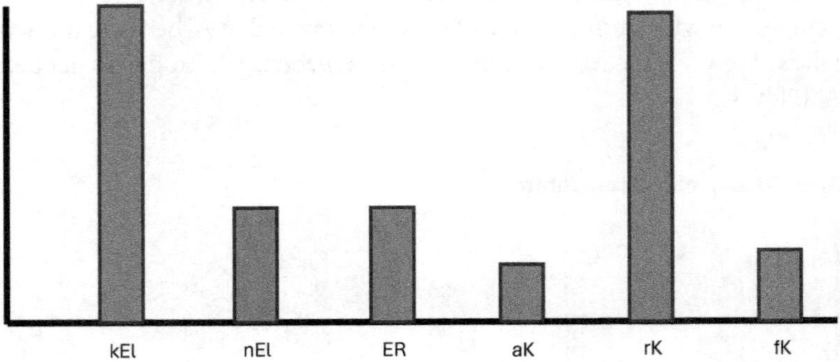

Beide Streithähne können sich nun im weiteren Dialog gegenseitig in ihren kEL oder rK verstärken und sozusagen gegenseitig in diese Ich-Zustände einladen. Bei beiden Ego-Grammen gehen diese Ich-Zustände nach oben, alle anderen werden möglicherweise gesenkt. Meistens auch das Erwachsenen-Ich. Je intensiver und hitziger der Dialog nun wird, um so eher wird es nicht mehr um den eigentlichen Inhalt des Dialoges gehen, sondern es rückt mehr und mehr der Streit selbst in den Fokus mit dem tiefen Drang, diesen Streit zu gewinnen, jedoch in der Regel auf beiden Seiten. In diesem zunehmend hochemotionalen Dialog werden dann Argumente gebracht, die mit dem ursprünglichen Inhalt des Gesprächs immer weniger zu tun haben, sondern es kommt zu Vorwürfen, Umdefinitionen von Argumenten und mitunter zu höchst kreativen Neuerfindungen von Argumenten, die man in einem ruhigen Zustand vielleicht nicht gesagt hätte oder die einem im Nachhinein möglicherweise auch leidtun.

Die Kunst kann also die sein zu lernen, wie man in hitzigen Situationen wieder in sein Erwachsenen-Ich zurück kommen kann, oder es generell aktivieren kann, um konstruktiv am eigentlichen Thema weiter arbeiten zu können. Hiermit soll ausdrücklich nicht gemeint sein, dass hitziger Streit nicht auch geschehen darf, alles soll erlaubt sein. Die Frage ist, wie bereits öfter erwähnt, ob die Auseinandersetzung am Ende funktional oder aber dauerhaft dysfunktional ist. Sollte man sich für den Wiedereinstieg in sein Erwachsenen-Ich entscheiden, gibt es einige erprobte Methoden, wie dies geschehen kann.

g. Wege ins Erwachsenen-Ich

Das Erwachsenen-Ich gehört zu den konstruktiven Ich-Zuständen. Mit ihm kann man die eher emotional beeinflussten Ich-Zustände reflektieren und verändern. In ihm denkt und kommuniziert man sachlich, eher rational und am Thema und Ergebnissen interessiert als an etwaigen psychologischen Spielen. Das Erwachsenen-Ich gilt deswegen, zusammen mit den beiden anderen konstruktiven Ich-Zuständen (nährend-fürsorgliches Eltern-Ich und das freie Kind-Ich) als am besten geeignet im geschäftlichen bzw. beruflichen Zusammenhang. Das Erwachsenen-Ich ermöglicht *Ich bin ok – Du bist ok – Interaktionen*, verbunden mit der entsprechenden inneren Haltung dazu.
Im Sinne einer Selbststeuerung oder bewussten Impulskontrolle ist es möglich, auch in angespannten oder konflikthaften Situationen aus den ungünstigeren Ich-Zuständen in das Erwachsenen-Ich einlenken zu können. Hierzu gibt es verschiedenen Möglichkeiten und Tricks, die mentale, kommunikative und körperliche Reaktionen beinhalten.

Hinweise für Wege ins Erwachsenen-Ich in akuten Adrenalin-Situationen:

- Versuchen, sich selbst in der Situation zu beobachten: »Was mache ich hier gerade?« »Was sage ich hier gerade?« »Ist es das, was ich möchte?«
- Durch tiefes Durchatmen Sauerstoff in den Körper strömen lassen, das beruhigt Körper und Geist.
- Sich bewegen, körperlich abreagieren. Eine Runde um den Block laufen oder durch die Hallen des Betriebes. Bewegung baut Adrenalin ab und hilft so, sich zu beruhigen.
- Sich ablenken. Ein anderes Thema aufgreifen. Das strittige Thema vertagen. Mit anderen Leuten über ein anderes Thema sprechen.
- Das Gespräch abbrechen und (später) eine Vereinbarung treffen, wann mit ruhigem Gemüt wieder neu angesetzt werden kann.
- In den Modus des Fragestellens wechseln. Wer fragt führt! Wichtig dabei ist die Haltung, die Anliegen der anderen Person verstehen zu wollen. Deswegen sollten Informationen produzierende Fragen gestellt werden, keine rhetorischen Fragen, die eine Antwort schon mehr oder weniger vorgeben.
- Das Gespräch über das Gespräch. Mit der anderen Person in die Reflexion gehen, ob die Fortführung des Gesprächs auf diese Art weiterhin Sinn ergibt. Eine Vereinbarung darüber treffen, in welchem Modus das Gespräch fortgeführt werden kann.

h. Die WWW-Technik

Dieses Tool zählt zu den Klassikern der Kommunikationstools. Die Grundlage dieses Tools stammt von Marshall B. Rosenberg[5] mit seinem Konzept der gewaltfreien Kommunikation. Gewaltfrei bedeutet in diesem Sinne, das mit Hilfe dieses Tools die Möglichkeit besteht, eine ernste und klare inhaltliche Rückmeldung an jemanden zu geben, oder ein schwieriges sonstiges Thema mit jemandem anzusprechen, dabei aber verhindert wird, dass man mit »Du-Botschaften« Menschen angreift, klein macht oder in Amygdala-Reaktionen bringt. Wenn Menschen sich angegriffen fühlen, hören sie nicht mehr richtig zu und gehen mental in den Gegenangriff, die Verteidigung oder Flucht.
Das Tool verwendet Formulierungen aus der Ich-Perspektive der Person, die das schwierige Anliegen vorbringen möchte. Dabei verwendet sie die berühmten *Ich-Botschaften*, wobei natürlich auch das Wort *Du* irgendwann verwendet werden muss. Wichtiger als dogmatisch an Ich-Formulierungen festzuhalten, ist hier die Perspektive, nämlich die eigene Sichteise, die eigene Wahrnehmung, das eigene Erleben zu schildern. Zweitens warum es wichtig ist, das Thema anzusprechen und drittens, was der Wunsch wäre, die Bitte, der Vorschlag oder was verlangt wird für eine weitere Zusammenarbeit in der Zukunft. Mit diesen Schritten kann das Tool eine enorme Kraft entwickeln, denn die ehrlich formulierte eigene Wahrnehmung, ohne offenen oder heimlichen Angriff, bringt eine andere Person am ehesten dazu, zuhören zu können. Angriffe bringen zuhörende dazu, sich innerlich bereits auf die Gegenargumentation vorzubereiten und deshalb nicht wirklich zuzuhören und die Inhalte, die mitgeteilt werden sollen, auch wirklich aufzunehmen.
Wichtig ist dennoch, dass das Tool nicht als Einbahnstraße genutzt wird, denn auch die andere Person, mit der ich ein schwieriges Thema besprechen möchte, hat ihre Sichtweise und Wahrnehmung zu einer gemeinsam erlebten Situation. Hier kann ich dann, nachdem ich meine Themen angesprochen habe, die andere Person entweder durch Fragen dazu bringen, ihre Sichtweise darzustellen oder, falls sie das Tool kennt, es nun ihrerseits anzuwenden und ihre Themen und Interessen zu formulieren.
Das Tool kann innerhalb eines Gespräches eingesetzt werden, wenn es passt, das heiße Thema anzusprechen. Üblicherweise beginnt ein solches Gespräch mit einer Einladung oder Bitte zu diesem Gespräch, mit einem kurzen Hinweis um was es geht, ohne aber schon ins Thema einzusteigen und der Festlegung von Zeit und Ort. Mit der Tür ins Haus fallen sollte

5 Vgl. Rosenberg, M. B., 2016.

man bei wichtigen und ernsten Themen vermeiden, denn es kann sein, das ein Überrumpeln des anderen vorschnelle Einigungen erzeugt, die später aber nicht umgesetzt oder gelebt werden.
Das Tool trägt die Bezeichnung WWW-Technik, damit man es sich gut merken kann. Die drei W stehen dabei für die Formulierungshilfe des jeweiligen der drei Stufen des Tools. Natürlich müssen die Begriffe nicht eins zu eins verwendet werden, wichtig ist die Grundrichtung. In jedem Falle sollte die auch sonst verwendete Sprache, was Wortwahl und Begrifflichkeiten angeht, verwendet werden. Sonst wirkt das Tool unecht und wirkt deswegen irritierend und es entsteht deswegen möglicherweise eine neue Störung.

Abb. 30: Die WWW-Technik

Wahrnehmung,
steht auch für: meine Beobachtung, meine Zahlen-Daten-Fakten, was mir aufgefallen ist, was für mich offensichtlich ist…

»Ich habe beobachtet, dass …«
»Mir ist aufgefallen, dass …«
»Ich habe folgendes gesehen, gehört…«

Wirkung,
steht auch für: Auswirkung auf mich, Konsequenzen für mich und uns, die Bedeutung, warum ich es anspreche, warum es mir wichtig ist…

»Für mich bedeutet das, dass …«
»Die Konsequenz für uns wäre…«
»Wenn wir hier nicht aufpassen, wird wahrscheinlich…«
»Wenn wir das nicht ändern, wird…«

Wunsch,
steht auch für: Bitte, Vorschlag, Aufforderung, was ich möchte, was ich vereinbaren möchte

»Deshalb möchte ich dich bitten…«
»Von daher verlange ich von dir…«
»Ich möchte deshalb vorschlagen, ob…«

Der Ausstieg aus dem Gespräch wiederum sollte mit einer klaren Vereinbarung enden. Nicht nach dem Motto: »Schön, dass wir gesprochen haben!«, sondern eine ganz klar formulierte und von beiden akzeptierte Vereinbarung, die nachgehalten und in einem angemessenen Zeitraum nochmal überprüft werden kann. Möglich also, dass es nach der beiderseitigen Formulierung der Wünsche zu einer Verhandlung kommen kann, bei denen einzelne Element der WWW-Technik weiter verwendet werden können. Die Kunst ist also die, in der grundlegenden Ich-Perspektive zu bleiben und eine gemeinsame Lösung zu finden.

i. Formen des Zuhörens

Genauso, wie wir jeden Tag kommunizieren und doch so oft aneinander vorbeireden, hören wir anderen Menschen jeden Tag zu und doch wieder nicht richtig. Zuhören ist eine ebenso schwierige Kommuni-kationstechnik wie das konstruktive Ansprechen schwieriger Themen oder das Geben von Feedback und kann ebenso trainiert werden.

Nur wer gehört wird, hört zu!

Zuhören ist nicht gleich Zuhören. Wir kennen alle das Phänomen, dass wenn wir jemand anderem zuhören, wir in Gedanken schon bei der Suche nach den nächsten Argumenten sind. Wird ein Gespräch hitzig, geht es gar nicht mehr wirklich ums Zuhören, sondern eigentlich nur um den Schlagabtausch von Argumenten und sogar nur noch ums Gewinnen der Auseinandersetzung. Jedoch wollen das beide Seiten. Ein konstruktiver Dialog enthält die Möglichkeit ausreden zu können und er besteht aus der aktiv angewandten Technik des Zuhörens. Otto Scharmer[6] beschreibt vier Ebenen des Zuhörens, die hier gesondert für den Gebrauch im BR-Gremium betrachtet werden.

Die **erste Ebene des Zuhörens** nennt Scharmer das downloaden, das bloße herunterladen von ausgesuchten Informationen. Man könnte auch sagen, das selektive Zuhören. Es wird lediglich das gehört, was ich kenne, mit dem ich etwas anfangen kann, was meinen Vorstellungen entspricht, meinem Bild der Welt und was zu meinen Gedanken und Argumenten passt, die ich im Gespräch verwenden möchte und zu denen ich etwas zurückgeben möchte. Der große Nachteil dieser Ebene ist, dass neue Ideen und Argumente nicht aufgenommen werden. Diese werden überhört, weil es anstrengend ist, komplizierte neue Inhalte aufzunehmen.

Die **zweite Ebene des Zuhörens** ist das bewusste Hören von Fakten und Informationen des Gegenübers. Man interessiert sich auf der Sachebene für neue Informationen und ist bereit, neue Informationen aufzunehmen und sie sogar zu verarbeiten. Diese Ebene impliziert Zuhören im Sinne von Dazulernen, ebenso interessierte Nachfragen zu stellen. Auf sach-

6 Scharmer, O., C., Essentials der Theorie U. Grundprinzipien und Anwendungen, Heidelberg 2019, S. 9.

licher Ebene entsteht ein möglicherweise spannender und interessanter Dialog, der zu neuen Einsichten führen kann.
Die **dritte Ebene des Zuhörens** bezieht die Gefühlswelt des anderen mit ein und wird deswegen auch das empathische Zuhören genannt. Empathie bedeutet Mitfühlen, nicht Mit-Leiden. Man hört sozusagen mit den Ohren und dem Herzen und kann nachvollziehen, wie es der anderen Person im Moment des Gesprächs und zu den Inhalten, die sie berichtet, geht. Die zuhörende Person bleibt dabei selbst in der Lage, ohne sich überwältigen zu lassen, mit eigenen Gedanken, Fragen oder Vorschlägen zu reagieren. Dies ist eine wichtige Kompetenz bei Beratungsgesprächen mit Kollegen und Kolleginnen, bei denen es um schwierige Themen geht, wie z. B. der Umgang mit Sucht, Mobbing oder Konflikte mit anderen Personen u. ä.
Die **vierte Ebene des Zuhörens** ist die unvoreingenommene Verbindung der inhaltlichen Ebene mit der Ebene der Empathie, aber konkretem Bezug auf die Gestaltung der Zukunft. Man ist vollkommen offen und frei in der kreativen Einsichts-Dialog, bestehend aus Reden, Ausredenlassen und intensivem Zuhören, ohne gedankliche Ein-schränkungen. Man entwickelt gemeinsam neue Ideen oder Ansätze für Themen für die Zukunft, regt sich gegenseitig bei der Ideenfindung an und einigt sich gemeinsam auf machbare Möglichkeiten der späteren Umsetzung. Diese Form des Zuhörens ist die aufwendigste und ergibt nicht bei allen Themen Sinn. Wenn es aber darum geht, gemeinsam zu *spinnen* oder zu *träumen*, um daraus etwas Neues und Gutes entstehen zu lassen, ist diese Form des Zuhörens beiderseitig angebracht.

Praxistipp zu den Ebenen des Zuhörens:
Es ist natürlich möglich, dass die Ebenen sich innerhalb eines Gespräches vermischen können. Es ist dabei nicht wichtig zu wissen, auf welcher Ebene man sich gerade befindet. Es kann aber von Vorteil sein zu entscheiden, bei welchem Thema und Dialog man welche Ebene bewusst wählen möchte. Dies kann als Kommunikationsregel für alle vereinbart werden und somit können neue Formen des Dialoges entstehen. Moderatoren von Klausuren oder Teamentwicklungen nutzen Instrumente, die diese unter-schiedlichen Ebenen des Zuhörens berücksichtigen.
Zudem kann es von Vorteil sein, einen Dialog zu analysieren, über den man der Meinung ist, aneinander vorbeigeredet zu haben. Warum hat man sich nicht verstanden? Lag es möglicherweise daran, dass auf unterschiedlichen Ebenen gesprochen wurde und die eine Seite von empathischem Zuhören ausgegangen ist, während die andere Seite lediglich auf der Ebene des einfachen Herunterladens selektiver Informationen war, weil ihr beispielsweise schon sehr schnell eine Lösungsidee für das angesprochene Problem in den

Kopf kam und deswegen gar nicht weiter den langen Ausführungen des Ratsuchenden folgen wollte oder konnte.

Der Sinn dieser Ausführungen über das Zuhören ist der, sich nochmal darüber bewusst zu werden, dass Zuhören eine aktive und bewusste Technik der Kommunikation ist, die beachtenswert ist und die auch trainiert werden kann. Wer kennt nicht das wunderbare Gefühl, z. B. bei einer kollegialen Fallberatung, dass Kollegen sich bewusst die Zeit genommen haben,und bei der Schilderung der Probleme eines Kollegen einfach erstmal nur zugehört haben.

j. Die existenziellen Grundpositionen

Die Art, wie wir mit anderen Menschen kommunizieren, hängt zum einen von unserer inneren Einstellung zu ihnen ab, zum anderen aber auch von der tiefen inneren Einstellung zu uns selbst. Die tief in unserer Psyche eingeprägten Glaubenssätze von uns zu anderen sind die Plattform, von der aus die Ich-Zustände mit Energie ausgestattet werden und aus denen wir letztlich vermehrt kommunizieren. Die TA kennt vier sogenannte existentielle Grundpositionen,[7] die unserer Selbstbild ausmachen können und das Bild, das wir von anderen Menschen im Gesamten haben. Wie die Ich-Zustände auch kann durch persönliche Arbeit an den Grundpositionen gearbeitet werden. Unsere ureigene Grundposition kann also verändert werden. Dies bedarf allerdings etwas Energieaufwand, denn die Grundposition ist tief im Unterbewussten verankert. Nichtsdestotrotz ist eine Veränderung möglich, durch Reflexion der eigenen häufigen Gedanken, Aussagen und Taten, durch Überprüfung, ob dies für einen selbst und die Personen im unmittelbaren Umfeld in dieser Form passend ist, und dem Training oder dem Aktivieren alternativer für sich und andere angemessenere Denk- und Handlungsoptionen. Dies geschieht jedoch nicht nebenbei, sondern es braucht Zeit und Konzentration, Übung durch Wiederholung, sowie Gespräche zum Erhalt von Rückmeldung.

Die vier existenziellen Grundpositionen der TA

1. **Ich bin o.k. – Du bist o.k.**
   - weder Überlegenheits- noch Unterlegenheitsgefühle, unvoreingenommen
   - Fehler können analysiert und eingestanden werden, ohne sich oder andere dabei abzuwerten

7 Vgl. Persönlichkeitspole in Kapitel III. 5. h.

- Konflikte werden angesprochen und mit denen gelöst, mit denen sie existieren
- Kommunikation in konstruktiver Gewinner-Gewinner-Haltung
- Fähigkeit zu kreativer Kooperation
- gelassen und mutig
- trifft gerne Entscheidungen
- trifft klare Vereinbarungen

Typ: Sicher

2. **Ich bin o.k. – Du bist nicht o.k**
   - dominant, arrogant, aber auch andere abhängig machend
   - resultiert aus einem Gefühl von Macht und Überlegenheit, oft auf Grund eines im Grunde instabilen Selbstwertgefühls
   - Menschen mit dieser Auffassung reißen gerne Aufgaben an sich und deuten Misserfolge auf die Umstände
   - ärgert sich häufig
   - Abwertung und Misstrauen gegenüber der anderen Person

   Typ: Übersicher

3. **Ich bin nicht o.k. – Du bist o.k.**
   - Schuld auf sich nehmen
   - es besteht eine subjektive Überforderung
   - Selbstabwertungen
   - tendenziell depressive Grund-Position
   - respektiert die »Großen«, braucht sie, um klarzukommen
   - in Konflikten eher ausweichend oder vermeidend
   - blindes Vertrauen in den anderen
   - Entscheidungen fallen schwer

   Typ: Untersicher

4. **Ich bin nicht o.k. – Du bist nicht o.k.**
   - Gefühl der Ziel- und Sinnlosigkeit
   - Tendenz: Extrem passiv
   - Zynismus, alles abwertend, zerstörerisch, verzweifelt
   - intrigantes Denken und Verhalten
   - grundsätzliches Misstrauen, bei einem selbst und bei anderen
   - Lust- und Hoffnungslosigkeit
   - Ohnmachtsgefühl, Tendenz zur Flucht in Süchte
   - in Konflikten nicht zu Lösungen fähig, bleibt im Konflikt »stecken«

   Typ: Unsicher

2. Die Kommunikationsarchitektur des Gremiums

Alle Kommunikationsmöglichkeiten, die einem Gremium zur Verfügung stehen, tragen willkürlich und unwillkürlich zur Entwicklung des Gremiums bei. Dies kann in eine positive konstruktive Richtung gehen, aber auch in eine für das Gremium eher unvorteilhafte Richtung. Es hängt stark davon ab, welche Muster (funktional oder dysfunktional) sich in der Gruppe gebildet haben. Einem Gremium stehen dabei unterschiedliche Möglichkeiten zur Verfügung, mit denen es in konzentrierter Form die Inhalte der Arbeit besprechen kann. Zudem stehen Möglichkeiten zur Verfügung, bei denen das Gremium über sich selbst sprechen kann, also darüber, wie die Zusammenarbeit gestaltet werden kann und wie Störungen geklärt werden können.

Die Kommunikationsformen, die wir im Folgenden genauer betrachten werden, sind:

- Sitzungen
- Klausuren des Gremiums
- Teamevents oder soziale Events
- Einzelgespräche
- Gemeinsame Fortbildungen (inhouse)
- Arbeitsgruppen

Wir betrachten dabei die sozialpsychologische Seite dieser Formen, wie sie gestaltet werden können, wie sie genutzt werden können, um das Gremium weiterzuentwickeln, wie sie genutzt werden können, um die Mitglieder des Gremiums einzubinden und zu aktivieren und wie sie von den Vorsitzenden und Stellvertretungen genutzt werden können, im Sinne einer Gesamtplanung/-gestaltung des Gremiums. Wir verstehen die einzelnen Kommunikationsformen in einem Zusammenhang. Die einzelnen Elemente hängen miteinander zusammen und bilden eine größere komplexe und zielgerichtete Kommunikationsarchitektur.

Abb. 31: Kommunikationsarchitektur zur Entwicklung des Gremiums

Der Aufbau und die Entwicklung eines Gremiums ist ein Prozess, ein gemeinsamer Weg
- nicht nur eine konstituierende Sitzung

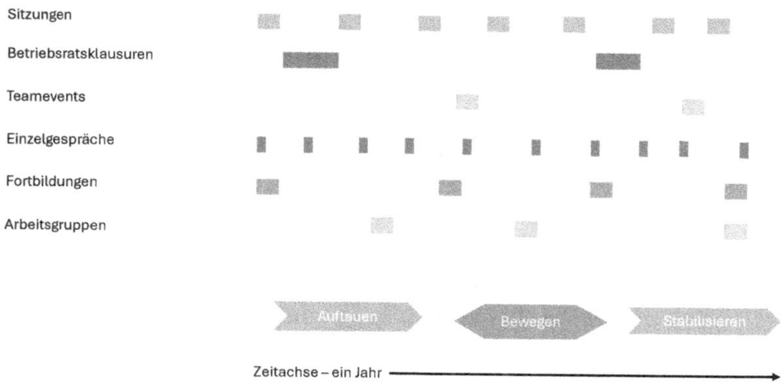

Wir sprechen in der Summe der Möglichkeiten der verschiedenen Kommunikationsformen von einer Kommunikationsarchitektur. Das ist eine Kombination verschiedener Kommunikationsmöglichkeiten, die in ihrem Zusammenwirken die Entwicklung des Gremiums gestalten. Alle einzelnen Ebenen tragen auf der sozialen Ebene dazu bei, dass sich die Mitglieder des Gremiums gut eingebunden fühlen können, oder aber ob sie bloß anwesend sein werden und sich nicht weiter einbringen. Für die Vorsitzenden und Stellvertretungen, die durch ihre leitende Rolle in der Lage sein können, das Gremium mit einer gewissen Übersicht und entsprechenden Methoden gestalten zu können, bedeutet dies, dass sie hier Verantwortung übernehmen, und eine positive Entwicklung bewusst und gezielt fördern können. Ungünstig wäre es, das Gremium sich selbst zu überlassen, indem der hauptsächliche Schwerpunkt der Zusammenarbeit ausschließlich auf die Inhalte der Betriebsratssitzungen gelegt wird. Anders formuliert: Die psychologischen Aspekte schwingen dort, wo Menschen zusammenarbeiten, immer mit und müssen gestaltet werden, sonst gestalten sie sich selbst. Die Vorsitzenden und Stellvertretungen können dies zu Gunsten des Gremiums nutzen und dabei das Gremium von Beginn einer jeweiligen Wahlperiode an *auftauen*, d. h. sich bekannt machen, eine gute Beziehungsgrundlage gestalten, ein Onboarding neuer Kollegen forcieren, sowie Aufgaben verteilen. Das bedeutet, das Gremium kommt in *Bewegung*. Möglicherweise werden neue Aufgabenverteilungen vorgenommen, Tandems oder Arbeitsgruppen gebildet, Konflikte geklärt, Regeln für die Zusammenarbeit diskutiert oder sonstige aktuelle

Störungen der Zusammenarbeit gelöst. Danach geht es darum das Ganze zu *stabilisieren*, d. h. dafür zu sorgen, dass eine gewisse Einhaltung dessen, was bis dahin gemeinsam entwickelt wurde, beibehalten zu können. Die Stabilität wird erst wieder aufgebrochen und verändert, wenn es wirklich wieder notwendig geworden ist. Gruppen brauchen zur Entfaltung ihrer Möglichkeiten Phasen der Stabilität. Ständige Veränderungs- oder Optimierungsprozesse können Unsicherheit und Unproduktivität erzeugen. Es reicht also, wenn gerade zum Start einer Zusammenarbeit, Zeit zu deren Gestaltung investiert wird, die später durch reibungslose Kooperation häufig wieder zurückgewonnen wird.
Im Folgenden werden wir insbesondere auf die sozialen und psychologischen Aspekte der Elemente der Kommunikationsarchitektur eingehen, inhaltliche und rechtliche Aspekte spielen im Folgenden keine Rolle, diese wurden in Kapitel I betrachtet.

a. Sitzungen

Die routinemäßig stattfindenden Sitzungen sind der Knotenpunkt der Kommunikation im und des Gremiums. Neben dem, dass die Sitzung über eine Tagesordnung verfügt, werden Beschlüsse gefasst, protokolliert und umgesetzt. Es geht im Wesentlichen darum das Kerngeschäft des Gremiums zu betreiben. Gleiches gilt im Übrigen für die Sitzungen von Ausschüssen, die wir hier als gleichrangig, was die sozialen Themen angeht, betrachten. Auf der sozialpsychologischen Ebene sind dabei folgende Dinge zu beachten.

- Sind alle Mitglieder des Gremiums in der Lage, aufmerksam zuzuhören und folgen zu können?
- Sind alle Beteiligten in der Lage, Fragen stellen zu können, wenn sie etwas nicht verstanden haben?
- Wie gehen die anderen Mitglieder im Gremium mit »dummen« Fragen um?
- Welche Instrumente nutzen wir, um herauszufinden, ob alle Mitglieder sich gut beteiligen können?
- Welche gruppendynamischen oder beziehungstechnischen Störungen erleben wir?
- Welche Möglichkeiten nutzen wir, diese Störungen zu beheben?
- Wie gestalten wir die Moderation unserer Sitzungen?
- Erzeugt die Moderation durch verschiedene Fehler eher Unruhe und chaotische Diskussionen?
- Wie können wir dafür sorgen, dass unsere Moderation Rückmeldung erhält und sich verbessert?

- Welche Erwartungen haben wir an die Moderation und welche Erwartungen an die Sitzungsdisziplin aller Beteiligten?

Das Blitzlicht

Dies sind nur einige Fragen, über die am Ende von Sitzungen konkret gesprochen werden kann. Die sogenannte Blitzlichtrunde ist dazu ein erprobtes und von Spitzengremien angewandtes Tool. Es geht dabei nicht um Diskussionen, sondern darum, dass diejenigen, die Störungen erleben oder sich unwohl fühlen, in die Lage kommen, dies anbringen zu können. Welche Rückschlüsse die Vorsitzenden oder Stellvertretungen daraus ziehen, muss hier noch nicht besprochen werden. Eventuell kann zu Beginn der nächsten Sitzung mitgeteilt werden, was man an konstruktiver Weiterentwicklung aus der Blitzlichtrunde gezogen hat und was man (gemeinsam) umsetzen möchte. Die o. g. Fragen können auch schriftlich an das Gremium gegeben werden, mit der Bitte, sie unmittelbar nach einer Sitzung zu beantworten und zurückzugeben. Die Frage, ob anonym oder namentlich, stellt sich hierbei in Bezug auf die Kultur der Offenheit, des Gebens und Nehmens von Rückmeldung, die zu dieser Zeit im Gremium vorherrscht.

Regeln leben und einfordern

Es wurde bereits an anderer Stelle darauf hingewiesen, dass Regeln, sind sie einmal gemeinsam aufgestellt worden, auch eingehalten werden müssen. Ansonsten bilden sich neue, heimliche Regeln, die die festgelegten Regeln verdrängen. Aus diesem Grund haben die Vorsitzenden bzw. die Moderation die große Aufgabe, einen Verstoß gegen die Regeln unmittelbar anzusprechen. Das ist unangenehm, aber wichtig. Die Gruppe erwartet dies. Sie wird unsicher, wenn sie merkt, dass die Regeln zunehmend ungeschützt sind. Mit der Zeit entwickelt man auch zu diesem Punkt eine Routine und schließlich kann man dies möglicherweise auch auf einer gewissen humorvollen Art tun. Eine Souveränität der Leitung oder Moderation ist eine große Kraft und schafft Offenheit, Vertrauen und den Mut und die Bereitschaft, sich zu beteiligen.

Organisatorische Fragen: Pausen, Raum und Ausstattung

Menschen können sich zu einzelnen komplizierten Themen nicht sehr lange konzentrieren. Meistens beginnt eine Abnahme der Konzentrationsfähigkeit bereits nach 15 Minuten und lässt nach 45 Minuten stark nach. Für die Gestaltung von Sitzungen mit komplizierten Themen machen kleinere Pausen allein aus diesem Grund Sinn. Erfahrene Moderatoren merken an der aufkommenden Unruhe in der Gruppe, das Zeit

für eine Pause ist. Ein Wechsel zu einem anderen, möglicherweise etwas einfacherem Thema kann ebenso dafür sorgen, das die Konzentration der Gruppe wieder steigt.
Ist der Sitzungsraum von seiner Atmosphäre her geeignet für die Sitzungen des Gremiums oder der Ausschüsse? Können sich alle sehen? Können alle die Moderation verstehen oder sollte man dafür sorgen, in einen besseren und geeigneteren Raum ausweichen zu können? Gibt es die Möglichkeit ein Fenster zu öffnen, um Sauerstoff in den Raum lassen zu können? Wie sind die Lichtverhältnisse und gibt es die Möglichkeit der Nutzung funktionierender Kommunikationstechnik, wie z. B. Bildschirm, Beamer oder auch Flipchart oder Whiteboard?
Diese Aspekte sind wichtig, damit sich die Mitglieder eines Gremiums überhaupt wohlfühlen und einlassen können. Manchmal werden diese Themen aus Unachtsamkeit vernachlässigt. Manchmal erkennen die Mitglieder des Gremiums selbst nicht, was eigentlich die Störungen sind, die sie davon abhalten, sich nicht noch besser auf die Arbeit im Gremium einlassen zu können. Eine Kultur des gemeinsamen Lernens und des Gebens von Rückmeldungen zu all diesen Aspekten ist dabei ungemein hilfreich.

b. Klausuren

Betriebsratsgremien sind berechtigt, zur Planung und Organisation ihrer Arbeit Klausuren durchzuführen. Diese Klausuren sind Gelegenheiten, mit ausreichend Zeit und Konzentration grundlegende Themen besprechen und festlegen zu können, die eine Basis für die Arbeit des Gremiums im betrieblichen Alltag sein werden. Viele erfolgreiche Gremien nutzen diese Gelegenheit und nehmen sich ganz bewusst diese gemeinsame Auszeit.
Die Themen in Klausuren können dabei sehr unterschiedlich sein. Es gibt kein festes Rezept. Die Themen sollten je nach aktuellem Bedarf des Gremiums auf die Agenda gesetzt werden. Viele Gremien nutzen neben den inhaltlichen oder strategischen Themen der Mitbestimmung die Klausur auch um über die Arbeitsorganisation, die Kommunikation und über mögliche Unstimmigkeiten zu sprechen. Auch das ist möglich, denn letztlich hat auch der Arbeitgeber etwas davon, wenn das Betriebsratsgremium gut zusammenarbeitet.

Themen von Klausuren können sein:
- Arbeitsplanung für das kommende Jahr
- Diskussion und Strategie zu besonderen betrieblichen Themen
- Diskussion und Festlegung der Geschäftsordnung

- Öffentlichkeitsarbeit im Betrieb
- Bild des Gremiums im Betrieb
- Muster der Zusammenarbeit im Gremium
- Kompetenzen-Matrix aller Beteiligten
- Zusammenarbeit in und mit den Ausschüssen
- Aufgaben und Rollenverteilung im Gremium und den Ausschüssen
- Rückmeldung zur Zusammenarbeit
- Klärung aktueller Störungen der Zusammenarbeit
- Besprechung von Konflikten und über die Art und Weise, wie Konflikte gelöst werden
- Ziele und Meilensteine der nahen und mittelfristigen Zukunft
- Besprechung von gemeinsamen Regeln der Kommunikation
- Organisatorisches zur Arbeit des Gremiums
- Zusammenarbeit mit der Arbeitgeberseite
- Zukunft des Betriebes, Produkte, Marktentwicklung
- Kommunikationsformen mit der Belegschaft
- Vorbereitung und Planung von Betriebsversammlungen
- Diskussion mit dem Arbeitgeber über besondere betriebliche Themen
- Diskussion mit Vertretungen der Gewerkschaft über betriebliche Themen
- Strategie zur gewerkschaftlichen Mitgliedergewinnung
- Kurze Fortbildungseinheiten zu speziellen Themen, wie z. B. Umgang mit Konflikten, Überlastung, Mobbing im Betrieb, Umgang mit Stress usw.

Die Liste kann sicherlich noch durch viele Themen erweitert werden. Wichtig ist, dass sich das Gremium vor der Klausur darüber einigt, welches die aktuell wichtigsten Themen sind und was zu welchem Thema am Ende das Ergebnis sein, also was rauskommen, soll.

Je nach Themenlage empfiehlt sich die Einbindung einer externen Moderation. Bestimmte schwierige Themen, wie z. B. das Klären interner Konflikte, die Ansprache schwieriger Themen, wie z. B. individuelles Feedback bei Störungen, können ein Gremium, das in Eigenregie moderieren möchte, überfordern. Oft werden oder wurden diese Themen im betrieblichen Alltag nicht angesprochen, auch deswegen, weil das Ansprechen schwierig ist und man sich am Ende unsicher fühlte. Erfahrene Moderatoren verfügen über die notwendige Routine sowie Werkzeuge, solch schwierige Situationen im Gremium kompetent und zielgerichtet bearbeiten zu können. Erfahrene Moderatoren bleiben im Konfliktfall gelassen und helfen der Gruppe, um zu guten einvernehmlichen Lösungen zu kommen.

c. Einzelgespräche

Das Führen von Einzelgesprächen ist in den meisten Gremien nicht üblich, obwohl es eine ungemein wichtige Gelegenheit bietet, Themen besprechen zu können, die im gesamten Gremium aus vielerlei Gründen nicht angesprochen werden oder angesprochen werden können. Viele Mitglieder des Gremiums werden allein durch die konstituierende Sitzung nicht ausreichend für die Arbeit im Gremium motiviert oder abgeholt. Eigene Belange, Unsicherheiten oder Ängste, die mit der Arbeit im Gremium verbunden sind, werden in den BR-Sitzungen oft nicht geäußert. In Einzelgesprächen können sich Menschen besser öffnen und Themen preisgeben, die sie auf der größeren Bühne ungerne ansprechen. Im vertraulichen Gespräch mit dem Vorsitzenden des Gremiums können wichtige zwischenmenschliche Themen besprochen werden und es kann eine soziale Bindung hergestellt werden. Auch wenn Einzelgespräche zeitaufwendig sind, so ist immer wieder festzustellen, dass diese Zeitinvestition sich am Ende lohnt. Im und durch das Einzelgespräch kann vieles für die Zusammenarbeit im Gremium geklärt werden, was später in dieser Form nicht mehr notwendigerweise Thema sein muss. Ein weiterer sehr großer Vorteil des Einzelgespräches ist der, dass der Vorsitzende die Mitglieder des Gremiums viel besser kennen lernen kann. Reine BR-Sitzungen können das nicht leisten und auf der persönlichen Ebene bleibt doch vieles eher nebulös.

Themen von Einzelgesprächen können sein:

- Zuerst mal ein persönliches »Herzliches Willkommen!«
- Das Ausloten von Interessen, besonderen Fähigkeiten und Stärken, die in das Gremium eingebracht werden können.
- Eine erste Fortbildungsplanung.
- Fragen zur Arbeit des Gremiums und zur Mitbestimmung.
- Ideen zu den Aufgaben im Gremium oder in den Ausschüssen.
- Die Organisation der Zeit für die BR-Arbeit.
- Der Umgang mit Kommentaren oder Störungen seitens des Teams oder der Arbeitsgruppe in der Linie, wenn BR-Arbeitszeit ansteht.
- Rechte und Möglichkeiten über die Freistellung für die BR-Arbeit.
- Rechte und Pflichten als BR-Mitglied.
- Zusammenarbeit mit der Gewerkschaft.
- Kommunikation mit den Kollegen im Betrieb.
- Wichtige anstehende inhaltliche Themen des Betriebes.

Auch hier kann die Liste sicherlich noch ergänzt werden und nicht alle Themen müssen innerhalb eines Gespräches angesprochen werden. Un-

sere Erfahrungen aus den Seminaren zeigen eindeutig, dass je intensiver die Gelegenheit von Einzelgesprächen auch über das Arbeitsjahr verteilt genutzt wird, die insgesamte Zusammenarbeit effektiver, motivierter und geschlossener stattfindet.
Einzelgespräche können dabei in lockerer kollegialer Atmosphäre stattfinden. Die Vorsitzenden können dabei mit einer Haltung des Interesses und der Neugierde vorgehen. Sie können ihrerseits wiederum viele Fragen stellen und dabei auch Wünsche und Möglichkeiten der Kollegen herausfinden und zu ersten Vereinbarungen zur Zusammenarbeit im Gremium kommen.

d. Teamevents

Teamevents oder auch soziale Events genannt sind Veranstaltungen, die rein dem sozialen Kontakt der Mitglieder des Gremiums dienen. Es wird nicht gearbeitet, sondern es wird gemeinsam etwas unternommen, was auf einer lockeren Ebene ganz andere Möglichkeiten bietet, miteinander ins Gespräch zu kommen, sich besser kennen zu lernen und einfach Spaß miteinander zu haben. Menschen sind soziale Wesen und brauchen auch eine gewisse Sicherheit untereinander, was den einfachen Umgang miteinander angeht. Je besser der Kontakt auch auf der privaten Ebene, umso gefestigter können schwierige Themen diskutiert und bearbeitet werden und umso offener kann diskutiert und gearbeitet werden. Viele Gremium organisieren Teamevents mit einfachen Mitteln, wie z. B. ein gemeinsames Grillen in einer Grillhütte, wobei jeder etwas mitbringt und vor Ort geteilt wird. Es ist kein großer Aufwand und auch keine große finanzielle Belastung notwendig, um einmal im Jahr ein paar lockere, gemütliche und lustige Stunden miteinander zu verbringen.

e. Gemeinsame Fortbildungen

Die Grundlagenfortbildungen gehören zu den Pflichten der BR-Mitglieder. Weiterführende Fortbildungen bringen zusätzliches Wissen und vermitteln unabdingbare Zusatzkompetenzen. Wissen ist Macht. Dieser Satz ist auch im Zeitalter von KI und sozialen Netzwerken gültig, denn die Kompetenzen und der Austausch von Erfahrungen unter den Teilnehmenden von Seminaren ist nicht durch technische Mittel zu ersetzen. Gezielte Fortbildungen zu speziellen Themen bringen nicht nur einzelne Mitglieder voran, sondern zudem das gesamte Gremium. Eine bewusste Fortbildungsplanung ist dabei enorm hilfreich. Ebenso die Vor- und Nachbesprechung der Durchführung einer Fortbildung im Gremium. So kann besprochen werden, was genau die Erwartung an die neue Kompetenz des Kollegen ist, die nach der Fortbildung in die Arbeit des Gremiums eingebracht werden kann. Diejenigen, die auf Fortbildung gehen, bekommen somit nicht nur eine Art Auftrag und führen somit die Fortbildung sehr viel bewusster durch, sondern sie bekommen auch einen konkreten Raum, nach der Fortbildung, in den sie die neu erworbenen Kompetenzen einbringen können, in der Praxis testen und festigen können. Durch gezielte Fortbildungen kann somit die Rolle und Kompetenz Einzelner im Gremium gestärkt werden, was wiederum großen Einfluss auf die Motivation hat und auch die Außendarstellung gegenüber der Belegschaft verbessern kann. Letztlich ist die Zunahme an Kompetenz des Gremiums auch gegenüber dem Arbeitgeber wichtig, denn je eher fachlich auf Augenhöhe diskutiert wird, umso eher werden Themen und Interessen durchsetzbar. Viele Gremien und deren Mitglieder entwickeln auf Dauer die umfassenden Kompetenzen einer parallelen Geschäftsführung.

Fortbildungen können jedoch auch innerhalb eines Gremiums stattfinden. Es gibt die Möglichkeit externe Referenten in das Gremium einzuladen. Die Themen können dabei sehr unterschiedlich sein. Der große Vorteil hierbei ist der, dass das Gremium gemeinsam neues Wissen erlangt und auch gemeinsam anwenden oder umsetzen kann. Gerade bei Inhalten, wie z. B. die konstruktive Kommunikation, das Geben und Nehmen von Feedback, der konstruktive Umgang mit schwierigen Situationen oder Konflikten u. ä. hat ein gemeinsames Wissen zu Theorie und Anwendung große Vorteile für die gesamte Gruppe. Nebendem eigenen sich auch alle technischen, betriebswirtschaftlichen oder rechtlichen Themen für diese Form der Inhouse-Fortbildung.

f. Arbeitsgruppen

Der Begriff Arbeitsgruppe kann weit gefasst werden. Eine Arbeitsgruppe von Interessierten und Freiwilligen zu einem Thema kann außerhalb der ordentlichen BR-Sitzung ein spezielles Thema bearbeiten und dies für eine Präsentation, Diskussion und Abstimmung im Gremium vorbereiten. Dies kann dann sinnvoll sein, wenn das zu bearbeitende Thema den Rahmen der Sitzung sprengen würde oder das Thema mit zu vielen Beteiligten zu schwierig zu bearbeiten wäre. Arbeitsgruppen haben den weiteren Vorteil, dass sie in kleinerer Runde mehreren Leuten die Gelegenheit geben können, sich einzubringen und evtl. auch sich auszuprobieren, was auf der größeren Bühne der BR-Sitzung oft schwieriger ist.

Zusammenfassend lässt sich natürlich festhalten, dass die Kommunikationsarchitektur des Gremiums je nach Größe noch weitere Gesprächsebenen beinhalten kann. Je größer das Gremium, um so eher sollte darauf geachtet werden, dass mit guten und effektiven Kommunikationsformen eine zielführende und effiziente Kommunikation ermöglicht wird. Wie wir in Kapitel I gesehen haben, zählt zu den grundlegendsten Aufgaben der Führung und Leitung, neben dem Vorschlag der generellen Richtung und dem Mitnehmen der beteiligten Menschen, als drittes die Organisation der gemeinsamen Arbeit. Die Kommunikation und deren Organisation spielt dabei eine sehr wichtige und nicht zu unterschätzende Rolle. Gute Kommunikation braucht Organisation und umgekehrt.

3. Wirkungsvoll sprechen

Wirkungsvolles und empfängerorientiertes Sprechen gehört zu den Grundkompetenzen der Arbeit der Vorsitzenden und Stellvertretungen von Gremien und Ausschüssen. Es geht dabei stets darum, Menschen für Ideen, Interessen und zur Beteiligung zu gewinnen. Mal in Einzelgesprächen, mal bei längeren Ausführungen im Gremium und mal in größeren Runden, Verhandlungen oder auf Betriebsversammlungen. All diese Gesprächsformen sind mit den nun folgenden Ausführungen über wirkungsvolles Sprechen gemeint, denn sie sind alle gleich wichtig und alle mit den gleichen Mitteln gestaltbar, manchmal etwas ausführlicher, manchmal etwas minimaler. Auch eine fünfminütige Ausführung mit sehr wichtigem Inhalt auf einer BR-Sitzung kann ebenso wirkungsvoll gestaltet werden, wie eine fünfzehnminütige Rede auf einer Betriebsversammlung. Es können die gleichen Stilmittel und Techniken verwendet werden, lediglich unterschiedlich ausgedehnt.
Mit wirkungsvoller Kommunikation werden Reden zu Komponenten erfolgreicher Zusammenarbeit. Mit wirkungsvoller Kommunikation kann inhaltliche Sicherheit und Kreativität geschaffen werden. Professionelle Kommunikation im geschäftlichen Zusammenhang wie auch die Kommunikation in Gremien und Ausschüssen, in Einzelgesprächen oder anderen Zusammenarbeitsformen sollte sich dabei unbedingt von privater Kommunikation oder gar Getratsche oder schlichtem Geplapper unterscheiden. Kommunikation erzeugt immer eine Wirkung, sie erzeugt immer Muster zu dem, was von den Zuhörenden als erlaubt abgeleitet wird und was nicht. Auch in diesem Zusammenhang sind Vorsitzende Rollenvorbilder für die Gruppe. Das, was sie zeigen, wird von der Gruppe

als erlaubt übernommen. Spricht z. B. ein Vorsitzender im Gremium in aller Offenheit sehr schlecht über eine nicht anwesende Person, so setzt er damit im Wiederholungsfalle das Muster, dass es erlaubt ist, über Nichtanwesende schlecht zu sprechen. Ganz abgesehen davon, dass übereinander reden Misstrauen erzeugt, während eine offene und ehrliche Kommunikation Vertrauen ermöglicht, ist ein dysfunktionales Muster in der Gruppe entstanden, das nur mit großem Aufwand wieder zu reparieren ist.
Die Art und Weise der Kommunikation sollte also gut überlegt sein und professionell gestaltet werden. Im Privaten kann dies anders sein. Hier kann getratscht und geplappert werden, denn im Familien- oder Freundeskreis gelten andere Kommunikationsmuster als im geschäftlichen Zusammenhang. Freundschaften leben geradezu von der Möglichkeit der freien und wilden Kommunikation mit der Möglichkeit, auch mal austeilen zu können aber auch der Notwendigkeit, dann auch einstecken zu müssen.
Im Folgenden werden wir auf einige wesentliche Bestandteile der wirkungsvollen Kommunikation näher eingehen. Alle folgenden Ausführungen beruhen allesamt auf wissenschaftlichen Grundlagen und sind in der Praxis erprobt.

a. Verbale und nicht-verbale Kommunikation

Eine sehr bekannte Studie, die für viel Aufsehen gesorgt hat, wurde im Jahr 1967 von Albert Mehrabian[8] durchgeführt. Er hat durch seine Experimente aufgezeigt, dass der Gehalt menschlicher Aussagen in der Kommunikation, also das, was beim Zuhörer ankommt, zu

- 55 % aus visueller Kommunikation,
- zu 38 % aus stimmlicher Kommunikation,
- und nur zu 7 % aus der reinen Wortbedeutung besteht.

Dies bedeutet, dass 55 % einer Aussage vor Menschen oder vor Gruppen durch nonverbale Elemente wie Körpersprache, Körperhaltung, Mimik und Gestik getragen werden. Menschen kommunizieren seit jeher zu großen Teilen über optische Gesten oder Reize und haben im Laufe der Evolution ein gutes Gespür darin entwickelt, Körpersprache zu identifizieren. Es ging schließlich stets um das Abwenden von Gefahr und ums Überleben und da war es notwendig in kürzester Zeit entsprechende *Signale lesen* zu können. Dies möglichweise auch bei Begegnungen mit Personen,

8 Inference of Attitude form Nonverbal Communication in: Two Channels». The Journal of Counselling Psychology 31, S. 248-252, 1967.

deren Sprache einem selbst nicht geläufig war. Wir können heutzutage sehen, mit welch wenigen aber markanten, nonverbalen Ausdruckweisen in Animationsfilmen selbst einfachste Figuren große kommunikative Wirkung entfalten, selbst wenn man beim Betrachten des Films den Ton ausschalten würde. Wir Menschen verstehen die nonverbale Sprache sehr gut.

Zu 38 %, so die Ergebnisse von Mehrabian, wirkt die Stimme bei der Kommunikation, die Tonlage der Stimme, deren Modulation und Betonung. Wir können dies heute sehr gut nachvollziehen, wenn wir uns z. B. ein Hörbuch anhören, dass von professionellen Sprechern oder Schauspielern eingesprochen wurde. Der gleiche Text von einem Laien gesprochen, ohne Beachtung eines entsprechenden Stimmeinsatzes, kann beim Zuhörer eine völlig andere Wirkung erzielen. Der bewusste Einsatz und ein bewusstes Gestalten mit Hilfe der stimmlichen Möglichkeit lädt zum Zuhören ein, während ein monoton dahingesagter Inhalt langweilen kann und Menschen dazu bringen kann, abzuschalten. Die damals aufsehenerregende Zahl war die, dass von 100 % des gesamten Inhaltes einer Ansprache von einer Person zu einer anderen lediglich 7 % der Wirkung des gesprochenen Textes durch den eigentlichen Inhalt selbst übertragen werden. Das heißt nur 7 % Inhalt werden vermittelt und kommen beim Gegenüber an, während der große Teil von 93 % durch den Körper und die Stimme übertragen werden.

Natürlich sind die Zahlen dieser Studie keine Gesetzmäßigkeit und es gibt sicherlich auch andere Erfahrungen je nach Gruppe, in der kommuniziert wird oder welche Personen in welcher Form beteiligt sind. Zudem sollte man sich nicht durch solche Zahlen verunsichern lassen. Beim genauen Beobachten von Rednern bei vielen Gelegenheiten, ob in Organisationen wie Gewerkschaften, in der Politik, auf Fach-Vorträgen, aber auch auf Theaterbühnen, kann man jedoch feststellen, dass die generellen Aussagen Mehrabians weitestgehend zutreffen. Da wo die Körpersprache, Mimik, Gestik und die Stimme in gutem Einklang mit dem Inhalt der gesprochenen Worte liegen, wirkt ein Text eingängiger und nachhaltiger auf Zuhörende, als dort, wo die Elemente asynchron wirken, also Inhalt, Körpersprache und Stimme für die Zuhörenden nicht harmonieren, nicht resonieren.

b. Der Dr.-Fox-Effekt

Im Jahr 1970 wurde ein Experiment[9] durchgeführt, dessen Ergebnis im Grunde die Studienergebnisse von Mehrabian bestätigte. Auf einem Fachkongress zum Thema *Anwendung der Mathematik auf menschliches Verhalten* wurde ein Experte namens Myron Fox präsentiert, der einen Vortrag über die *Anwendung der mathematischen Spieltheorie in der Ausbildung von Ärzten* hielt. Was das Publikum des Vortrages nicht wusste: Myron Fox war Schauspieler und kein wissenschaftlicher Experte. Die Verantwortlichen der Studie haben sehr genau darauf geachtet, dass der Vortrag von Myron Fox inhaltlich unlogisch, nicht fundiert und auch nicht wirklich kompetent war. Fox wurde darauf trainiert, dass er nicht, auch nicht aus Versehen, etwas sinnvoll Zusammenhängendes sagte. Er wurde ebenso trainiert, auf spätere Fragen aus dem Publikum sinnfrei zu antworten. Es ging also darum, ob eine brillante schauspielerische Leistung darüber hinwegtäuschen kann, dass ein Vortrag inhaltlich völliger Unsinn ist.

Das Experiment gelang. Fox hielt den Vortag, trotz der geplanten Sinnlosigkeit, mit großem Erfolg. Es gab positive Rückmeldungen der Zuhörenden, die sich thematisch inspiriert zu weiteren Gedanken angeregt und letztlich vom Inhalt des Vortrages überzeugt sahen. Und das, obwohl der Inhalt des Vortrages genau dies nicht vorsah. Es war die reine schauspielerische Leistung, Sprache, Mimik, Gestik und die Stimmführung, die dazu geführt haben, dass das Publikum angeregt und begeistert folgte. Am allerwenigsten war es der Inhalt. Dieses Phänomen wurde später auch als *Dr.-Fox-Effekt* bezeichnet.

Was bedeutet dies nun für das Reden vor Gruppen oder im Gremium? Auch, wenn wir möglicherweise nie so gut reden können, wie ausgebildete Schauspieler, können wir wenigstens darauf achten, dass

- wir uns dort, wo es geht, diesbezüglich trainieren und weiterentwickeln, und
- wir uns durch Nichtbeachtung dieser Phänomene nicht selbst im Wege stehen.

Wie viele andere Dinge auch lernt man Reden halten durch Reden halten. Sich aber bewusst einige Stilmittel zu eigen zu machen und diese zu trainieren kann dabei helfen, wirkungsvoller und eindrücklicher zu sprechen. Es ist ein Unterschied, ob gute Ideen mehr oder weniger langweilig transportiert werden, oder aber mit geübter, rednerischer Kompetenz.

---

9 Quelle: John E. Ware, Donald H. Naftulin und Frank A. Donnelly. Quelle: Die Zeit vom 16. September 2004.

Man sollte dabei jedoch darauf achten, dass das Trainieren rhetorischer Stilmittel in einem gewissen Rahmen bleibt und man nicht überzieht, denn dann besteht die Gefahr unecht zu wirken, nicht authentisch oder gar künstlich und das erzielt wiederum ebenfalls eine negative Wirkung bei den Zuhörenden.

Gutes wirkungsvolles Sprechen beinhaltet drei Bereiche:
- die Rede und deren Inhalt – d. h. die Inhaltsbetonung,
- die Persönlichkeit des Redners – d. h. die Persönlichkeitsbetonung,
- die Wirkung auf die Zuhörer – d. h. die Wirkungsbetonung.

Diese drei Bereiche, in einer möglichst guten Balance, sind eine brauchbare Grundlage für gutes Sprechen. Ein gut strukturierter und verständlicher Inhalt ist dabei die Basis, das Fundament, auf dem alles andere aufbauen kann. Die Persönlichkeit des Redners enthält die verbalen und non-verbalen Stilmittel, die zur Person passen, sie authentisch, aber auch glaubwürdig und überzeugend wirken lassen. Die Wirkung auf die Zuhörenden ist die Summe der ersten beiden Bereiche, verbunden mit stilistischen und rhetorischen Hilfs-Mitteln, die dem Inhalt noch mehr Wirkung geben und die Zuhörenden mitnehmen, im besten Falle sogar mitreißen. Wir werden in den folgenden Kapiteln näher auf Hilfsmittel eingehen, die diese drei Bereiche des wirkungsvollen Sprechens untermauern.

c. Rhetorische Hilfsmittel

Mimik, Gestik, Tonfall

Der Augenkontakt zu den Zuhörern ist ein sehr wichtiges und grundlegendes Element. Viele Redner machen beim Sprechen den, manchmal unbewussten, Fehler und schauen ihren Zuhörern nicht in die Augen. Dies wird oft als Unsicherheit bewertet. Der wechselnde, kreisende Augenkontakt, sodass möglichst alle angeschaut werden, spricht die Zuhörer im wahrsten Sinne des Wortes an und fördert und erhält die Aufmerksamkeit. Menschen, die nicht angeschaut werden, neigen dazu, die Aufmerksamkeit zu verlieren und abzuschalten. In die Augen schauen, nicht an die Decke, auf den Boden oder auf den Tisch, hilft dabei, Kontakt zu halten. Für größere Zuhörergruppen hat sich eine Art M-Form etabliert, mit der man den Blick durch das Publikum wandern lassen kann.

Ein gezielter Einsatz der Gestik soll dabei helfen, das Gesagte zu unterstreichen. Inhalt und Gestik müssen dabei übereinstimmen. So kann es z. B. irritieren, wenn ich inhaltlich von einer Zusammenführung von etwas spreche und meine Gestik eine Erweiterung symbolisiert, in dem ich

die Hände weit ausbreite. Viele Menschen verwenden bereits eine natürliche Gestik, die gut verbunden mit den Inhalten bereits über lange Zeit eingeübt wurde, andere müssen sich vielleicht noch etwas davon antrainieren, um dem Gesagten mehr Gewicht zu verleihen. In jedem Fall sollte aber der Einsatz der Hände und des Körpers beim Sprechen angemessen bleiben. Mitunter kann man bei verschiedenen Sprechern beobachten, dass sie zu einer übertriebenen Gestik neigen und schon kleinere und eher unbedeutendere Sachverhalte mit einem überbetonten Fuchteln der Hände begleiten. Dies kann vom Inhalt ablenken, weil das Schauspiel übertrieben ist und eine fehlende Synchronität zwischen Gestik und Inhalt irritierend wirkt. Manche auch öffentlich auftretende Redner, vor allem im wissenschaftlichen oder politischen Geschäft, wirken manchmal völlig übertrainiert.
Der Tonfall der Stimme sollte variieren zwischen hoch und tief, laut und leise, schnell und langsam und einer akzentuierten Betonung wichtiger Begriffe oder Aussagen. Eine zu eintönige und monotone Stimme kann ermüdend wirken. Starke Abwechslungen erhalten die Aufmerksamkeit. Die Modulation der Stimme in allen Facetten ist etwas, was beim Reden auf einem Podium von großer Wichtigkeit ist, im Privaten hingegen unter Umständen völlig überzogen wirken kann. Manchmal hilft es, auf der Bühne in die Rolle eines guten und wichtigen Redners zu schlüpfen, der ganz bewusst rhetorische Stilmittel verwendet, im Privaten brauche ich das allerdings nicht unbedingt.

Zusammenfassung guter Mimik und Gestik und einem guten Tonfall

Mimik

- Blickkontakt wechselnd zu möglichst allen Zuhörern
- natürlicher und freundlicher Gesichtsausdruck, nicht überzogen, künstlich, gequält oder übertrainiert
- Mimik dem Gesagten anpassen, durch Veränderung des Gesichtsausdrucks
- mit allen Gesichtsmuskeln angemessen mitarbeiten

Gestik

- guter Einsatz kraftvoller und eindeutiger Gesten
- Gestik und Aussagen sollten übereinstimmen und harmonieren
- bedrohlich wirkende Gesten vermeiden
- beide Hände verwenden

Tonfall

- abwechslungsreiche und angemessene Modulation der Stimme in allen möglichen Varianten, um Spannung zu erzeugen
- Wechsel von Ausruhphasen und inhaltlichen Höhepunkten in einer Steigerung bis hin zu einem sehr guten Abschluss der Rede

Fehler, die bei Reden am häufigsten gemacht werden

- fehlender Blickkontakt
- Blick an die Decke, auf den Boden oder nur auf einen Zuhörer oder einen bestimmten Punkt im Raum gerichtet
- nervöses Hin- und Herlaufen oder -wippen
- starres Festklammern am Rednerpult oder Tisch
- zu heftiges und übertriebenes Gestikulieren
- sich hinter dem Manuskript verstecken
- Vorlesen des Manuskripts, statt frei zu reden mit Unterstützung durch das Manuskript
- Spielen mit deinem Stift, Zeigestock oder anderen Gegenständen
- gelangweilter Gesamteindruck durch z. B. beide Hände in den Taschen
- starre und steife, unbewegliche Körperhaltung

Wirksame inhaltliche rhetorische Stilmittel sind

- anregende und ansprechende Wortwahl
- bildreiche Sprache mit starken Metaphern
- Beispiele aus dem Erleben der Zuhörenden
- kleine nachvollziehbare Geschichten
- ein ansprechender und motivierender Anfang
- ein wirkungsvoller Schluss
- eine gute mentale und/oder schriftliche Vorbereitung

d. Die Vorbereitung einer Rede

Egal wie, eine Rede vor größerem Publikum oder eine längere Ausführung auf einer Versammlung sollte mental und/oder schriftlich vorbereitet werden. Die gute Vorbereitung ist dabei schon der halbe Erfolg. Gleich ob in Ruhe am Schreibtisch, bei einem Spaziergang, noch zu Hause unter der Dusche oder zusammen mit anderen, vorbereitet sollte man sein. Unser Gehirn möchte sich vorbereiten, wenn wir wissen, dass wir etwas Größeren zu sagen haben. Die Rede beginnt automatisch im Kopf Raum einzunehmen und wir starten bereits, mehr oder weniger unbeabsichtigt, mit ersten Formulierungen, vorausgesetzt, wir möchten uns nicht vor der Rede drücken, weil wir eigentlich noch nicht bereit sind, ängstlich sind oder großes Lampenfieber befürchten. Sollten wir langsam für eine Rede warm werden, ergibt eine gezielte Vorbereitung Sinn. Das, was wir bewusst und konzentriert vorbereiten und durchdenken, merkt sich unser Gehirn in der Regel schon sehr gut. Auch und gerade beim Gehen, Laufen oder Autofahren; alle Orte können dabei genutzt werden. Hier wäre also wichtig herauszufinden, welche Vorbereitungstechnik für einen selbst die beste ist, wo man kreativ sein kann, wo einem die besten Einfälle kommen und wo vielleicht auch laut vor sich hingeredet werden könnte. All diese einzelnen Elemente können gegen Ende der Vorbereitung zu einem stichwortartigen Manuskript zusammengefasst werden. Stichwortartig deshalb, weil man Stichworte, vielleicht farblich markiert, besser und schneller beim Blick auf das Manuskript finden kann als bei einem ausgeschriebenen Text.

Vorbereitungsfragen zu einer guten Rede

1. Was ist das eine und konkrete Thema meiner Rede, meines Vortrages, meiner Ausführung?
2. Was möchte ich mit der Rede erreichen? Was möchte ich unbedingt vermitteln?
3. Welche Einzelaussagen unterstützen mein Thema? Welche Argumente möchte ich anführen?
4. Wie gestalte ich die Reihenfolge der Argumente? Welches sind starke Argumente, welche eher schwächere?
5. Welche Beispiele aus dem Leben der Zuhörer kann ich verwenden? Welche Bilder oder Metaphern verwende ich?
6. Wie gestalte ich den Aufbau und die Dramaturgie der Rede? Gestalte ich einen Spannungsbogen? Wie kann dieser aussehen?
7. Wie gestalte ich den Anfang und wie gestalte ich den Schluss?
8. Und schließlich: Verwende ich Hilfen zur Visualisierung, wie z. B. Beamer und Folien?

Die Vorbereitung einer Rede dauert länger als die Rede selbst, das muss man sich bewusst machen. Deshalb verwenden viele Menschen, die öfter Reden halten, häufig die gleichen Rede-Bausteine zu einzelnen Themen. Möglicherweise, weil sie gute Erfahrungen damit gemacht haben, sicherlich aber auch, damit sie sich auf gleiche Themen nicht stets neu vorbereiten müssen. Was im Gremium oder im Betrieb hierzu für jeden Einzelnen sinnvoll ist, muss im Einzelfall entschieden werden. Eines ist aber sicher, je konzentrierter wir bei der Vorbereitung sind, desto mehr Inhalt brennt sich bereits ins Gedächtnis ein und umso freier könnten wir eigentlich sprechen. Das freie Sprechen ist dabei immer wirkungsvoller und auch beeindruckender als das Vortragen von einem Manuskript. Ein stichwort-

artiges Manuskript ist jedoch ein guter Notanker und sollte gerade bei noch Übenden unbedingt vorhanden sein.
Ein ähnlicher Notanker können Folien sein, die man verwendet, um die eigene Rede visuell zu unterstützen. Hierbei wird jedoch sehr häufig der Fehler gemacht, dass, aus Sicherheitsgründen, viel zu viel Text auf die Folien geschrieben wird. Ebenso, dass man vielleicht sogar die Folien vorliest, anstatt sie lediglich zur Unterstützung des Vortrages zu verwenden. Beides ist für die Zuhörenden doppelt anstrengend, denn sie müssen gleichzeitig lesen und zuhören und versuchen dabei stets unbewusst beides miteinander zu verbinden, was überfordert. Hiervon wäre absolut abzuraten.

Die Gestaltung von Folien sollte folgendem einfachen Prinzip folgen:
- Wenig
- Wuchtig
- Wichtig

Wenig Text oder vielleicht sogar nur einzelne Bilder, Zeichnungen, Fotos, Kurzvideos u. ä., die das Auszusagende unterstützen, untermalen oder auf einfache Weise auf den Punkt bringen. *Wuchtig*, damit die Unterstützung einfach aufzunehmen aber gleichzeitig wirkungsvoll ist. *Wichtig* bedeutet, dass wirklich nur das Allerwichtigste auf die Folie zu schreiben wäre, damit es verstärkend wirkt und nicht verkomplizierend. Mit den gängigen Computer-Programmen zur Gestaltung von Folien ist es heutzutage sehr einfach geworden, viele Folien innerhalb kürzester Zeit herzustellen, sogar mit allerhand Möglichkeiten kreativer Animation. Hier liegt die große Gefahr in der Übertreibung und die Zuhörenden durch zu viel davon zu überfordern oder abzulenken. Ein gutes Maß und ein persönlicher Stil sollten stets im Mittelpunkt der Vorbereitung liegen. Nach wie vor ist wesentlich, dass der eigentliche inhaltliche Vortrag im Kopf des Redners vorbereitet zur Verfügung steht, alle technischen Hilfsmittel sollten eben auch nur Hilfsmittel zur Unterstützung sein und nicht die Hauptrolle spielen.

e. Umgang mit Unsicherheit und Lampenfieber

Viele Menschen sind nicht geübt im Halten von Reden, aber: Alle können es lernen und alle haben auch eine Geschichte oder ein Thema, über das sie wirkungsvoll sprechen können. In unserem Seminaren machen wir diese Erfahrung immer wieder. Auch Teilnehmende, die voller Überzeugung von sich sagen, dass sie keine gute Rede halten können, halten nach einer gewissen Zeit der Einführung und Vorbereitung fantastische

Reden und in allen Fällen viel besser als gedacht. Man muss manchmal allen Mut zusammennehmen, Unsicherheit und Scheu überwinden und einfach loslegen.

Folgende Tipps und Gedanken können helfen, Unsicherheit abzufedern:

- Die eigene Unsicherheit wird von Zuhörern oft gar nicht als störend wahrgenommen. Im Inneren des Redners ist sie sehr häufig viel größer als nach außen sichtbar.
- In den allermeisten Fällen stört eine von den Zuhörern wahrgenommene Unsicherheit gar nicht, sondern wird als normal akzeptiert.
- Jeder Mensch kann über sich hinauswachsen.
- Jeder Mensch ist einzigartig und kann auch einzigartige Reden halten, mit eigenem Stil, eigenen Geschichten, eigenen Bildern und eigener Wirkung.
- Die Zuhörer sehen nicht den ganzen Menschen, sondern nur das, was der Mensch zeigt.
- Die Zuhörer sind in der Regel nicht so schlimm, wie man es sich im Vorfeld ausmalt.
- Selbst wenn man hängen bleibt oder Fehler macht, Zuhörer verzeihen das sehr häufig.
- Die Zuhörer kennen meine Rede nicht und können so auch nicht feststellen, ob ich die Vorgehensweise gerade ändere oder aus Versehen etwas weglasse.
- Ein stichwortartiges Skript, welches vor einem liegen kann, kann immer schnell angeschaut werden, sollte man hängen bleiben.
- Wenn man den Faden massiv verliert, kann man dies auf freundliche Weise mitteilen. Die Zuhörer merken es sowieso, also kann man es eventuell sogar auf witzige Weise zugeben und hat das Publikum sofort wieder auf seiner Seite.

Vor dem Vortrag selbst und bei spürbarem Lampenfieber hilft der Trick bzw. die Übung, die nahezu alle Schauspielerinnen und Schauspieler anwenden, bevor sie die Bühne betreten. Auch viele Redner, die vor großem oder unbekanntem Publikum sprechen, wenden sie an: Die Atemtechnik. Tiefes Einatmen in den Bauch und langsames Ausatmen. Mit-tlerweile ist erwiesen, dass diese Atemtechniken funktionieren. Das Gehirn wird mit Sauerstoff versorgt, was im Stressfalle notwendig ist. Gleichzeitig wurde aber auch herausgefunden, dass das tiefe Einatmen zu einer Ausdehnung der Bauchdecke führt, was wiederum den sog. ventralen Vagus, ein Teil des vegetativen Nervensystems, aktiviert, was dazu führt, dass der Herzrhythmus gesenkt wird und wir entspannen können. Wichtig dabei ist sehr tiefes Einatmen, tief in den Bauch, so dass dieser sich wölbt, und wenn möglich ein etwas längeres ruhiges Ausatmen, beides durch die Nase. Manche Menschen behelfen sich hierbei mit Zähltechniken (3 Sekunden einatmen, 6 Sekunden ausatmen, 10-mal hintereinander). Andere Möglichkeiten, eigene Unsicherheiten abzufedern, können sein, ein Maskottchen mit zur Rede zu nehmen, in der Jacke oder in der Hosentasche, ein Foto von jemandem ganz Besonderen oder ein Erinnerungsstück an eine bereits erfolgreich gehaltene Rede oder einen anderen besonderen Erfolg im Leben.

f. Ein einfaches Tool – MISLA

Das MISLA-Modell der gut strukturierten Rede nach R. Wittsack[10] ist ein einfach zu verwendendes, aber sehr wirkungsvolles Tool zur Vorbereitung und dem Halten gewinnender Reden. Es besteht aus fünf Schritten mit Kurzbezeichnungen, deren Anfangsbuchstaben das Wort MISLA ergeben.

Abb. 32: Die fünf Schritte im MISLA-Modell

1. Schritt: MOTIVATION	**Warum spreche ich?** Das Problem schildern oder auf aktuelles Ereignis verweisen.
2. Schritt: IST-ZUSTAND	**Wie verhält es sich derzeit? Wie erlebe ich den momentanen Zustand?** Schilderung der derzeitigen Situation.
3. Schritt: SOLL-ZUSTAND	**Wie sollte es sein? Welchen Zustand, welche Situation streben wir an?** Angestrebtes Ziel, angestrebter Zustand oder die ideale Situation.
4. Schritt: LÖSUNGEN	**Wie kann man diesen Zustand erreichen?** Mögliche Wege, Lösungen, Alternativen.
5. Schritt: Aktion/Appell/Abschluss	**Was müssen wir tun, um unser Ziel zu erreichen?** Welche Aktionen müssen eingeleitet bzw. entschieden werden? Konkrete Handlungsaufforderung, knappe tabellarisch formulierte Entscheidungen, die bejaht bzw. verneint werden können.

10 Quelle: Politische Akademie der Friedrich-Ebert-Stiftung. *www.fes.de*.

Der erste Schritt soll deutlich machen, was die Motivation ist, die Rede überhaupt zu halten. Warum das Thema jetzt gerade wichtig ist oder wichtig werden wird. Es wird an dieser Stelle noch nicht inhaltlich tiefer eingestiegen, sondern es geht darum, die Zuhörenden darauf vorzubereiten, dass das ausgewählte Thema jetzt vorgetragen wird und alle herzlich eingeladen sind zuzuhören. Eventuell kann eine kurze Angabe der geplanten Zeit, wie lange die Rede dauern wird, mit angegeben werden, das braucht nicht viele Sätze. Diese Sätze sollten aber bereits vor Beginn der Rede klar formuliert, wenn möglich auch auswendig gelernt sein. Denn zu Beginn der Rede ist die Nervosität am größten und es könnte bereits früh zu Versprechern kommen, was dann dazu führen würde, dass Nervosität oder Unsicherheit noch größer werden. Hier kann man durch Auswendiglernen des Anfangs sich selbst zu Sicherheit verhelfen. Das zweite Argument für die gründliche Vorbereitung des Starts, also des ersten Schritts ist, dass man hier vielleicht schon eine Formulierung finden kann, die etwas besonders darstellt, die aufweckt, die neugierig macht. So hat man die Zuhörenden schon sehr früh gewonnen und die weitere Rede kann gelassener gehalten werden.

Wenn dann der erste Schritt getan ist, folgt mit dem zweiten Schritt die Beschreibung der aktuellen Situation zum Thema, die Ist-Situation. Hier geht es in der Regel um das Schildern von Missständen, von Dingen, die falsch laufen, von Themen, die es abzustellen und zu ändern gilt. Hier kann sehr wirkungsvoll sein, nicht rein auf der Ebene der Zahlen, Daten oder Fakten zu bleiben, sondern durch kleine Geschichten von Betroffenen, vielleicht auch von sich selbst oder das Verwenden von Metaphern sehr plastisch und anschaulich dafür zu sorgen, dass die Zuhörer sich die Situation sehr gut bildlich vorstellen können. Das erhöht die Empathie oder Betroffenheit und weckt das Interesse auf eine Lösung und möglicherweise auch schon die Bereitschaft, diese zu unterstützen.

Der dritte Schritt beschreibt zwar noch nicht die Lösung selbst, aber den Zustand der erreicht werden wird, wenn die Lösung eingetreten ist, den Soll-Zustand. Es geht in diesem Schritt darum, ebenso plastisch wie im Schritt vorher, sehr nachvollziehbar und gut vorstellbar, die Zukunfts-Situation zu beschreiben, die bestehen wird, wenn das Problem gelöst sein sollte. Die Soll-Situation wird sozusagen aus der Zukunft her beschrieben. Welche Ziele wurden erreicht, welche Situation finden wir dann vor? Welchen Zustand haben wir dann? Hier können die einzelnen Beschreibungen des Soll-Zustandes mit starkem Ausdruck pointiert aufgezählt werden. Mit kleinen Pausen dazwischen und möglichweise in einer mit Nummern versehenen Aufzählung. Man kann hier oft schon die Zustimmung seitens der Zuhörer spüren, an den Gesichtern ablesen oder es gibt schon ersten spontanen Beifall. Den sollte man zulassen, wirken lassen und deswegen kleinere Pausen einbauen. Erwarten sollte man Applaus jedoch nicht, denn je nach Thema, nach allgemeiner Stimmung und den allgemeinen Umständen kann die Begeisterung beim Zuhören stark variieren. Hier also versuchen, das Publikum mitzunehmen, nicht zu überfordern.

Nachdem nun der Ist-Zustand und der Soll-Zustand beschrieben wurden, kommt mit Schritt vier der Schritt, der konkrete Lösungen fordert, aufzählt oder beschreibt, also wie ganz konkret die Kluft zwischen dem Ist-Zustand und dem Zukunftszustand überwunden werden soll. Hier werden gangbare Wege aufgezeigt, keine Utopien, klare machbare Lösungsschritte oder Alternativen zu Handlungen aus dem Ist-Zustand. Hier ist wichtig, dass die aufgezählten Schritte nachvollziehbar und verständlich formuliert sind, so dass den Zuhörern klar wird, dass Lösungen möglich sind und auch umgesetzt werden könnten.

Der fünfte Schritt richtet einen klaren Appell an die Zuhörer, eine konkrete Handlungsaufforderung, eine konkrete Unterstützungs-Bitte oder die Ankündigung einer Aktion mit der Bitte der Beteiligung. Die Emotionen, die im Publikum durch die vorherige Beschreibung der Ist-Situation, der Soll-Situation und der Lösungsschritte aufgewühlt wurden, werden in diesem Schritt in eine eindeutige Handlungsrichtung zu einem konkreten nächsten Schritt verdichtet und gebündelt. Dieser Abschnitt muss wiederum nicht sehr lange sein. Er kann auch schon in der Vorbereitung ausformuliert werden, eventuell auch auswendig gelernt sein, denn auch hier kann man mit guten, vorüberlegten Worten eine große Wirkung erzielen. Dieser Schritt bildet den abschließenden Teil der Rahmung, die mit dem ersten Schritt eröffnet wurde. Auch dieser Teil der Rede kann große Begeisterung beim Publikum erzielen, sodass auch hier kurze Beifallspausen denkbar sind.

Der Schluss einer Rede ist der Teil, der den Zuhörenden nachhaltiger im Gedächtnis bleibt als viele der Inhalte vorher. Aus diesem Grund ist ein gut überlegter Schluss enorm wichtig. Eine mittelmäßige Rede mit einem sehr guten Schluss bleibt dabei noch besser in Erinnerung als eine gute Rede mit einem schlechten Schluss. Sich hier im Vorfeld Zeit für gute Formulierungen zu nehmen, gibt einem die Sicherheit, dass man den Schluss bereits in der Tasche hat und deswegen nicht nervös zu sein braucht. Zudem hilft die Vorformulierung dabei, wirklich wirkungsvoll das Ende der Rede einzuläuten, denn, sollte man sich selbst in Rage geredet und das Skript verlassen haben, kann es sein, dass man die Rede überzieht und den Schluss zerfasert, ihn unklar werden lässt und somit die Wirkung verpuffen lässt. Nichts macht Zuhörende nervöser als ein unklarer Schluss oder das bereits eingeleitete Ende der Rede, das dann aber nicht kommt. Aus diesen Gründen ist ein gut komponiertes Ende einer Rede ein Garant für den insgesamten Redenerfolg. Selbstverständlich können geübte Redner zunehmend auf die Kunst der spontanen Improvisation zurückgreifen. Hierzu braucht es aber die Erfahrung und Gelassenheit, während der Rede auf der einen Seite die Wirkung auf das Publikum und auf der anderen Seite die Gestaltung der Rede und die verwendeten Stilmittel beobachten zu können, um dann spontan aus dem großen Schatz an Erfahrung eine wirkungsvolle Rede gestalten zu können. Hierzu braucht es viel Übung und Routine.

4. Die Arbeit des Gremiums im Betrieb bekannt machen

In diesem Kapitel möchten wir nur sehr kurz auf einige wichtige, eher zusätzliche Aspekte der Öffentlichkeitsarbeit des Gremiums eingehen.[11] Nach den Grundannahmen des systemischen Denkens mit den Aspekten der Konstruktion von Wirklichkeiten trifft auch hier zu, dass nicht das, was das Gremium tut, unmittelbar in der Belegschaft bekannt wird, sondern das, was aktiv in die Belegschaft kommuniziert wird.

a. Das Gremium ist, was es zeigt

Es ist das, was in der Belegschaft ankommt, das, was in das Bewusstsein der Belegschaft gelangt, was das Bild des Gremiums in der Belegschaft ausmacht. Nicht das, was das Gremium tut. Sehr oft wird versäumt, über die Ergebnisse der Arbeit des Gremiums ausführlich zu informieren. Oft aus Gedankenlosigkeit, manchmal aber auch, weil das Schreiben von Newslettern keine einfache Aufgabe ist. Dieses wichtige Thema wird oft *schleifen gelassen*. Wichtig für die Darstellung des Gremiums nach außen ist, dass das Gremium die Hoheit, über die im Betrieb zur Verfügung stehenden Informationen zur Mitbestimmung behält. Es werden allerlei Gerüchte gestreut, manche aus Absicht oder Strategie, manchmal seitens des Arbeitgebers, manchmal kommen sie aus der Belegschaft. Wie bei dem Spiel »Stille Post« ist festzustellen, dass Gerüchte ein Eigenleben entwickeln und, dass ein Thema, das morgens im Pausenraum begonnen hat,

11 Eine ausführliche Behandlung des Themas ist zu finden in: Schwartau, B.: Betriebsratsarbeit gut organisiert. Bund-Verlag. Frankfurt am Main 2019.

am Abend in der Produktion einen völlig anderen Inhalt bekommen hat. Dies ist normal, weil Kommunikation nun mal am häufigsten aus Missverstehen besteht. Wichtig ist, dass das Gremium so gut es geht, in der Hand behält, was in die Kommunikation in die betriebliche Öffentlichkeit gelangt.

b. Tipps für die Öffentlichkeitsarbeit

- Der Faktencheck als aktives Instrument: Es gibt Gremien, die bewusst die aktuell kursierenden Gerüchte aus dem Betrieb aufgreifen und die verhandelten oder besprochenen Fakten detailliert dagegensetzen. Das Ganze bereiten sie optisch und graphisch auffällig und ansprechend auf und veröffentlichen es, so wie die Situation es erfordert. Die Veröffentlichung erfolgt in auffälligen Aushängen und wird an den gewohnten Stellen im Betrieb ausgehangen. Die Belegschaft hat somit die unmittelbare und korrekte Information zu Verfügung, aus erster Hand, und kann sich wegen Details an Mitglieder des Gremiums wenden.
- Am Ende wichtiger Tagesordnungspunkte auf der Betriebsratssitzung sollte nochmals zusammengefasst werden, was von dem gerade besprochenen Thema nach außen gegeben werden kann. Auch hier entstehen häufig Missverständnisse, denn es ist ein weites Feld der Interpretation, was genau aus einer Diskussion veröffentlicht werden darf oder was nicht. Fasst die Sitzungsleitung die Punkte jedoch nochmal klar und eindeutig zusammen, grenzt dies das mögliche Missverstehen ein. Gegebenenfalls kann diese Zusammenfassung von den Mitgliedern individuell notiert werden, sie kann in das Protokoll aufgenommen werden, oder sie kann auf Flipchart oder Beamer optisch unterfüttert werden. Je klarer, desto weniger Verwirrung.
- Einige Gremien veröffentlichen zu wichtigen Themen kurze Videos und veröffentlichen diese in der Belegschaft. Da, wo es technisch möglich ist und Sinn ergibt, kann dies eine Ergänzung oder Weiterentwicklung der bisherigen Öffentlichkeitsarbeit sein. Mitunter gibt es einzelne Mitglieder im Gremium, die an den technischen Umsetzungsmöglichkeiten Spaß haben und dies als ihre Aufgabe oder ihren Beitrag für die Arbeit des Gremiums definieren. Manche Gremien haben bereits einfache, *kleine Studios* eingerichtet, meistens in der Ecke eines Raumes, wo die technische Produktion kleiner Videos umgesetzt werden kann. Eine optische und akustische Auf- und Nachbereitung strahlt Professionalität aus, wirkt für die Belegschaft ansprechend und wird somit aktiv von dieser aufgenommen.

- Die Öffentlichkeitsarbeit sollte nicht ohne Not delegiert werden. Ein Grund, warum in vielen Gremien die Öffentlich-keitsarbeit hinkt, ist der, dass das Schreiben von Texten, die später ausgehangen werden sollen, keine einfache Aufgabe ist. Inhaltlich und stilistisch geht das nicht Jedem leicht von der Hand. Es braucht dazu Übung und entsprechendes Selbstvertrauen. In vielen Gremien wird dieser Punkt häufig an Mitglieder des Gremiums delegiert. Diese fühlen sich aber eigentlich mit dieser Aufgabe nicht wirklich wohl und erledigen sie meist nur halbherzig. Aus diesem Grund sollte die Verantwortung für die nach außen zu gebenden Texte nicht ohne Not vom Vorsitz oder der Stellvertretung abwandern. Diese beiden Rollen sind noch am ehesten die, die eine gute inhaltliche Übersicht und Kenntnis über alle wichtigen Themen haben. Ihnen fällt es leichter als den meisten anderen, ansprechende und inhaltlich korrekte Texte zu verfassen oder Videos einzusprechen. Eine Delegation von Inhalten kann höchstens dort geschehen, wo es in einem Gremium oder Ausschuss Fachleute gibt, die ihre jeweiligen Fachbeiträge liefern können. Einfacher kann jedoch die technische Umsetzung, wie das Aufbereiten eines Aushangs mit fertig gelieferten Texten, delegiert werden, oder die technische Seite der Produktion von Videos.
- Das Thema Öffentlichkeitsarbeit sollte auf jeder Sitzung des Gremiums auf der Tagesordnung stehen. Wichtige Fragen sind hierbei: Was tragen wir wie nach außen? Wer macht was konkret, bis wann? Nach dem oben genannten Grundsatz, dass man als das angesehen wird, was man zeigt, ist dies ein zu wichtiges Thema, als das es lediglich mitläuft und keine besondere und angemessene Aufmerksamkeit erfährt.
- Das Thema Öffentlichkeitsarbeit kann in einen Ausschuss gegeben werden. Die Tatsache, dass nun ein Ausschuss Verantwortung trägt, heißt dabei noch nicht, dass es auch funktioniert. Auch hier gelten die oben beschriebenen Prinzipien.

V. Der Umgang mit Problemen und Konflikten

1. Grundannahmen

a. Der Unterschied zwischen Problem und Konflikt

Ein Problem ist in der Regel ein Thema, das von außen an eine Gruppe herangetragen wird und zu dem die Gruppe, weil sie Teil eines Kontextes ist und diesen bearbeitet, aufgefordert ist, eine Reaktion zu zeigen oder eine Lösung anzubieten. Im Betrieb können das alle Themen sein, die ein BR-Gremium im Sinne der Mitbestimmung bearbeiten kann und soll. Ein Problem ist weniger emotional als ein Konflikt und oft sind Lösungen einfacher zu finden, weil sie nicht ins tiefe Innere eines Menschen greifen. Probleme können aber auch innerhalb eines Gremiums entstehen, sind in aller Regel aber auf der organisatorischen oder inhaltlichen Ebene zu lösen. Die Beziehungsebene zwischen den Beteiligten spielt dabei eher eine weniger ausschlaggebende Rolle.

Konflikte entstehen innerhalb einer Gruppe in der Regel aus Differenzen zu den Interessen, Bedürfnissen und Werten beteiligter Personen. Ein Konflikt bekommt deshalb große Bedeutung, da die Gruppe ein gemeinsames Ziel verfolgt und deren Engagement für dieses Ziel mit Energie- und Zeitaufwand verbunden ist. Man ist also miteinander verbunden. Zudem können Konflikte aus zwischenmenschlichen Dynamiken entstehen, wie z. B. persönliche Beziehungsstörungen zwischen Beteiligten, Kämpfe um Aufgaben, Rollen, Status oder Arbeitsweisen innerhalb der Gruppe. Konflikte werden häufig emotional geführt und brauchen mehr Aufwand und Energie für deren Lösung. Oft ist eine eindeutige Lösung für beide Konfliktparteien nicht möglich. Für nur eine Seite schon eher, aber dann wäre die andere Seite zu überzeugen, was schwierig ist, denn genau das ist ja eben oft das Konfliktthema.

Ein Problem kann mit Routine und Erfahrung, mit erprobten Mitteln gelöst werden und eine hohe emotionale Beteiligung ist zur Lösungsfindung nicht notwendig. Ein Konflikt wird hingegen meistens unter emotionaler

Beteiligung geführt, sowie eine Lösungsfindung unter emotionaler Beteiligung gesucht wird. Kaum ein Konfliktlösungsgespräch, auch nicht mit Hilfe einer Moderation durch eine neutrale Person, wird ohne emotionale Beteiligung von statten gehen.[1]
Hier haben wir es bereits mit einem ersten großen Missverständnis zu tun, das häufig in der Beschäftigung mit Konflikten in Seminaren oder Fortbildungen oder der Literatur zu finden ist, nämlich, dass ein Konfliktlösungsgespräch quasi wie ein neutrales, völlig neu angesetztes Gespräch geführt werden kann, so, als ob es den heißen Teil des Konflikts vorher nie gegeben hätte. Nur weil das Label Konfliktlösungsgespräch angeheftet wird, würde es harmonisch verlaufen, sachlich und kontrolliert. Ein Konfliktlösungsgespräch wird nie linear, logisch oder optimal verlaufen. Es wird immer Turbulenzen geben. Es geht dabei auch nicht um ein *schönes* Gespräch, sondern um Machbarkeit. Pragmatische Lösungen sind besser als perfekte Lösungen.

Grundsätzliche Annahmen über Konflikte

- Konflikte sind normaler Bestandteil der menschlichen Zusammenlebens.
- Menschen verfügen über, in der Evolution entstandene, innere Konfliktmuster.
- Konflikte sind komplexe Vorgänge im Denken, Fühlen und Handeln, nicht linear und deren Verläufe stets unvorhersehbar.
- Es gibt keine einheitliche allgemeingültige Theorie über alle Arten von Konflikten.
- Konflikte entwickeln stets eine jeweilige Eigendynamik.
- Es gibt keine einheitliche übergreifende Methodik der Konfliktbearbeitung aller Konflikte. Jede Eigendynamik braucht eine jeweils individuelle Bearbeitung.
- Eine hilfreiche Grundkompetenz wäre: Inhaltliche Differenzen aufzeigen und klären aber gleichzeitig menschliche Verbindungen erhalten oder schaffen.
- Eine Kernkompetenz zur Konfliktanalyse wäre: Für die Organisation nötige Konflikte von unnötigen Konflikten unterscheiden zu können.
- Der stärkste Gegensatz in Konflikten besteht zwischen den Positionen Entweder – Oder. Weniger stark sind die Konflikte zwischen Weder – Noch.
- Zudem geeignet für eine Lösung ist ein Sowohl – Als auch.

1 Baschab, F.: Mediation: Unter welchen Bedingungen die Methode Erfolg hat. 2021.

a. Ist eine problem- und konfliktfreie Zusammenarbeit überhaupt möglich?

Hier kommen wir zum zweiten großen Missverständnis, das immer wieder vorzufinden ist, wenn das Thema Konflikte angesprochen wird. Wir gehen davon aus, dass nur die konfliktfreie Zusammenarbeit die einzige erfolgsversprechende Form der Kooperation in Organisationen ist. Konflikte stören oder zerstören und Harmonie ist Hauptbestandteil einer unbedingt zu erreichenden Teamkultur. Eine zu starke Ausrichtung einer Gruppe auf Harmonie kann jedoch zum »Wärmetod«[2] der Gruppe führen. Notwendige Konflikte werden nicht mehr ausgetragen und die Gruppe verliert an Bedeutung, weil sie deswegen keine Ergebnisse mehr erreicht. Das Gegenteil muss der Fall sein. Konflikte und deren Austragung sind notwendige Potentiale für Entwicklung und Verbesserungen. Sie gehören zum Leben dazu und somit auch zur professionellen Kooperation.[3] Sie lösen Starre, bringen neue Ideen, Innovation und Veränderung. Es gibt sie nicht, die konfliktfreie Zusammenarbeit. Da, wo Menschen zusammenkommen, an gemeinsamen Themen arbeiten und Herzblut investieren, gibt es zwangsläufig Reibungen und Konflikte. Die Frage ist also gar nicht die, Konflikte zu vermeiden oder konfliktfrei zu arbeiten. Dort, wo viele Konflikte geklärt werden, sind nicht die schlechtesten Gruppen unterwegs. Auch hier ist wieder das Gegenteil der Fall. Die Tatsache, dass in einer Gruppe viel gestritten wird, sagt etwas darüber aus, dass in dieser Gruppe Konflikte diskutiert werden, was jedoch keine Aussagekraft darüber hat, wie die Qualität der Ergebnisse der Gruppe ist. Es ist wahrscheinlich so, dass diese Gruppe sehr gute Ergebnisse erzielt, gerade weil um die besten Ergebnisse gestritten wird.[4] Da, wo viel gestritten wird, werden viele Konflikte eher gelöst als da, wo sie vermieden werden. Schwelende Konflikte hemmen jedoch Engagement und Kreativität und können deswegen die Zusammenarbeit und das Erreichen von Ergebnissen enorm behindern.

c. Eine neue Denkweise

Doch woher kommt unsere Abneigung, Konflikte als etwas positives zu erleben? Dies hat wiederum mit unseren Erlebnissen in unserer Sozialisation zu tun und mit den inneren Mustern, die wir daraus abgeleitet

2 Edding u. Schattenhofer 2009, S. 37.
3 Vgl. Sprenger 2022.
4 A. a. O.

haben.[5] In den meisten Fällen haben wir als Kinder, wenn unsere Eltern oder unsere Bezugspersonen in einem heftigen Streit waren, das Gefühl starker Unsicherheit erlebt. Wir machten uns Sorgen, wie der Streit die Entwicklung der Familie beeinträchtigen könnte. Wir konnten als Kinder die Tragweite oder Konsequenzen eines Streites unserer Eltern nicht abschätzen, nicht einordnen. Uns fehlte die Erfahrung, die Übersicht und wir fühlten Hilflosigkeit. Wir haben, gerade, weil Kinder in einer starken emotionalen Beziehung zu ihren Eltern stehen, oft mit schlimmen Folgen gerechnet, fühlten Angst über die gemeinsame Zukunft. Wir haben somit abgeleitet, dass Konflikte etwas Unangenehmes sind und es besser wäre, sie würden nicht existieren. Nur die Familien, in denen gestritten wurde und sich in gleichem Maße wieder vertragen wurde, boten den Kindern die Lernchance, dass Konflikte etwas förderliches sein können und man lernen kann, sie zuzulassen oder zu nutzen. Es hängt also davon ab, welche eigenen Erfahrungen wir mit Konflikten und deren Lösungen gemacht haben, und wie wir daraus gelernt haben, später mit eigenen Konflikten umzugehen. Ob wir gut und mit einem sicheren Gefühl zu streiten gelernt haben, oder ob wir gelernt haben, Streit bedeutet Unsicherheit, die Möglichkeit einer Trennung oder des Verlassenwerdens. Dementsprechend treffen wir heute Menschen, die unterschiedliche Formen der Auseinandersetzung gelernt und verinnerlicht haben. Jeder Mensch hat eine jeweils eigene, tiefe Erfahrung im Umgang mit Konflikten und greift im Konfliktfall auf diese ureigenen Muster zurück. In aller Regel geschieht dies unwillkürlich, also nicht wissentlich, da im Konfliktfall das limbische System aktiv ist, was schneller reagiert als unser Verstand.[6]
Wir brauchen also, um in Gruppen Konflikte auf einem für alle machbaren Level lösen zu können, eine gemeinsame Sichtweise auf das Thema Konflikte und deren Bedeutung für die Zusammenarbeit. Weiterhin braucht es eine gemeinsame Verabredung darüber, wie Konflikte gelöst werden können, mit welchen Mitteln, was dabei geschehen soll, was nicht und welche gemeinsamen Instrumente, wie z. B. bestimmte Kommunikationstechniken, angewendet werden sollen. Gruppen brauchen gemeinsame Konfliktlösungsstrategien im Streitfall, ansonsten nutzt jede beteiligte Person ihre eigenen inneren Muster. Diese sind sehr unterschiedlich und führen zwangsläufig zu unterschiedlichen Austragungsformen, was einen Konflikt zusätzlich kompliziert macht, da ein unbewusster Streit darüber entsteht, wie gestritten wird und nicht mehr nur darüber, über was gestritten wird.

5 Vgl. Eidenschink 2024.
6 Vgl. Kapitel III.1.a.

Zusammenfassung zum Thema Konflikte in Organisationen

- Es gibt nicht die konfliktfreie Organisationsform.
- Konflikte sind Ausdruck der Notwendigkeit einer Weiterentwicklung.
- Mit deren Hilfe bleiben Organisationen lebendig und überlebensfähig.
- Die Anzahl von Konflikten in Gruppen sagt nichts über die Qualität der Gruppe aus, sondern über die Art und Weise, wie sie ausgetragen werden.
- Die Entwicklung einer konstruktiven Streitkultur ist für Gruppen überlebenswichtig.
- Es ist notwendig Konflikte dort auszutragen, wo es eine gemeinsame Zukunft gibt.

Da, wo Konflikte nicht ausgetragen werden, kommt es zudem zu dem berühmten *hinten-rum-reden.* Weil nicht direkt mit der Konfliktpartei gesprochen wird, man aber dennoch eine Bestätigung sucht, dass man mit seiner Meinung richtig liegt, während die andere Person unrecht hat, sucht man Kontakt zu anderen Personen, in der Hoffnung, von diesen Bestätigung zu bekommen. Meistens tun die Leute einem dann auch den Gefallen, weil auch sie wiederum keinen Konflikt mögen, obwohl sie einer anderen Person wiederum etwas ganz anderes bestätigen. Es kommt zu einem bunten und munteren *übereinander-reden,* in allen Formen und Facetten. Miteinander streiten wird dadurch aber nicht gelernt, obwohl man annimmt, das *übereinander-reden* hilfreich wäre.

Ein wichtiger erster Schritt, um besser streiten lernen zu können, wäre eine kleine Selbstreflexion zum eigenen Konfliktverhalten und zur eigenen Haltung gegenüber Konflikten im Allgemeinen. Aus dieser Analyse können Schlussfolgerungen für ein Weiterlernen zu diesem Thema gezogen werden. Eine ähnliche Analyse kann dann auch im gesamten Gremium durchgeführt werden.

Analyse von Konfliktverhalten

- Wie ist mein Verhalten in Konflikten? Nehme ich Konflikte an und versuche zu Lösungen zu kommen oder vermeide ich Konflikte lieber?
- Wie verhält sich unser Gremium, wenn es zu Konflikten kommt? Werden sie aufgegriffen und gelöst oder vermieden?
- Welche gemeinsame Absprache haben wir dazu bereits? Wie wollen wir künftig Konflikte im Gremium oder in den Ausschüssen lösen?
- Haben wir gemeinsame Techniken dazu? Sollten wir uns gemeinsam zu verwendende Techniken aneignen? Wenn ja, wie machen wir das genau?
- Was wäre unser Zielbild hierzu? Wie möchten wir in Zukunft streiten? Wie nicht mehr?

2. Konflikte in Gruppen und Organisationen

a. Wie zeigen sich Konflikte

Jeder Mensch in einer Gruppe sieht die Situation der Zusammenarbeit in der Gruppe aus seiner eigenen Sicht, mit seinen Hintergründen, Erfahrungen, Interpretationen und glaubt, dass dies die Wirklichkeit, die Realität dieser Gruppe sei. Fragt man eine andere Person zur gleichen Gruppe, können völlig unterschiedliche Beschreibungen zur gleichen Gruppe erfolgen. Prozesse der Wahrnehmung erzeugen innere Reaktionen, wie z. B., wenn ich mich im Halbdunkel auf der Terrasse über ein Stück Seil erschrecke, weil ich eine Schlange erahne, obwohl ich weiß, dass es bei uns eigentlich keine gefährlichen Schlangen gibt. Der Körper reagiert aber dennoch mit Amygdala-Reaktionen.[7] Genauso schnell können innere Reaktionen auf eine Aussage einer Person z. B. im Gremium erfolgen. Auf das, was ich aus den Aussagen heraushöre, was ich vermute und was das bei mir auslöst. Kommunikation birgt immer die Gefahr schwierig und missverständlich zu sein.
Sehr schnell können wir in der Zusammenarbeit mit anderen Menschen dorthin kommen, dass wir nicht mehr nur Aussagen von Ihnen bewerten, sondern gleich die gesamte Person. Wenn ich an eine bestimmte Sache häufig denke, und sei es eine Annahme oder Hypothese über jemanden oder etwas, dann werden diese Annahmen im Gehirn zu festgelegten Bahnen verbunden. Genauso wie wir ein Gedicht oder ein Gesetz lernen, wird die Annahme über jemanden oder eine Sache als etwas »Gelerntes« abgespeichert und irgendwann glauben wir, diese Annahme sei die Realität. So ist es zu erklären, dass manche Leute mit voller Überzeugung die abstrusesten Dinge glauben, obwohl es überhaupt keine objektiven Beweise für diese »Tatsache« gibt. Ebenso können Menschen feste Meinungen über andere haben, obwohl sie nur ein paar Aussagen von Ihnen gehört haben, nie aber die Person dahinter wirklich kennen gelernt haben. Generell kann man sagen, dass es »die Wirklichkeit« einer Situation nicht gibt. Es gibt stets die Sichtweisen und das eigene Verstehen einer Situation durch die jeweiligen Personen. Und diese »Wirklichkeiten« können in einigen Bereichen weit auseinander liegen.

7 Vgl. Kapitel III.1.a.

Hinweis:
Die meisten Konflikte in Organisationen entstehen aufgrund falscher Interpretationen oder Vermutungen über Dinge, die von anderen gemacht oder gesagt wurden.

Ebenso können diese unterschiedlichen »Wirklichkeiten« innerlich mit völlig unterschiedlichen Bewertungen belegt werden, z. B. was für den einen noch normal ist, ist für eine andere Person bereits sehr ärgerlich.

Beispiel für unterschiedliche Wahrnehmungen in einer Sitzung:

- So kann z. B. eine Situation im Gremium, in der ein Kollege, eine Kollegin von der Sitzungsleitung stark eingebremst wird, von unterschiedlichen Beobachtern unterschiedlich wahrgenommen werden. Dem Kollegen gegenüber Wohlgesonnene bewerten das Einbremsen anders als Kollegen, die seine langen und ausufernden Beiträge sowieso schon länger stören. Eine dritte Person wiederum könnte sich lediglich am strengen Ton der Sitzungsleitung stören, weil sie dies aus ihrem eigenen Fachbereich so nicht gewohnt ist. Einer wiederum anderen Person ist der Ton noch nicht scharf genug, sie hält die Sitzungsleitung für zu weich und nicht stringent genug.
- Dies ist ein gutes Beispiel dafür, wie wichtig es ist, gemeinsam z. B. über Regeln und Formen der Moderation von Sitzungen zu sprechen und immer wieder dazu in gemeinsame Rückmeldeschleifen zu gehen, damit die Moderation Sicherheit bekommt.
- In diesem Fall können Konflikte tatsächlich vermieden werden, weil eine gemeinsame Vorgehensweise besprochen wurde. Sollten dennoch wieder Konflikte über die Moderation entstehen, kann darauf verwiesen werden, dass dies bereits geklärt wurde und eigene Störungen dazu auszuhalten wären. Es wurden also individuelle Wahrnehmungen nebeneinandergelegt und zu einer gemeinsam geteilten Wahrnehmung zusammengeführt. Es gibt keine grundsätzlich unterschiedlichen Interpretationen mehr, sondern eine gemeinsame, zu der man sich vereinbart hat.
- Genauso könnte auch mit anderen sog. heißen Eisen verfahren werden, zu denen man durch Vereinbarungen gemeinsame Formen des Umgangs mit Störungen und damit möglicher Konflikte festlegen kann.

b. Konfliktarten

Was ist überhaupt ein Konflikt? Wann sprechen wir davon? Es gibt keine einheitliche Theorie, die alle Arten und Formen von Konflikten erfassen und beschreiben kann. Zudem gibt es keine einheitliche Definition, was überhaupt ein Konflikt ist. Eine nachvollziehbare Beschreibung, was einen Konflikt ausmacht, ist die folgende:[8]

> Ein Konflikt entsteht in der Regel aus einer wiederholten Verneinung einer Person zu einer wiederholten Verneinung einer anderen Person zu einem gemeinsamen Thema.

Eine Person fühlt sich beispielsweise durch eine Verhaltensweise einer anderen Person gestört und spricht sie an. Die andere Person negiert die Kritik und lehnt sie ab. Die erste Person gibt sich damit aber nicht zufrieden und verneint sozusagen die Rückweisung, was diese Person wiederum zurückweist, also verneint. Ein Kreislauf entsteht, der möglichweise in eine Eskalation führen würde.

Ein anderes Beispiel wäre, dass eine Person gerne im Urlaub zu Hause bleiben würde, während der Partner gerne verreisen würde. Einer lehnt also die Reise ab, durch nein- sagen, die andere Person lehnt durch neinsagen das zu Hause bleiben ab. Gibt es hier kein Nachgeben oder Kompromiss, kann auch diese Situation in einem Streit münden. Es kann eine Eskalationsdynamik entstehen, in der dann noch ganz andere Argumente ausgetauscht werden als nur das Ziel des Urlaubes.

Im Gremium können Konflikte nach dem gleichen Prinzip beginnen und in eine Eskalation gelangen. Dabei können verschiedene Themen zu einem Konflikt führen. In aller Regel haben die unterschiedlichen Themen, über die Konflikte entstehen können, gegenseitigen Einfluss, d. h. sie greifen ineinander. Aus diesem Grund macht eine dezidierte Konfliktanalyse nicht wirklich Sinn, da ein Konflikt nie nur rein auf z. B. der strukturellen Ebene stattfindet, ohne dabei auch die Beziehungsebene tangieren zu können. Ein Zielkonflikt kann immer auch einhergehen mit unterschiedlichen Wertevorstellungen.

Die folgende Abbildung zeigt, welche unterschiedlichen Konfliktthemen in Gremien denkbar sind, aber auch, dass am Ende fast immer die Beziehungsebene betroffen sein kann.

---

8 Vgl. Eidenschink 2024 und Simon, F. B., 2010.

Abb. 33: Unterschiedliche Konfliktarten (eigene Darstellung)

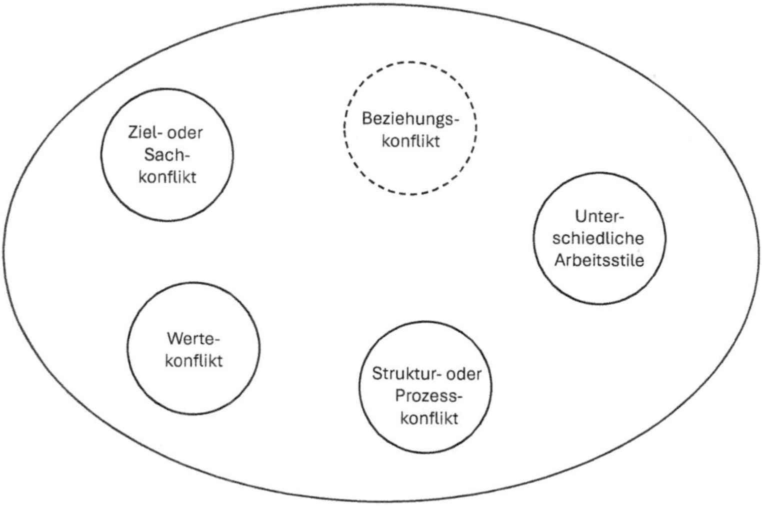

c. Der Verlauf von Konflikten

Wie verlaufen Konflikte und wie kommt es zur Übertragung auf die Beziehungsebene? Zwei oder mehre Beteiligte erleben im ernsten Konfliktfall Sachverhalte wechselseitig unterschiedlich, bewerten diese unterschiedlich und schätzen die Unterschiede dabei so ein, dass sie das jeweils *Eigene* bedrohen. Die eigenen Wünsche, Interessen oder Bedürfnisse sind in Gefahr. Man möchte das *Eigene* erhalten oder durchsetzen, dies wird aber verhindert, weil die andere Person ihr *Eigenes* ebenso umsetzen möchte. Man geht davon aus, die eigene Position kann nur gesichert werden, wenn die andere Person ihre Wünsche oder sich selbst ändert. Dies führt aber dazu, dass man sich vom Verhalten des anderen abhängig fühlt, denn ohne sie gäbe es den Streit nicht. Dieses Abhängigkeitsverhältnis ist Basis für aufkommende Emotionen und wird aber meist nicht zugestanden, weder gegenüber einem selbst noch gegenüber der anderen Person. Das Abhängigkeitsverhältnis ist jedoch vorhanden, denn zur Lösung braucht es beide Seiten. Eine Konfliktdynamik[9] beginnt, wenn geschlussfolgert wird, dass eine Lösung nur dadurch erreicht wird, dass die andere Partei ihre Position verändert, oder dadurch, dass man die eigene aufgibt. Dies

9 Vgl. Schmidt, G.: Hypnosystemische Konzepte für Konfliktberatung und Mediation- innere und soziale Konflikte als Chance. *www.meihei.de.*

führt zu dem Erleben, bedroht zu sein und letztlich, sich intensiver verteidigen zu müssen. Die Folge ist ein Kampf: »Es kann nur ein *Richtiges* geben, meins!« oder aber die Vermeidung: »Ist mir zu blöd!«, aber ohne einen inneren Frieden damit zu erreichen, denn der Konflikt schwelt weiter, denn man ist ja dennoch verbunden und abhängig, was in der Regel lange an einem nagen kann.

Menschen, die sich stark bedroht und abgewertet fühlen, reagieren aus einem »Gefahren-Kontext«[10] des Gehirns heraus (Erlebnis-Netzwerke im Gehirn). Die eigenen Beiträge im Konflikt dienen dann immer dem Schutz der eigenen Interessen, Bedürfnisse oder Werte. Angriffe auf die andere Person erfolgen aus dem Motiv des Selbstschutzes heraus. Dies wird von der anderen Person jedoch nicht als solches wahrgenommen. Sie fühlt sich angegriffen. Ein Gleichziehen einer Argumentation einer bis dahin noch unterlegenen Position wird von der anderen Person als Eskalation wahrgenommen.[11] Zur Lösung des Konfliktes werden Veränderungen durchaus gewünscht, jedoch hauptsächlich bei der anderen Person. Die *eigene* Konfliktwahrnehmung,[12] recht zu haben, der andere nicht, wird dabei innerlich stabilisiert und man gerät in einen sog. »Konflikt-Tunnel«, d.h. der Aufmerksamkeitsfokus geht dabei nach innen zu den eigenen Interessen und Gefühlen und zurück in die Vergangenheit (»Immer schon hast du …«). Damit wird ein starkes Misstrauen aufgebaut (»Ich glaube ihm kein Wort mehr.«) und Hypothesen über die Absichten des anderen werden erstellt (»Der andere will doch nur, dass ich…« oder »Der macht das nur, um mich zu ärgern!«). Dies wird wiederum verbunden mit starken Emotionen (Wut, Ärger,…), Verallgemeinerungen (»Immer machst du«, »Nie hast du…«) bis hin zu körperlichen Reaktionen (das Blut kocht hoch, das Herz rast, das Gesicht wird rot) und einem veränderten Gefühl des eigenen Alters-, Größen- und Raumerleben. Man fühlt sich auf einmal möglicherweise wie ein Kind, klein und eingeengt. Die bisher schützenden eigenen Grenzen werden als gefährdet erlebt, was wiederum zu weiteren heftigen Angriffen führen kann. Allerdings, wie bereits gesagt, aus dem Motiv heraus, sich eigentlich schützen zu wollen. Man erlebt zudem eine Quasi-Zeitlosigkeit, alles schießt sich auf diesen Moment ein, als gäbe es keine gemeinsame gelungene oder schöne Vergangenheit und auch keine gemeinsame Zukunft. Ein Kampf genau im Moment, den es zu gewinnen gilt, entbrennt. Es kommt zum Einnehmen

10 Ebd.
11 Vgl. Simon 2020.
12 Vgl. Schmid a.a.O.

einer fundamentalistischen, stark polarisierenden Position und zu einer anklagenden, abwertenden und beleidigenden Kommunikation.

d. Die Konfliktklärung

Für eine Konfliktklärung ist es, wie bereits erwähnt, hilfreich, eine gemeinsame Vorgehensweise zu nutzen. Existiert diese gemeinsame Vorgehensweise nicht, nutzen, wie bereits weiter oben erwähnt, die Beteiligten ihre eigenen inneren, im Laufe ihrer Sozialisation erlernten, Muster. Das bedeutet, dass es unterschiedliche Streit-Muster geben kann und dass diese möglichweise, wiederum zum Thema des Konflikts werden.

Beispiele für Streitmuster:
- Das-letzte-Wort-haben-müssen
- Beleidigungen mit der Absicht, sich selbst zu erhöhen, den anderen zu erniedrigen
- Bewusste Falschbehauptungen, Lügen und Ausflüchte
- konsequent das Gegenteil des vom anderen Gesagten behaupten
- massive Drohungen, ohne einer wirklichen Macht dahinter
- Massive Angriffe auf die gesamte Person des anderen
- Generalisierungen und Übertreibungen, falsche Behauptungen
- Verwendung möglicher Argumente anderer Autoritäts-Personen.

Aber auch:
- Rückzug (beleidigt oder in Aggression, z. B. Türen knallen)
- Schreien, Brüllen
- Kontaktvermeidung, aus dem Weg gehen
- Völliger Abbruch des Kontakts
- Gewalt gegenüber Dingen
- Gewalt gegenüber der anderen Person.

Die Frage, die sich für die Konfliktaustragung im Gremium stellt, ist die, ob die Beteiligten im Gremium über geeignete Muster der Konflikt-regulierung verfügen und ob sie der Meinung sind, dass ihre Kenntnisse ausreichen, um zu einer zukunftsorientierten Lösung zu kommen. Da, wo Gruppen qua Gesetz (Gremium, Ausschuss), des Auftrags und der Verantwortung eine gemeinsame Zukunft gestalten müssen, sollten sie in die konstruktive Konfliktaustragung gehen, sofern sie nicht zerfallen möchten.

Eine weitere wichtige Frage ist die, ob alle Beteiligten überhaupt an einer Lösung interessiert sind, oder ob es eine Partei oder Parteien gibt, die eher ein Interesse an der Aufrechterhaltung des Konfliktes haben. In demokratischen Wahlkämpfen z. B. kann dies für Einzelne oder Gruppen durchaus Sinn ergeben. Die sich daran anschließende Frage ist die, ob sich eine Konfliktaustragung derzeit gerade lohnt oder ob der Konflikt gerade Teil der Arbeit ist oder sein soll.

Eine letzte Frage, die sich im Zusammenhang mit einer Konfliktaustragung in einem Gremium stellt, ist die, ob eine externe Unterstützung bei der Lösung oder beim gemeinsamen Training und Einüben neuer Konfliktlösungs- und Kommunikationskompetenzen sinnvoll wäre. Ohne externe Unterstützung kann eine Gruppe in ihre alten, möglicherweise nicht funktonalen Streitmuster zurückfallen und sie kann keine neuen Techniken lernen oder neues Wissen zum Thema Konfliktlösungen erhalten.

Ein zieldienliches konstruktives Konfliktmanagement vermeidet den intensiven und detaillierten Blick in die Vergangenheit. Untersuchungen zu Zeugenaussagen bei Verkehrsunfällen haben gezeigt, dass Augenzeugen sich in einem größer werdenden zeitlichen Abstand zum beobachteten Unfall unterschiedlich erinnern. Es ist fast nicht mehr möglich, einen neutralen, objektiven Hergang des Beobachteten zu schildern. Jede Version der Aussagen unterscheidet sich von den vorherigen. Ähnlich verhält es sich bei der rückwirkenden Betrachtung von Streitigkeiten. Dadurch, dass beide Parteien aus ihrem jeweiligen Tunnelblick heraus auch die Vergangenheit beschreiben, muss es zwangsläufig zu unterschiedlichen Beschreibungen dieser kommen. Es kann keine neutrale gemeinsame Sichtweise geben, es sei denn, beide Parteien sind ausdrücklich dazu bereit mit einer wirklich neutralen Haltung der jeweiligen Version des anderen zuzuhören und diese auch aufzunehmen.[13] Eine Ausnahme kann dadurch gemacht werden, dass sich die Beteiligten je nach Thema und Intensität darüber aussprechen, welche Verletzungen man sich gegenseitig zugefügt hat, welche Auswirkungen diese haben oder hatten und was man diesbezüglich für die Zukunft nicht mehr möchte.

Die wichtigste Frage ist also nicht:

- »Was war die Ursache?«,
- »Was ist das Problem?«,

sondern:

- »Was ist eine für unsere gemeinsame Zukunft sinnvolle und zieldienliche Weiter-Entwicklung?«,
- »Was brauchen wir neu?«

13 Vgl. Kapitel IV.1.i., Formen des Zuhörens.

Abb. 34: Eskalationsebenen der Konfliktaustragung/ Ausstiegsmöglichkeiten[14]

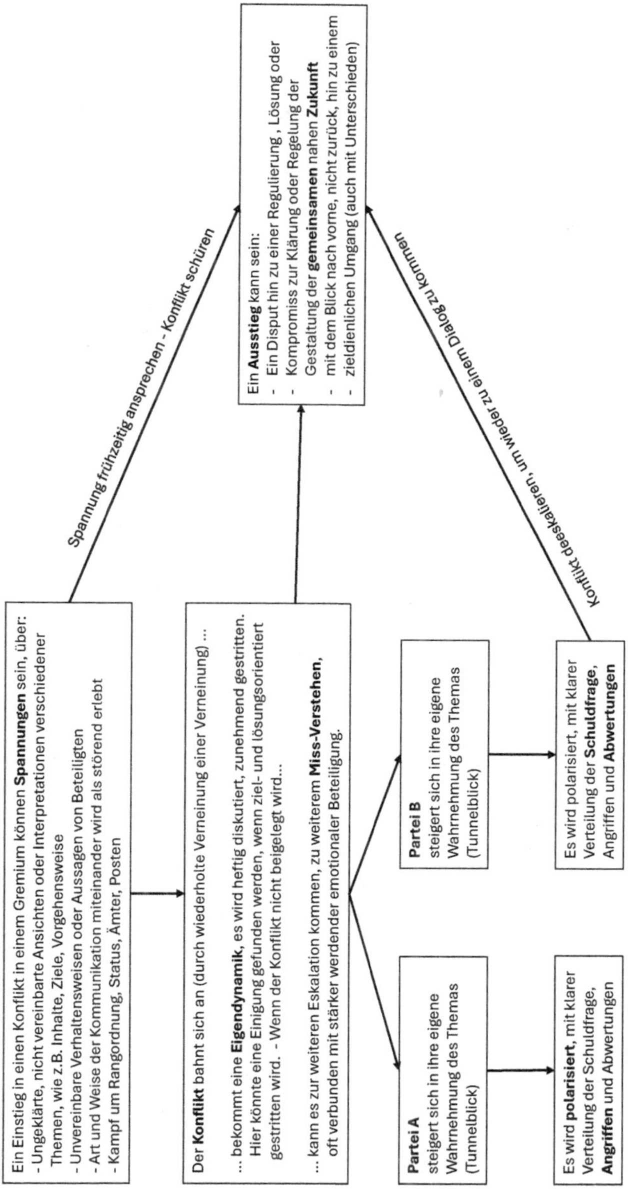

14 Eigene Darstellung, frei nach Pondy (1967) und Eidenschink (2024).

- »Wie können wir trotz vorhandener Unterschiede zu verschiedenen Themen gut zusammenarbeiten?« (Sowohl – Als auch)

Der Sinn von Kooperation in Gruppen entsteht aus der angestrebten Zukunft, den Zielen, dem Grund des Zusammenkommens, um Probleme, die kommen werden, gemeinsam zu lösen. Es ist wesentlich effektiver, sich auf diese Fragen beim Aufkommen von Spannungen und Konflikten zu fokussieren, anstatt sich mit andauernden Schuldfragen oder -vorwürfen zu überziehen oder in zu detaillierten, aber sinnlosen, ausführlichsten Konfliktanalysen.

Eine Reihenfolge einer Konfliktregulation durch die Bearbeitung verschiedener Konfliktfelder in einer festgelegten Reihenfolge macht wenig Sinn, denn kaum jemand ist derart diszipliniert im Streiten, dass man nur rein inhaltlich, nur rein über Strukturen oder Prozesse oder Werte streiten kann, ohne dass dabei aufkommende Emotionen eine beeinträchtigende Rolle spielen würden. Alle Themen tendieren immer dazu, zu einem Konflikt auf der Beziehungsebene werden zu können. Es sei denn, die Austragenden verfügen über viel Erfahrung und Routine und können aufkommende Gefühle angemessen regulieren.

Starten kann eine Konfliktlösung damit, dass zuerst über die gewünschte Zusammenarbeit für die Zukunft gesprochen wird, über die Art der Beziehungsgestaltung und Wünsche zur Kommunikation. Danach kann eine Liste der Detail-Themen erstellt werden, die danach Schritt für Schritt besprochen wird. Aber wie bereits erwähnt, stets mit dem Blick nach vorne und mit dem Blick darauf, ob die Beziehungsebene die Erarbeitung von Lösungen mittragen kann. Die Beziehungsebene kann von allen Konfliktursachen betroffen sein, alle berühren und ist deswegen stets bei allen Gesprächen über eine Lösung mit zu beobachten bzw. nach zu regulieren.

Die **übergeordneten Ziele (Meta-Ziele) eines Konfliktlösungsverfahrens**, die mit beiden Seiten besprochen werden sollten, sind:

- Beide Seiten erleben Sicherheit im Verfahren.
- Unterschiede werden nicht bekämpft, sondern können als Vielfalt erlebt werden.
- Ein Ziel der Konfliktklärung kann ein optimal zieldienlicher Umgang mit Unterschieden sein.
- Eine gemeinsame Vereinbarung zu gemeinsamen künftigen Kommunikations- und Kooperationsmustern.
- Keine gegenseitigen Blockaden, sondern eine akzeptierte Ko-Existenz trotz möglicher Unterschiede,
- möglichst mit Win-Win-Ergebnissen.

Hilfreiche Gesprächstechniken für ein Konfliktklärungsgespräch:

- Gemeinsam die Regeln, die angewandt werden sollen, besprechen (z. B. wirkliches zuhören und ausreden lassen), aber ohne hier bereits in den Konflikt einzusteigen.
- Ich-Botschaften verwenden, Du-Botschaften, Angriffe, Unterstellungen und Abwertungen unterbinden.
- die Verwendung der WWW-Technik (siehe Kapitel IV.1.h).
- Die Förderung der Bereitschaft, die Perspektive des anderen zu verstehen.
- Gemeinsamkeiten fokussieren und festhalten, nicht auf Trennendem herumreiten, sondern dies isolieren.

Aber auch:

- Ehrenrunden einplanen und zulassen, denn diese werden notwendig sein. Alle Beteiligten lernen Stück für Stück hinzu, machen jedoch auch Fehler. D.h. es kann nie eine hundertprozentige Garantie dafür geben, dass ein Lösungsgespräch erfolgreich ist. Es ist gut möglich, dass abgebrochen werden und ein neuer Anlauf gestartet werden muss, und das möglicherweise mehrfach.

e. Weitere Konfliktbeendigungsformen

Neben dem, dass man im Konfliktfalle wirklich zum *aller Äußersten* greifen muss, wirklich zum *aller Äußersten*, nämlich miteinander zu reden, gibt es aber noch weitere Konfliktbeendigungsformen, auf die hier noch kurz eingegangen werden soll.
Es ist durchaus denkbar, dass eine Form der Konfliktbeendigung eine **Trennung** sein kann. Wenn alle Bemühungen fruchtlos geblieben sind, alle Gespräche und alle zusätzlichen Maßnahmen ohne Ergebnis, dann kann eine Trennung eine für alle Beteiligten eine sinnvolle, wenn auch schmerzhafte Lösung sein. Auch ein Mitglied eines BR-Gremiums kann wegen grober Pflichtverletzung seines Amtes auf Antrag des Betriebsrates aus dem Gremium entfernt werden. Das ist kein einfacher Schritt und es braucht am Ende einen Gerichtsbeschluss. Dieser Schritt ist aber möglich und vom Gesetzgeber vorgesehen und wird in der Praxis auch hin und wieder praktiziert.
Eine weitere, wenn auch schwierigere Möglichkeit, einen Konflikt zumindest beizulegen, ist die **Isolation des Konfliktes**. Die Konfliktparteien entscheiden in beiderseitigem Einvernehmen, das strittige Thema ruhen zu lassen. Es auszublenden, nicht mehr anzusprechen oder aufzuheizen. Diese Form der Konfliktbeendigung braucht hohe Konzentration in der

Kommunikation und gleichzeitig aber den beidseitigen Wunsch, trotz dieses einen Konfliktes zu anderen Themen und Aktivitäten weiterhin zusammenarbeiten zu wollen.

3. Konflikte zwischen Gruppen

a. Denk- und Verhaltensmuster zwischen Gruppen

Was oben über Wahrnehmungsprozesse einzelner Menschen beschrieben wurde, gilt analog auch für Wahrnehmungsprozesse von Gruppen. Gruppen neigen dazu, sich ihre eigenen Wahrheiten über andere Gruppen und deren Themen zu konstruieren und dies als *die* Realität zu betrachten. Gruppen neigen dazu, sich von anderen Gruppen abzugrenzen. Im extremen Fall wird die andere Gruppe als Gegner betrachtet, obwohl dies von der Zielführung her, in dieser scharfen Form, gar nicht notwendig wäre. Je nach Dynamik innerhalb der Gruppe kann es dazu kommen, dass Argumente *gegen* die andere Gruppe ein Aufschaukeln erleben, was starke Vorurteile und Urteile ergeben kann. Mitunter werden Hypothesen entwickelt, wie und mit welcher Strategie die andere Gruppe unserer Gruppe schaden könnte, obwohl dies gar nicht das eigentliche Ansinnen der Gruppe sein muss. Gruppen können sich somit anderen Gruppen gegenüber kommunikativ verschließen und die Zusammenarbeit nur noch rein strategisch mit großem Misstrauen gestalten.
Konflikte zwischen Gruppen lassen sich aus diesem Grund nur sehr schwer und mit hohem Auswand auflösen. Die Mechanismen der Dynamik innerhalb von Gruppen[15] können stabilisierend hinsichtlich der Abgrenzung zu einer anderen Gruppe wirken. Die jeweilige Alpha-Position einer Gruppe kann einen Konflikt gegen die andere Gruppe bewusst aufrechterhalten oder schüren, denn damit sichert sie sich ihre Macht, ihren Einfluss oder Bedeutung. Gruppenkonflikte können nur beigelegt werden, wenn die jeweiligen Alpha-Positionen dies fördern. Wird diese Dynamik nicht aufgedeckt, thematisiert oder analysiert, bleibt sie ein unbewusstes Muster des Verhaltens, das sich nur schwer selbst konstruktiv auflöst. Es bedarf also der aktiven Lösungssuche bei Konflikten zwischen Gruppen, im Idealfall mit allen Beteiligten beider Gruppen. Beide Gruppen sollten und können dabei in und mit ihrer ursprünglichen Gruppen-Identität erhalten bleiben und respektiert werden.

---

15 Siehe Kapitel II.7., Gruppendynamische Aspekte.

b. Umgang mit verschiedenen Listen im Gremium

Verschiedene Listen innerhalb eines Gremiums tragen verschiedene Identitätskriterien in sich und vertreten diese auch nach außen. D.h. Kriterien zur Abgrenzung gegenüber einer anderen Liste wirken nach innen identitätsfördernd und werden aus wahltaktischen Gründen öffentlich nach außen kommuniziert. Die Belegschaft hat mit den Betriebsratswahlen die Möglichkeit, sich zu entscheiden, welche Liste wie groß innerhalb des Gremiums wird. Es gibt also unauflösbare Mechanismen, die eine Konkurrenzsituation im Gremium fördern und die man sich auch nicht wegwünschen kann. Die demokratischen Prinzipien sowie die gruppendynamischen Prinzipien wirken zusammen.

Die sich ableitende Frage ist die, wie stark wirkt sich diese Situation negativ auf die gesamte Arbeit des Gremiums aus und wie sehr beeinträchtigt sie das eigentliche Ziel, nämlich sich für die Interessen der Belegschaft einzusetzen. Versucht man nun, diese Interessen jenseits aller wahltaktischen Manöver zu analysieren und stellt fest, dass es hier eine mögliche Schnittmenge gemeinsamer Interessen gibt, hat man zumindest einen Ansatzpunkt gefunden, gemeinsam zu verschiedenen Themen in die gleiche Richtung aktiv sein können. Hieraus lässt sich nun ein demokratischer Kompromiss entwickeln, der im Sinne der Belegschaft ausgehandelt, beschlossen und verhandelt werden kann. Es ist also möglich, dass ein Konflikt zwischen Fraktionen abgefedert werden kann und mit den Mitteln der demokratischen Prinzipien rein auf der inhaltlichen Ebene durch den gemeinsamen Disput, der Diskussion, mit Abstimmungen und Beschlüssen, sowie den nachfolgenden Maßnahmen von einer emotionalen Ebene auf eine rein pragmatische Ebene des Gebens und Nehmens, des Aushandelns und vieler Gespräche heruntergebrochen werden kann. Starke Emotionen können hier stören, denn die oben beschrieben demokratischen Prinzipien sind wie sie sind. Emotionen, oder auch starker Frust, schaden lediglich der Gesundheit derjenigen, die dies erleben, helfen dem Gesamten aber nur bedingt.

Anders verhält es sich, sollte die Situation zwischen Fraktionen bereits auf die Stufe eines starken persönlichen Konflikts gelangt sein. In diesem Fall greifen zwar als letzte noch verbindende Kooperationsmöglichkeiten, die hoffentlich noch funktionierenden demokratischen Prinzipien, die Gestaltung der Zusammenarbeit wird jedoch mit toxischer Kommunikation, Misstrauen und möglicherweise Lügen oder Beleidigungen untermauert. Diese Form des Konfliktes zwischen Gruppen, verbunden mit starken Emotionen und allen Merkmalen des persönlichen Kampfes, lassen eine konstruktive Lösung nur dadurch zu, dass a) die nächste Wahl möglicherweise zu anderen Mehrheitsverhältnissen und so zu einer Musteränderung des Konfliktverhaltens führt, b) die Fraktionen und ihre Mitglieder sich bewusst und ehrlich dafür entscheiden, die persönliche Ebene durch Gespräche zu klären, oder c) einzelne Mitglieder, die persönlich zu sehr unter der Konfliktsituation leiden, sich entscheiden auszusteigen und den Konflikt zu verlassen. Alle drei Möglichkeiten geben jedoch keine Garantie, zu einer ehrlichen Ruhe gelangen zu können, denn Konflikte entwickeln ihre eigene Dynamik, die unvorhersehbare Entwicklungen nehmen kann, ebenso unvorhersehbare Wendungen aber auch Folgen und sogar Spätfolgen für Einzelne. Es braucht also den bewussten Einstieg auf die Ebene der allseitigen Vernunft, um vom heißen Kampf gegeneinander zu vernünftigen Arrangements einer zielorientierten Zusammenarbeit für die Belegschaft zu gelangen.

c. Bearbeitungsformen

Wichtige Entscheidungen, die zur Bearbeitung von Konflikten zwischen Fraktionen zu treffen wären, sind:

- Sind alle Beteiligten mit der Einleitung eines Klärungsprozesses einverstanden?
- Können sich alle Beteiligten auf gemeinsame Regeln innerhalb der Durchführung des Klärungsprozesses einigen?
- Wird der Prozess durch eine externe Moderation, ausgestattet mit Erfahrung und methodischer Kompetenz zu solchen Prozessen, begleitet oder findet der Prozess in Eigenregie statt?
- Wie viel Zeit (in Monaten) möchten man sich für den Prozess geben und wie hoch wäre der zeitliche Aufwand innerhalb einer Woche?
- Wer trägt anfallende Kosten? Wie werden diese verhandelt, verteilt? Durch wen mit wem?

Mögliche **Bearbeitungsschritte** innerhalb des Klärungsprozesses unter systemischen Gesichtspunkten wären:

- Erarbeitung von Bildern der Selbstwahrnehmung der jeweiligen Gruppen, in den jeweiligen Gruppen.
- Wer sind wir? Wofür stehen wir? Was ist uns wichtig? Wodurch unterscheiden wir uns von den anderen? Aber auch: Welche Gemeinsamkeiten würden wir sehen?
- Erarbeitung eines Fremdbildes der anderen Fraktionen.
- Was glauben wir, wer sie sind? Was Ihnen wichtig ist? Wofür sie stehen?
- Erarbeitung des vermuteten Fremdbildes der anderen zu uns.
- Was glauben wir, wie die anderen uns sehen? Was denken sie, was uns wichtig ist? Was denken sie, wofür wir stehen?

- Gegenseitige Vorstellung der Selbstbilder, der Fremdbilder und der vermuteten Fremdbilder. Schritt für Schritt im Modus des aktiven Zuhörens und Verstehens.
- Ziel: Ein gemeinsames Erkennen von bisherigen starken Missverständnissen und Vorurteilen über die andere Gruppe
- Danach: Gemeinsames erkennen möglicher Schnittmengen und gemeinsamer Interessen, und: Gemeinsames erkennen trennender Bereiche und diese akzeptieren.
- Wiederum in den Gruppen: Was von dem Gehörten übernehmen wir in unser künftiges Bild der anderen? Was aus unserem alten Bild werden wir streichen? Wie werden wir uns künftig grundsätzlich verhalten? Welche Verhaltensweisen werden wir fördern, welche unterlassen? Welche Verhaltensweisen erwarten wir von den anderen?
- Gemeinsame Präsentationen der erarbeiteten neuen Sichtweisen zu Denken und Verhalten. Gemeinsame Erarbeitung gemeinsamer Vereinbarungen zu künftiger Zusammenarbeit. Sowie: Regelungen zu Erste-Hilfe-Maßnahmen bei großen Verstößen und der Notwendigkeit von Ehrenrunden, sollten Konflikte wieder aufbrechen.
- Vereinbarungen zu Review-Schleifen zu den getroffenen Vereinbarungen und deren Einhaltung.
- Gemeinsame Feier und Würdigung des Erreichten.

Auch hier gilt: Die oben beschriebenen Schritte sind denkbare Möglichkeiten, zu einer Klärung kommen zu können. Nicht alle Schritte und damit verbundenen Fragestellungen passen zu jeder Situation jederzeit. Hier muss auf einer Meta-Ebene stets abgewogen werden, welcher Schritt mit welcher Frage sinnvoll wäre. Auch ein solcher Prozess verläuft nicht logisch oder linear, sondern dynamisch. Es braucht aber ein bewusstes Einlassen aller Beteiligten und die Bereitschaft die *heißen Kartoffeln* des aktuellen Konflikts ruhen zu lassen, um zu ersten pragmatischen Klärungen und Vereinbarungen kommen zu können. Vertrauen wird erst Schritt für Schritt wieder aufgebaut, also auch hier keine Wunder erwarten. Wenn die eingebrachte Offenheit zur Konfliktklärung einen konstruktiven Prozess und vor allen Dingen ein Befrieden der Beziehungsebene zulässt, ist ein großer Schritt getan. Sollte dies nicht möglich sein oder im Verlaufe des Prozesses als sinnlos erkannt werden, kann zumindest über den jeweils kleinsten gemeinsamen Nenner verhandelt werden.

4. Passiv aggressives Verhalten

Wenn die Beziehungen innerhalb von Gruppen nicht geklärt sind, d. h. es ungelöste Spannungen oder Konflikte gibt, dann kann es zu Verhaltensweisen unter den Mitgliedern der Gruppe kommen, die man als passive Aggressivität bezeichnen kann. *Passiv* deswegen, weil die Störungen nicht aktiv angegangen werden und *aggressiv*, weil sie in ihrer dargebrachten Form ein kooperatives oder harmonisches Miteinander dennoch stark beeinträchtigen oder schlimmer noch: sabotieren.

In Betriebsratsgremien können diese Verhaltensweisen auftreten, wenn es noch nicht gelungen ist, die wesentlichen Aspekte der Zusammenarbeit zu klären. Insbesondere, wenn:

- ungeklärte Ansichten über die gemeinsame Richtung der Arbeit existieren.
- ein Groll gegenüber der Arbeit, der Rolle oder Art des Betriebsratsvorsitzes herrscht.
- mehre Fraktionen im Gremium vertreten sind, die gegeneinander arbeiten.
- ungelöste Konflikte unter den Betriebsräten bestehen.
- Mitglieder sich nicht ernstgenommen fühlen.
- Mitglieder ihre eigene Rolle nicht ernst nehmen.

Dennoch muss an dieser Stelle darauf hingewiesen werden, dass das Beobachten von Verhaltensweisen anderer immer mit dem Aspekt der Wahrnehmungsverzerrung zu tun haben kann. Tritt passive Aggressivität jedoch in erkennbaren Wiederholungen auf, so dass eindeutige Verhaltensmuster beobachtbar sind und diese durch Beobachtungen anderer Personen geteilt werden können, kann man von einer Eindeutigkeit sprechen.

Das Verhalten bei passiver Aggressivität steht nicht im Einklang mit dem, was eigentlich ausgesagt werden soll. Es wird etwas anderes gezeigt, als es ausgesprochen werden würde, würde man die, hinter den Verhaltensweisen liegenden, Motive ansprechen. Viele Menschen greifen jedoch auf diese Muster zurück, weil sie die Möglichkeit des offenen Dialoges oder der konstruktiven Konfliktklärung nicht anwenden. Möglicherweise liegt hinter der Verhaltensweise auch eine Art der Bestrafung, ohne diese konkret auszudrücken, jedoch in der Annahme, dass das Verhalten auch als Bestrafung aufgefasst wird, was häufig ein Irrtum ist. Im Folgenden werden wir uns eine Liste häufig auftretender typischer Verhaltensweisen anschauen und am Ende auf Reaktionsmöglichkeiten eingehen.

a. Offenkundiges Zuspätkommen

Hiermit ist ein grundloses Zuspätkommen zu Sitzungen gemeint, ohne sich zu entschuldigen oder zu erklären. Auf diese Art soll eine Missachtung der Autorität des Vorsitzenden gezeigt werden oder eine Missachtung der Gruppe. Ziel ist es, die Arbeit der Gruppe zu beeinträchtigen oder zumindest zu stören. Gleichzeitig schreibt man sich selbst eine Art von Wichtigkeit zu, weil auf Zuspätkommende häufig fälschlicherweise Rücksicht genommen wird, indem die Sitzung neu begonnen wird, gewartet wurde oder man zusammenfasst, was bisher besprochen wurde.

b. Falscher Humor – Sarkasmus

Hierbei geht es um Witze, die eigentlich keine sind. Witze, die nicht gemacht werden, um ehrlich miteinander zu lachen, sondern Witze, die auf Kosten von jemandem oder etwas gemacht werden. Es wird mit einer verdeckten Botschaft gearbeitet, es soll etwas transportiert werden, was jedoch nicht direkt angesprochen wird. Gefährlich dabei ist, dass diese Form des Humors Lacher erzeugt und somit mindestens bei einem Teil der Gruppe ankommt. Unklar bleibt jedoch, welche Botschaft genau ankommt. In der Regel sorgt diese Form der passiven Aggressivität für Verunsicherung, im schlimmsten Fall zur Spaltung der Gruppe.

c. Nicht-Zuhören

In den Sitzungen zwar anwesend sein, aber nicht zuhören und nicht mitwirken, Zeitung lesen oder sich mit dem mobilen Endgerät beschäftigen, obwohl gemeinsame Regeln dies eigentlich untersagen. Hierbei geht es um eine aktive Missachtung, die zeigen soll, dass das, was der Vorsitzende des Gremiums tut, völlig uninteressant oder gar falsch ist. Auch dieses Verhalten kann schnell Nachahmer finden und somit stark zu einer Beeinträchtigung der Leistung der Gruppe beitragen.

d. Pseudo-Rückmeldungen

Hierbei werden Dinge gelobt, die eigentlich gar nicht lobenswert sind und den eigentlichen Kern der Arbeit gar nicht treffen. Zum Beispiel, *dass* eine Sitzung gut vorbereitet wurde, anstatt *wie* sie geleitet wurde und welche Ergebnisse erzielt wurden. Es geht hierbei darum, sich selbst zu erhöhen, in dem man überhaupt Rückmeldung zu anderen gibt, jedoch nicht darum, durch konstruktives und passendes Feedback zu einer Verbesserung beizutragen.

e. Bewusst keine positive Rückmeldung geben

Dieses Verhalten geht in eine ähnliche Richtung. Es wird zwar Rückmeldung gegeben, auch zu konkreten Inhalten, Ergebnissen oder Verhaltensweisen, jedoch wird bei allem, was auch rückgemeldet wird, darauf geachtet, dass es nicht positiv rüberkommt. Auch hier steckt eine Überhöhung anderer, etwas leistender Personen dahinter, ohne möglicherweise selbst Verantwortung zu übernehmen. Man möchte das Niveau der gemeinsamen Arbeit nicht über die eigenen Ansprüche steigen lassen.

f. Bewusstes Nicht-Antworten auf Nachrichten

E-Mails oder Sprachnachrichten werden nicht beantwortet oder ignoriert. Auch dieses Verhalten soll Desinteresse zeigen, darstellen, dass die Inhalte nicht wichtig sind oder man sich nicht einlassen möchte. In der Regel soll eine gewisse Wichtigkeit bis hin zu Überheblichkeit transportiert werden. Auch hier geht es darum zu signalisieren, dass die Themen und Inhalte eigentlich nicht relevant sind.

g. Vereinbarungen werden konsequent nicht eingehalten

In Sitzungen, auf der Bühne sozusagen, werden Vereinbarungen getroffen, die dann hinter dem Vorhang jedoch nicht mehr eingehalten oder umgesetzt werden. Es findet ein gewisses Spiel statt, das auf der einen Seite Kooperation zeigen soll, sie auf der anderen Seite jedoch unterlaufen soll, indem wiederum signalisiert wird, dass die Vereinbarung und die damit verbunden Themen nicht wirklich wichtig sind.

h. Permanente Umleitung des Themas

Das eigentliche gerade anstehende Thema wird nicht aufgegriffen, sondern es wird zu den eigenen Lieblingsthemen umgeleitet. Hier wird signalisiert, dass alle anderen Themen weniger wichtig sind als das eigene Hauptthema. Würde dieses Thema bearbeitet und abgeschlossen werden, würde es durch ein neues Thema ersetzt werden. Auch hier geht es eher um ein Spiel, das zeigen soll, dass durch passiv aggressives Verhalten Einfluss ausgeübt werden kann, ohne im eigentlichen Sinne über die gesamte

Themenlage eines Gremiums sprechen zu wollen oder sich konstruktiv beteiligen zu wollen.

i. Bewusst das Gegenteil tun

Eigentliche Vereinbarungen werden nicht aufgegriffen und umgesetzt, sondern es wird genau das Gegenteil getan. Hier wird gezeigt, dass man zwar aktiv ist, sich jedoch nicht einfangen lässt und sein eigenes Ding macht. Im eigentlichen Sinne könnte man dafür nicht kritisiert werden, weil man ja aktiv ist, gezeigt wird jedoch auch, dass man zu eigentlichen konstruktiven Kooperation nichts beitragen kann und möchte. Schon gar nicht möchte man sich einfangen lassen.

j. Reaktionsmöglichkeiten auf passive Aggressivität

Wie bereits erwähnt, kann der Ursprung und der Kontext dieser Verhaltensweise unterschiedlich sein. Möglicherweise entspringt das Verhalten aus einem Überlegenheitsgefühl oder aber auch aus einem Gefühl der Unterlegenheit. Nicht selten verfügen Menschen, die dieses Verhalten zeigen, nicht über die notwendigen Kompetenzen, Konflikte anzusprechen oder über ihre eigenen Wünsche oder Bedürfnisse zu sprechen. Möglicherweise handelt es sich bei der gezeigten Verhaltensweise um lange eingeübte unbewusste Verhaltensmuster, die bislang nicht hinterfragt bzw. verändert werden mussten. Da wo Menschen in Kooperationen einsteigen, können diese Muster jedoch unproduktiv sein. Dadurch, dass diese Muster in Gruppe getragen werden, haben sie das Potential zu mehr oder weniger akzeptierten Mustern der Gruppe zu werden. Diese können sich dort verfestigen.
Wenn auf diese Muster nicht reagiert wird, werden sie zu Mustern der Gruppe. Ein Drüberstehen seitens der Vorsitzenden, ohne sie durch konkretes Ansprechen oder Konfrontieren zu verändern, kann gefährlich sein, weil auch das wiederum die Existenz der Muster bedienen oder erlauben kann. Indem die Verhaltensweisen bei einigen der Mitglieder einer Gruppe Akzeptanz finden oder möglicherweise sogar Eindruck erzeugen, können diese Verhaltensweisen eine Gruppe verunsichern oder gar teilen. In jedem Falle trägt ein Nicht-Ansprechen seitens der Vorsitzenden dazu bei, dass die Mitglieder der Gruppe die Autorität der Leitung in Frage stellen können, denn es wird von einer Leitungsperson erwartet, die Gruppe zu schützen.

5. Der konstruktive Umgang mit schwierigen Kollegen

Verhaltensweisen im Gremium haben, wie bereits erwähnt, starke zerstörerische Kraft, werden diese nicht offen thematisiert. Das offene Ansprechen ist dabei bereits ein halber Gewinn, denn auch wenn die betroffene Person ihr Verhalten nicht ändern sollte, liegt jedoch ein Großteil der Aufmerksamkeit der anderen Kolleginnen und Kollegen mittlerweile bei ihr und nicht mehr auf den bis dahin noch ungeklärten Erwartungen hinsichtlich des Vorsitzes. Dieser hat gehandelt und die Verantwortung zu einer Verhaltensänderung wandert nun zum *Störenfried*. Es ist also in jedem Fall ratsam, nicht großzügig über passive Aggressivität oder auch aktive Disruption hinwegzusehen, sondern sie anzusprechen. Möglich sind dabei:

- Einzelgespräche am Rande von Sitzungen.
- Die unmittelbare Reaktion in der Sitzung.
- Eine Blitzlichtrunde am Ende einer Sitzung zur Stimmung in der Gruppe.
- Eine vertrauensvolle Vermittlerperson fragen, mit dem Kollegen zu sprechen.
- Ein Aufgreifen der beobachteten Verhaltensweise auf der nächsten Klausur, offen, in der gesamten Gruppe.

Erst wenn nach einer Klärung die nicht erwünschten Verhaltensänderungen nicht übernommen werden, kann oder muss man vielleicht in den Modus des *Duldens des nicht Nicht-Optimalen* übergehen. Man hat alles getan, um zu klären und kommt möglicherweise nicht weiter. Dennoch kann man dann aus der Haltung des *Erleidens* der Situation, so wie sie vorher war, in den Modus des *Ertragen-Könnens* kommen, denn wir können Menschen nicht ohne ein Mandat ändern. Was wir aber ändern können, ist unsere innere Einstellung dazu, denn am Ende ist es unser Schlaf, den wir uns nehmen lassen und es ist unser Magengeschwür, das wir uns möglicherweise über den andauernden Ärger über eine Person einhandeln. Wir haben aber selbst in der Hand, ob wir es dazu kommen lassen, durch unsere mentale Einstellung.[16]

Exkurs: Mobbing

Das Thema Mobbing ist sehr komplex. Konkrete Angriffspunkte sind oft unklar. Niemand gibt Mobbing gerne offen zu. Manchmal missverstehen

16 Vgl. hierzu: Baschab, F.: Podcast AiB Audio. Strategien beim Umgang mit schwierigen Kollegen. *https://www.bund-verlag.de/aib-podcast*. 06/2024.

Betroffene eine berechtigte Kritik bereits als Mobbing. Über Mobbing werden ganze Hefte und Bücher geschrieben.[17] An dieser Stelle erfolgen lediglich einige Hinweise für ein Weiterlernen zu diesem komplizierten Thema und ein paar wenige Hinweise. Eine ausführliche Behandlung des Themas würde den hier zur Verfügung stehenden Rahmen sprengen. Es ist dringend anzuraten eine Beratungs-Kompetenz für das BR-Gremium durch gezielte Weiterbildung oder Weiterbeschäftigung mit dem Thema zu erwerben.[18]

Allgemeine Hinweise

Im gesellschaftlichen Rahmen mit einer Zunahme beleidigender Kommunikation in den sozialen Medien, Cybermobbing in und um den schulischen Alltag und gewaltvoller Sprache durch öffentlich wirkende Personen werden die Themen Mobbing, Ausgrenzung und Diskriminierung künftig auch vor den Werktoren nicht haltmachen.[19]

Mobbing ist eine subtile und niederträchtige Form von Gewalt, die gleichzeitig geheim und öffentlich stattfindet. Diese Gewalt führt zu allen möglichen negativen Fantasien, Grübelkreisläufe und starken psychischen Beeinträchtigungen bei den Betroffenen. Im Kontext `Arbeit in einem Betrieb' kann Mobbing den beruflichen »Tod« eines Individuums zur Folge haben, begleitet von einem finanziellen Schaden und der Zerstörung der Reputation. Im sehr extremen Fall kann Mobbing zum tatsächlichen Tod der betroffenen Person führen. Der Ort, in dem Mobbing stattfindet, ist für diese Betrachtung der Betrieb, die Abteilung, das Team oder die Arbeitsgruppe. Der Ort, an dem Mobbing jedoch wirkt, ist die Psyche des Gemobbten.[20]

Mobbing ist stets ein ungleicher Kampf bei dem bereits im Vorfeld Gewinner und Verlierer feststehen. Sieg und Niederlage ist nur eine Frage der Zeit. Macht und Ohnmacht sind deutlich erkennbar. Deshalb ist Mobbing zu unterscheiden von Konflikten, die eher ergebnisoffen und auf menschlicher Augenhöhe ausgetragen werden können. Bei der Lösung von Konflikten werden in der Regel Kompromisse geschlossen. Mobbing in seiner perfiden Eigendynamik möchte das nicht, sondern möchte gewinnen.

---

17 Vgl. Esser, A./Wolmerath, M.: Mobbing und psychische Gewalt. Der Ratgeber für Betroffene und ihre Interessenvertretung, Bund-Verlag, 2015.

18 Vgl. Baschab, F.: Mobbing: Auch im Betriebsrat ein Thema. In: AiB 1/2025.

19 Mobbing wirkungsvoll begegnen – ein Ratgeber der IG Metall. Arbeitshilfe 16. IG Metall Vorstand 2017.

20 Vgl. Wyrwa, H.: Konfliktsystem Mobbing. Carl-Auer-Verlag 2012.

VI. Verhandlungen erfolgreich führen

Verhandlungen mit dem Arbeitgeber zu führen, gehört zu den Kernaufgaben des Betriebsratsvorsitzes. Je nach betrieblicher Struktur und Struktur der Seite der Mitbestimmung ebenso für GBR-Vorsitzende, KBR-Vorsitzende, Vorsitzende des europäischen Betriebsrates oder Ausschussvorsitzende. Für ein Betriebsratsgremium wird die Verhandlungsführung durch den Betriebsratsvorsitzenden übernommen.

Verhandlungen erfolgreich zu führen ist dabei nicht nur eine Frage der Verhandlungsinhalte, der Themen, um die verhandelt wird oder der rechtlichen Grundlagen. Verhandlungen erfolgreich zu führen, hat auch viel mit der richtigen Grundhaltung zu tun, mit der richtigen Strategie, mit Verhandlungstechniken und mit der Verhandlungsdidaktik, also der Sprache, die bei Verhandlungen Anwendung findet.[1]

In diesem Kapitel werden wir diese Aspekte in den Vordergrund stellen. Wir werden dabei weniger die rechtlichen Rahmenbedingungen betrachten noch die weiteren rechtlichen Schritte, sollten Verhandlungen scheitern.

Wichtig hierbei ist, dass man Verhandlungsführung am besten durch das Führen von Verhandlungen lernt. Es braucht Übung, um mit den Themen, dem meist auch geschulten und erfahrenen Gegenüber auf der Arbeitgeberseite, zurecht zu kommen, die passenden Argumente in der passenden Strategie abzurufen und dabei stets auch im Blick zu behalten, später die Verhandlungserfolge oder Misserfolge dem BR-Gremium und der Belegschaft erläutern zu müssen. Das Führen von Verhandlungen bedeutet also auch, mit Druck und Erwartungen aus unterschiedlichen Perspektiven der betrieblichen Wirklichkeit umgehen zu können.

1 Vgl. Jutta Portner, Besser verhandeln, Gabal 2015.

1. Die Grundhaltung

Verhandlungen werden dann sehr schwierig, wenn die Verhandlung selbst und die Verhandlungsergebnisse als persönlicher Gewinn oder persönliche Niederlage oder gar als Sieg gegenüber der Person des Arbeitgebers oder BR-Vorsitzenden oder als persönliche Niederlage angesehen werden. Verhandlungen im betrieblichen Kontext werden aus Rollen heraus geführt. Rollen, die durch die betrieblichen Strukturen oder die Positionen im Gremium definiert sind. Das BetrVG hat umfangreich festgelegt, welche rechtlichen Möglichkeiten die Rollen und Handlungen der Mitbestimmung ermöglichen. Verhandlungen werden also auf der Basis einer ausformulierten rechtlichen Regelung mit einer klaren festgelegten Eskalationsmöglichkeit geführt und können deswegen streng auf die Inhalte konzentriert durchgeführt werden. Das Persönliche kann demnach außen vor bleiben. In Kapitel III.1. haben wir zudem gesehen, dass wir, sobald starke Emotionen ins Spiel kommen, unkonzentrierter und fachlich schlechter werden.
Das Havard-Konzept der Verhandlungsführung[2] beschreibt wesentliche Komponenten des sachbezogenen Verhandelns auch und gerade bei schwierigen Inhalten. Im Folgenden betrachten wir diese sehr wichtigen Grundannahmen etwas genauer.

a. Menschen und Interessen getrennt voneinander behandeln

Eine andere Formulierung dieses Grundsatzes ist: »Hart in der Sache, fair zur Person«. Auch wenn dieser Satz im Alltäglichen häufig nicht angewandt wird, weil viele Auseinandersetzungen oft mit starken Emotionen, gegenseitigen Abwertungen oder Beleidigungen einhergehen, ist er, was das Führen von Verhandlungen angeht, von großer Wichtigkeit. Verhandlungen in Betrieben finden nie nur einmalig statt. Betriebsrat und Arbeitgeber befinden sich sozusagen in dauerhaften Verhandlungsketten. Es ist das Basisgeschäft der Mitbestimmung. Verhandele ich so, dass mein Gegenüber dabei zu häufig mir gegenüber oder der betrieblichen Öffentlichkeit gegenüber das Gesicht verliert, werden sich irgendwann Türen schließen und Verhandlungen werden extrem erschwert. Ich verlange etwas von meinem Verhandlungsgegenüber und das bekomme ich umso besser, je eher auf der zwischenmenschlichen Seite gegenseitige Achtung und Respekt besteht. Argumente werden nicht gehört, wenn sie mit Beleidigungen verbunden sind und ein Entgegenkommen wird nicht

2 Vgl. Roger Fisher, William Uri, Das Harvard-Konzept, Campus,1991.

gewährt, wenn ich keinen Respekt vor der Person habe, die mit mir über ernsthafte betriebliche Themen sprechen möchte. Fair zur Person zu sein, bedeutet dabei nicht, zu weich zu sein oder zu schnell zu Kompromissen kommen zu wollen. Fair zur Person zu sein, bedeutet, einen Raum der Möglichkeiten zu eröffnen, indem zugehört wird, indem Argumente auf sachlicher Basis und Vernunft ausgetauscht werden können und in dem das fachliche Ansinnen oder die Kompetenz des Gegenübers akzeptiert wird, auch wenn die Inhalte, die Ziele, die roten Linien möglicherweise noch weit auseinander liegen.

> **Praxistipp zur Trennung von Menschen und Positionen:**
> Auch wenn der Arbeitgeber mir gegenüber unfreundlich auftritt, mich als Gegner sieht, mir droht, weil ich die Wirtschaftlichkeit des Unternehmens gefährde, lohnt es sich, dennoch gelassen zu bleiben, die Äußerungen als Äußerungen aus seiner Rolle zu betrachten und konzentriert im Sinne der Belegschaft zu verhandeln.
> Es ist nicht belegt, dass Betriebe mit Mitbestimmung schlechtere Ergebnisse erzielen, das Gegenteil ist der Fall.
> Ich brauche mich nicht kleiner machen, als es meine Rolle erfordert, aber auch nicht größer. Verhandeln auf menschlicher Augenhöhe erzielt nachhaltig gute Ergebnisse.

b. Auf Interessen konzentrieren, nicht auf Positionen

Auch wenn z. B. in Tarifverhandlungen in der Öffentlichkeit direkt zu Beginn der Verhandlungen konkrete Zahlen genannt werden, ist es bei Verhandlungen in Betrieben sinnvoll, sich nicht im Vorfeld auf eine Position festzulegen und sich darauf zu versteifen. Das Nennen konkreter Zahlen über die Medien in die Öffentlichkeit geschieht, um die interne und externe Öffentlichkeit zu mobilisieren, zu informieren, zu gewinnen. Dies sind strategische Hintergründe, die mit Reputation zu tun haben und dem Setzen klarer Duftmarken. Hier ist klar, dass dies in aller Regel nicht die Zahlen sein werden, die später nach langen, oft rituellen Verhandlungsmarathons als tatsächliche Verhandlungsergebnisse verkündet werden. Innerhalb des Betriebs ist dies in dieser Form oft nicht notwendig, denn die Verhandlungsgegenstände sind häufig nicht derart groß. Es macht hier also Sinn, zwar Positionen für sich selbst als Ziele oder rote Linien zu diskutieren und zu definieren, die Verhandlungsergebnisse sollten sich jedoch an klar definierten Interessen orientieren, wie bspw. mehr Geld für die Belegschaft, weniger Überstunden, mehr Einstellungen. Die Interessen beider Seiten von Verhandlungen auszuloten und zu diskutieren, ermöglicht Bewegungsspielräume und Kompromissräume.

Praxistipp zur Konzentration auf Ergebnisse und nicht auf Positionen:
- Sich zu früh auf Positionen festzulegen, engt die Beweglichkeit während der Verhandlung ein und kann deswegen zu einem nicht-konstruktiven Verhandlungsstil führen oder zur Verwendung von unlauteren Tricks.
- Zudem muss ich das Verlassen meiner Position im Nachhinein verteidigen, gegenüber dem Gremium und der Belegschaft.
- Ich muss keine unrealistischen Verhandlungsergebnisse versprechen oder auch erwarten. Ich kann mit dem, was ich habe, eine bestmögliche Verhandlung führen, da wo ich bin, mit den Kompetenzen, die mir zur Verfügung stehen.

c. Entwicklung von Entscheidungsoptionen und Auswahlmöglichkeiten

Je mehr Themen bzw. Masse in Verhandlungen eingebracht werden kann, um so beweglicher kann eine Verhandlung erfolgen. Das sog. Kopplungsgeschäft, bei dem es um das parallele Verhandeln mehrerer, mitbestimmungspflichtiger Verhandlungsgegenstände gegeneinander geht, ist ausdrücklich vorgesehen und kann je nach Themenkombination Sinn machen, um dabei Verhandlungsdruck zu erzeugen. Verhandlungsdruck, der auch dann aufgebaut werden kann, wenn der Organisationsgrad in einem Betrieb noch nicht so groß ist, dass allein dieser eine große Macht darstellt. Sich im Vorfeld von Verhandlungen ausführliche Gedanken über Alternativen, Auswahlmöglichkeiten und deren Argumentation zu machen, ist essenziell für gute und erfolgreiche Verhandlungen. Auch gegenüber dem Betriebsratsgremium und der Belegschaft ist dies sinnvoll, denn es engt die Verhandlungsführung seitens der Vorsitzenden nicht ein und erzeugt Verhandlungsspielräume. Eine Verhandlung wird stets gegen ein Gegenüber geführt, welches seinerseits zu guten Ergebnissen kommen möchte, von daher braucht es eine gewisse Beweglichkeit.

Praxistipp für Entscheidungs- und Wahlmöglichkeiten:
- Verhandlungen sollten keine Geheimsache zwischen den Betriebsratsvorsitzenden und den Geschäftsführenden sein. Das erzeugt Misstrauen und Raum für Spekulationen.
- Im Gremium im Vorfeld Verhandlungsziele, rote Linien und Hauptinteressen festzuhalten, macht Sinn und stärkt den Verhandelnden den Rücken.

- Kopplungsgeschäfte sind möglich und erhöhen die Verhandlungsmasse und damit den Verhandlungsdruck.

d. Objektive Beurteilungskriterien anwenden

Verhandlungen der Mitbestimmung basieren wie bereits erwähnt auf dem umfangreichen Gesetzeswerk des BetrVG. Auch wenn Gesetzte sogar von Fachleuten unterschiedlich ausgelegt, interpretiert oder kommentiert werden können, ist dies die Grundlage. Auf dieser Basis sollte dann auch die Beurteilung der Verhandlungsinhalte und der Verhandlungsergebnisse stattfinden. Eine persönliche oder gar moralische Komponente in den Vordergrund zu rücken, kann die Verhandlungen stören bzw. stark beeinträchtigen. Moralische Einschätzungen und rechtliche Möglichkeiten sollten daher getrennt voneinander betrachtet werden. Dies ist jedoch kein einfacher Punkt, da die Kollegen in den Betrieben Verhandlungsergebnisse häufig eher emotional oder moralisch bewerten. Die Vorsitzenden haben dann häufig die Aufgabe, neben den verhandelten Inhalten und ihren auslösenden Emotionen auch rechtliche Möglichkeiten und Grenzen zu erläutern. Das Erläutern dessen, was in Verhandlungen geschehen ist, was die Möglichkeiten waren, sowie die rechtlichen Grenzen, gehört deshalb genauso zum Verhandlungsgeschäft von Vorsitzenden wie die Verhandlung selbst. Dieser Schritt muss allerdings tatsächlich getan werden, denn man kann von der Belegschaft nicht erwarten, dass sie sich mit dem BetrVG auskennt, dass sie sich mit rechtlichen Möglichkeiten und Grenzen aktiv auseinandersetzt und entsprechendes Fachwissen aufbaut. Dies ist schließlich die Rolle des Betriebsrates und der Vorsitzenden. Aus diesem Grund stehen die Verhandlungsführung und die Öffentlichkeitsarbeit in den Betrieben in einem engen Zusammenhang.

Praxistipp zur Anwendung objektiver Beurteilungskriterien:
- Verhandlungsergebnisse müssen auch gegenüber der Belegschaft argumentiert werden.
- Je regelmäßiger, offener und transparenter ich dies auf Basis objektiver Zahlen, Daten und Fakten tue, umso eher vermeide ich Falschinterpretationen oder emotionales Feedback.
- Es geht hierbei auch darum, Gerüchten, unrealistischen Forderungen oder Falschinformationen entgegenzuwirken. Deshalb empfiehlt es sich, stets transparent und offen mit den Ergebnissen der Verhandlungen aber auch deren Möglichkeiten und Grenzen umzugehen.

2. Verhandlungsstrategien

Bei Verhandlungen können unterschiedliche Strategien angewandt werden. Alle Strategien sollten dazu führen, dass am Ende gute Resultate erzielt wurden. Die Auswahl der jeweiligen Strategie hängt vom Verhandlungsgegenstand ab, von der Phase der Verhandlung, vom wirtschaftlichen Kontext des Betriebes und den zu erzielenden Ergebnissen für die Belegschaft. Auch während einer Verhandlung kann die Strategie geändert und eine andere in Anwendung gebracht werden. Verhandelt mehr als eine Person auf einer Seite, sollte zwischen den Beteiligten dieser Seite Einvernehmen über eine gemeinsame Strategie bestehen, damit nicht gegeneinander verhandelt bzw. unlogisch gegenüber der anderen Verhandlungsseite agiert wird.
Zwei grundlegende Verhandlungsstrategien sind zum einen die integrative Verhandlungsstrategie, bei der es trotz der gegensätzlichen Positionen um gemeinsam zu tragende Ergebnisse geht, um Fairness und letztlich um eine kooperative Grundhaltung, und zum anderen die sog. distributive Strategie, bei der es um eine Konfrontation geht, um eine konkurrierende Grundhaltung und am Ende um ein Null-Summen-Spiel für eine der Verhandlungsseiten. Denn das, was es zu verhandeln gab, wurde so verhandelt, dass eine Seite der Verlierer ist und die andere der alleinige Gewinner.

Praxistipp zu den grundlegenden Verhandlungsstrategien:

- Auch die grundlegende Verhandlungsstrategie kann zum Gegenstand von Verhandlungen gemacht werden.
- Es kann während Verhandlungen und dem aus der Beobachtung der Verhandlungsführung entstandenem Eindruck auf die Meta-Ebene gewechselt werden, indem der Verhandlungsstil und das Verhalten des Gegenübers thematisiert wird.
- Dies erzeugt den Eindruck der Übersicht, Erfahrung und Kompetenz und erlaubt das stellen der Grundsatzfrage, ob Verhandlungsergebnisse überhaupt gewünscht sind.

Der Idealfall, was die Verhandlungsergebnisse angeht, ist wie bereits erwähnt, die Verhandlung auf Augenhöhe hin zu Kompromiss-Lösungen, hin zu den sog. Win-Win-Ergebnissen. Eine alternative Perspektive auf Win-Win kann sein, dass beide Parteien daraufhin verhandeln, möglichst wenig für die jeweilige Seite zu verlieren, Loose-Loose, sozusagen, denn sehr häufig geht es nicht um die Verteilung von Gewinnen, sondern um das Aushandeln des Umgangs mit Verlusten. Hierbei geht es dann darum,

darauf zu achten, dass beide Parteien gleichermaßen die Konsequenzen des Verlustes aufteilen, beide also gleichermaßen zur Kompensation eines Verlustes beitragen.
Auch der Einsatz von Verhandlungsstrategien sollte mit Beweglichkeit vonstatten gehen, denn ich kenne die Strategie des Gegenübers erst, wenn die Verhandlungen begonnen haben. Möglichweise verlangt der Verhandlungsbeginn oder der Verhandlungsfortschritt nach einer veränderten Strategie. Eine einmal eingesetzte, aber nicht mehr erfolgsversprechende Strategie sollte überdacht und verändert werden, statt stur daran festzuhalten und Verhandlungsspielräume aufzugeben. Und wie bereits erwähnt, gewaltsame Durchsetzung führt zur Verhärtung auf der anderen Seite und zur Eskalation. Zu den gängigsten Verhandlungsstrategien, als Erläuterung zu den zu Beginn dieses Kapitels erwähnten Grundstrategien, zählen:

a. Strategie der maximalen Ergebnisse

Diese Strategie scheint zunächst die gängigste und wichtigste zu sein. Man geht mit Maximalforderungen in eine Verhandlung und versucht diese auch bis zum Ende durchzusetzen, koste es, was es wolle. Die Frage ist, ob diese Strategie in jeder Verhandlung zu jedem Thema sinn-voll ist, oder ob sie über längere Sicht schaden kann. Betriebsräte verhandeln ständig mit dem Arbeitgeber. Diese Strategie in dauernder Wiederholung angewandt, kann dazu führen, dass sich die Fronten langfristig verhärten und mit allen Mitteln außerhalb von Verhandlungen versucht wird, die Mitbestimmung auszuhebeln. Niemand möchte dauerhaft bei Verhandlungen verlieren.
Sinnvoll kann diese Strategie allerdings sein, wenn es um ein einzelnes sehr wichtiges Thema für den BR und die Belegschaft geht, bei dem man auf jeden Fall erfolgreich sein möchte oder gar muss. Gerade wenn abzusehen ist, dass die Verhandlungen zu diesem Thema schwierig werden können, ist die Präsentation und das Festhalten an einer Maximalforderung der bessere Einstieg. Je nach Höhe des Organisationsgrads im Betrieb hat der BR zusätzliche Macht, die bei der Forderung nach einem Maximalergebnis mit in die Waagschale gelegt werden kann. Je höher der Organisationsgrad, um so mehr Verhandlungsmacht und Drohkulisse können die Betriebsräte in Verhandlungen aufbauen und um so wahrscheinlicher wird ein Verhandlungserfolg. Das gleiche gilt, wenn sich die verhandelnden Betriebsräte sicher sein können, dass das zu verhandelnde Thema den vollen Rückhalt von der Belegschaft erhält. Dies kann im

Vorfeld einer Verhandlung durch Gespräche, Rundgänge, Abteilungsversammlungen, Betriebsversammlungen oder Umfragen ermittelt werden.

b. Kompromissstrategie

Verhandeln bedeutet allerdings auch ein ständiges Geben und Nehmen. Vor allem bei sehr komplexen Themen und einer umfassend schwierigen wirtschaftlichen Situation des Unternehmens kommt die Maximalstrategie an ihre Grenzen. Bei sehr umfangreichen Verhandlungspaketen wird es in der Regel dazu kommen müssen, dass einzelne Teilpakete mal an die eine, mal an die andere Verhandlungsseite gehen. Dies funktioniert jedoch nicht, wenn nicht bewusst eine Kompromissstrategie angewandt wird.

Wichtig bei der Verhandlung größerer, zusammenhängender Pakete ist, dass immer wieder Zusammenfassungen der Teilergebnisse durchgeführt werden und man zudem dafür sorgt, auf welche Art auch immer, die Übersicht über die einzelnen Themen und deren ausgehandelten Ergebnisse zu behalten. Man sollte hier vermeiden die Kontrolle über die Verhandlungen selbst und die Erfolgs- und Verlustverteilung zu verlieren.

c. Defensivstrategie

Diese Strategie ist angebracht, wenn das Zustandekommen einer Vereinbarung als wichtiger eingeschätzt wird als die Zugeständnisse, die man dazu machen müsste. D.h. um zu einer potenziell neuen Vereinbarung zu kommen, ist man bereit etwas zu opfern, an dem man sonst eher festgehalten hätte. Diese Strategie kann eine Teilstrategie in den oben erwähnten größeren Verhandlungspaketen sein. Natürlich muss das der Gegenseite nicht unbedingt offengelegt werden. Man kann die dabei abgegebenen Pfründe als großes Entgegenkommen verkaufen. Ebenso kann diese Strategie angewandt werden, wenn einem ein anderes einzelnes Thema eines größeren Paketes wichtiger ist als das, zu dem man Zugeständnisse macht. Dieses andere Thema sollte dann aber wiederum mit einer Maximalstrategie verhandelt und mit vorherigem Entgegenkommen begründet werden.

d. Verhandeln über die Verhandlung

Es ist jederzeit möglich, eine nichtkonstruktive Verhandlungsstrategie des Gegenübers selbst zum Thema von Verhandlungen zu machen. Manchmal ist es so, dass die Arbeitgeberseite erst an die Mitbestimmung und deren Möglichkeiten und Notwendigkeiten herangeführt werden muss. Auch hierüber kann verhandelt werden. In der Regel sollte ein Betrieb, sofern es bereits einen Betriebsrat gibt, ein Interesse daran haben, dass eine kooperative Zusammenarbeit auf Augenhöhe stattfindet, denn ein Betriebsrat in einer Firma hat viele Vorteile. Es kann also im Rahmen der verpflichteten Mitbestimmungsthemen durchaus zur Sprache kommen, wie die Zusammenarbeit zwischen Geschäftsleitung und Betriebsrat vernünftigerweise gestaltet werden könnte.

3. Die Sprache und Wortwahl bei Verhandlungen

Um Verhandlungen auf Augenhöhe führen zu können, ist die verwendete Sprache ein sehr großer Einflussfaktor. Die Sprache bzw. die Kommunikation ist das Transportmedium der Inhalte, die es zu verhandeln gilt. Natürlich ist die Sprache bei Verhandlungen in einem Betrieb eingebettet in die Kultur des Betriebes, also die Art und Weise, wie generell miteinander umgegangen wird und wie generell miteinander gesprochen wird, mit welchem Vokabular und in welchem Ton. Die Sprache der Verhandlung sollte sich dieser Kultur anpassen, da sonst die Sprache selbst als irritierend empfunden werden könnte und demzufolge Misstrauen erzeugen könnte. Generell sollten allerdings die wesentlichen Elemente der konstruktiven Kommunikation angewandt werden, die sich auch in anderen wichtigen Formen der Kooperation als hilfreich erweisen. Zwei wesentliche Elemente der Sprache in Verhandlungen sind demnach das Ausredenlassen und das Zuhören.

a. Ausreden lassen

In Verhandlungen werden wichtige Inhalte besprochen, die ich als Verhandlungsbeteiligter verstehen und aufnehmen muss. Wenn ich mein Gegenüber nicht ausreden lasse, besteht die Gefahr, dass ich nicht alle Inhalte aufnehmen kann. Es besteht die Gefahr, dass ich Themen übersehe, und es besteht durch meine dauernden Einwürfe die Gefahr, dass ich die Stimmung unnötigerweise aufheize und Aggression in die Verhandlung bringe. Möglicherweise gehört der Satz: »Lassen Sie mich bitte ausreden!« zu den am häufigsten verwendeten Sätzen in Verhandlungen. Dennoch ist das Ausreden lassen die Grundlage für vernünftige Gespräche; auf beiden Seiten, denn auch ich möchte, dass ich aussprechen darf.

Jedoch ist es sicherlich manchmal notwendig, zu lange Ausführungen des Gegenübers zu unterbrechen. Diese Unterbrechungen sollten dann allerdings in einer ruhigen Art und Weise mitgeteilt und begründet werden. Schließlich muss ich in der Lage sein, auch alle Ausführungen des Gegenübers verstehen zu können. Zu viele Themen innerhalb kürzester Zeit überfordern die Handhabbarkeit der Themen.

Beispiele zum Umgang mit Unterbrechungen:

- »Sie haben Ihre Punkte bereits sehr ausführlich dargelegt. Darf ich Sie an dieser Stelle unterbrechen, damit ich auf die einzelnen Punkte eingehen kann, sonst weiß ich nicht mehr, was Sie ganz zu Beginn gesagt haben.«
- »Mir sind das gerade zu viele Punkte und zu vielen Themen. Können wir bitte Schritt für Schritt durch die Themen gehen und zwar so, dass ich die Gelegenheit habe, zu jedem Thema Stellung zu beziehen.«
- »Darf ich jetzt ausführlich auf Ihre Punkte antworten? Ich habe sie notiert und würde jetzt gerne Schritt für Schritt darauf eingehen. Danach können wir die Punkte nochmal einzeln aufrufen und in die Verhandlung zu jedem Punkt einsteigen.«
- »Sie reden gerade sehr lange und ausführlich. Können wir Ihren Beitrag an dieser Stelle unterbrechen und in kleineren Päckchen darüber sprechen. Sie sind fachlich tiefer im Thema als ich und ich möchte alle Punkte gut verstehen.«

Dies sind einige wenige Kommunikationsbeispiele, die konstruktiv Unterbrechungen bei zu langen Ausführungen ermöglichen. Sollten sehr ausgiebige Ausführungen eine angewandte Strategie der Verhandlung seitens des Gegenübers sein, hat man mit der Unterbrechung zwei Fliegen mit einer Klappe geschlagen. Man kann erstens in die Erwiderung der einzelnen Punkte einsteigen und zweitens hat man die Strategie der Gegenseite gebrochen. Also schon ein erster Verhandlungserfolg.

b. Zuhören

Nichts sagen ist nicht zuhören! Gerade bei Verhandlungsgesprächen ist dieser Satz enorm wichtig. Verhandlungen können verdeckte Botschaften enthalten, also Themen, die umschrieben präsentiert werden, nicht offen und transparent, eher verklausuliert. Bewusstes und aktives Zuhören gehört deshalb zu den Hauptkomponenten der erfolgreichen Verhandlungskommunikation. Hierbei sollte man eine neutrale Mimik und Gestik verwenden, nicht zu häufig nicken, im Sinne einer Bestätigung des Gesagten des Gegenübers, wie man es möglichweise bei anderen, viel-

leicht privaten Gesprächen tun würde. Mimik und Gestik sollten eher dem berühmten Pokerface gleichen, bei dessen Verwendung man sich eben nicht in die Karten schauen lässt und noch nicht zeigt, wie man auf die Inhalte reagieren würde.
Gutes Zuhören wird begleitet durch das stellen guter Verständnisfragen. Hierunter verstehen wir alle jene Fragen, die zu einem ausführlichen und detaillierten Verstehen der Inhalte beitragen. Auch wenn es möglicherweise Unterschiede in Fachwissen und Bildung zwischen Betriebsratsvorsitzenden und Geschäftsführungen geben kann, sollte dennoch darauf geachtet werden, dass alle Beteiligten mit ihren Mitteln und Hintergründen alle Inhalte des Gespräches richtig verstehen. In Verhand-lungen, in denen Experten verschiedener Fachrichtungen teilnehmen, werden automatisch Fachbegriffe oder ein gewisser Fachjargon verwendet, den nicht unbedingt alle am Tisch sprechen. An dieser Stelle sollte darauf geachtet werden, dass die verwendete Sprache von allen verstanden werden kann. Schon gar nicht sollte eine Fachsprache deswegen verwendet werden, um andere einzuschüchtern oder mundtot zu machen. Man sollte dies von Seiten des Betriebsrates auf keinen Fall zulassen und sogar aktiv unterbinden.

Beispiele für gute Verständnisfragen:
- »Darf ich an dieser Stelle nachfragen, was genau Sie mit dem Punkt xyz meinen? Ich habe das nicht verstanden.«
- »Können Sie bitte diesen Punkt noch einmal wiederholen, ich bin nicht sicher, ob wir hier ein gleiches Verständnis haben.«
- »Entschuldigen Sie bitte, ich habe nicht studiert. Können sie den Punkt bitte so ausführen, dass ich ihn verstehen kann.«
- »Es tut mir leid, aber können Sie in einer Sprache sprechen, die alle hier am Tisch verstehen können?«

c. Verwendung oder Vermeidung bestimmter Wörter

Es gibt verschiedene Wörter, die in ihrer Verwendung Unentschlossenheit oder Unsicherheit ausdrücken. Es kommt dabei darauf an, wie diese Wörter beim Gegenüber aufgefasst werden und gar nicht so sehr, was ich eigentlich sagen wollte.

Tun *statt* Versuchen

Eines dieser Wörter ist der Ausdruck des Tuns, statt des Wollens oder Versuchens. Eine konkrete Tat oder geplante Handlung auszudrücken, klingt entschlossener und entschiedener als das Vorhaben oder den Versuch eines Vorhabens zu formulieren.

Konkret heißt das:
- »Wir werden dann am Dienstag eine Betriebsversammlung durchführen, bei der alle Mitarbeiter der Abteilung xyz teilnehmen werden. Das wird der erste Schritt sein«, statt: »Wir werden versuchen, am Dienstag möglichst viele Mitarbeiter der Abteilung xyz zu einer Betriebsversammlung zu gewinnen.«
- Auch wenn zum Zeitpunkt der Verhandlung noch nicht klar ist, ob die angesprochene Aktion erfolgreich sein wird, tut man in der Verhandlung so, als ob sie das in jedem Fall wird und baut somit in der Verhandlung eine entschlossene Drohkulisse auf. Schließlich soll die erste Wirkung dieser Formulierung in der gerade stattfinden Verhandlung wirken.
- Der nächste Schritt nach der Verhandlung könnte dann der sein, mit voller Konzentration und Energie in die Vorbereitung und Durchführung der Versammlung zu gehen.

Ja, aber...

Eines der unangenehmsten psychologischen Spiele zwischen Menschen ist das sog. »Ja, aber... – Spiel«. Dabei wird ein Sachverhalt geäußert, der durch das Wort »aber« wieder unmittelbar abgeschwächt oder in Frage gestellt wird.

Konkret heißt das:
- »Ich möchte nicht unkooperativ erscheinen, aber in diesem konkreten Fall...« Es wird zwar angekündigt, dass man nicht unkooperativ sein möchte, mit dem Wort »aber« wird dies aber dennoch eingeleitet und das Gegenüber kann nun davon ausgehen, dass etwas Unkooperatives folgt.
- Gleiches gilt für: »Ich möchte ja nicht unhöflich sein, aber ...«. Hier wird das Nachfolgende mit großer Wahrscheinlichkeit entweder unhöflich sein oder als derart aufgefasst.
- Die bessere Formulierung statt »Ja, aber ...« wäre ein klares »und«.
- »Ich möchte nicht unkooperativ erscheinen und deshalb schlage ich folgendes ganz konkret vor...«.
- »Ich möchte nicht unhöflich sein und aus diesem Grund schlage ich vor, meine Argumente unter dem Blickwinkel des Vorsitzenden des Betriebsrates zu verstehen und nicht als ihr persönlicher Gegner.«

Argumente und Forderungen mit Begründungen verbinden

Hier spielt eine Rolle, dass nicht bloß Forderungen aufgestellt, sondern auch begründet werden. Diese Begründungen können im Vorfeld von Verhandlungen überlegt bzw. gesammelt werden. Je mehr gute Begründungen, desto größer ist die Untermauerung der Forderungen. Je besser und umfangreicher die Begründungen sind, desto mehr Übersicht und Kompetenz wird ausgestrahlt und desto schwieriger wird es für die Gegenseite die Argumente zu entkräften, denn auch sie braucht für die Begegnung der Argumente ihrerseits wiederum gute Begründungen. Verhandlungen zu führen kann also auch bedeuten, sich im Vorfeld die eigenen Begründungen sehr gut zurecht zu legen, aber auch, sich gegebenenfalls mit den Argumenten der Gegenseite auseinanderzusetzen, um hieraus wiederum Begründungen vorbereiten zu können. Es kann, je nach Komplexität eines anstehenden Verhandlungsthemas, Sinn ergeben, im Vorfeld die Verhandlung gedanklich durchzuspielen, um auf viele Eventualitäten vorbereitet zu sein und die eigene Argumentationslinie und deren Inhalte im Gedächtnis präsent zu haben.

Bildhafte Sprache

In diesem Zusammenhang ist eine lebendige und bildhafte Sprache möglicherweise hilfreich. Auch wenn die Arbeitgeberseite dies möglicherweise gleichtut oder als Strategie durchschaut, hinterlässt eine bildhafte Sprache dennoch Eindruck, denn sie spricht andere Hirnareale an und bleibt deswegen stärker beim Gesprächspartner hängen, was über die Dauer von mehreren Verhandlungen erfolgsversprechend sein kann.

Konkret heißt das:

- Statt nüchterne Zahlen und Daten zu verhandeln, bspw. zu dringend notwendigen Änderungen am Schichtsystem, kann man Argumentieren, »dass wieder eine ganze Generation von Kindern nicht die Möglichkeit hat, ihre Mütter oder Väter mit ausreichend Zeit für alle täglichen Belange zu sehen und wieder die Gefahr besteht, dass Familien in großen Stress geraten, weil nicht genügend gemeinsame Zeit zur Verfügung steht.«
- Es kann bspw. auch argumentiert werden, »dass Familien nicht mehr in der Lage sind, überhaupt am kulturellen Leben in der Gemeinde teilzunehmen, weil sie die finanziellen Mittel am Ende des Monats nicht mehr zur Verfügung haben. Geschweige denn von einem gemeinsamen Urlaub oder ausreichenden Mitteln für Materialien für die Schule.«
- Man kann Wörter verwenden, wie bspw. »in den letzten Jahren große Opfer gebracht«, »bewusst und mit Einverständnis Verzicht geübt«, »Tag und Nacht für die Firma bereitgestanden«, »sich und die eigene Gesund-

heit für die Firma hingegeben«, »nie unverschämt aufgetreten oder mit unrealistischen Forderungen konfrontiert«, u. ä.

Killerphrasen

Verwechselt werden sollte dies jedoch nicht und auch klar unterschieden von den sog. Killerphrasen. Dies sind Sätze, mit denen man eigentlich die eigene Argumentation verstärken möchte, die jedoch das Gegenteil bewirken können.

Beispiele für Killerphrasen:

- »Kein vernünftiger Mensch würde behaupten, dass …«
- »Hätten Sie mal in der Produktion gearbeitet, dann wüssten Sie, dass…«
- »Niemand mit Verstand käme auf die Idee, dass…«
- »Unter vernünftigen Menschen würde niemals das Argument fallen, dass…«
- Niemand mit Übersicht und Kompetenz würde behaupten, dass…«

Umgang mit Killerphrasen

Sollten diese Phrasen zum Repertoire eines Verhandlungsbeteiligten gehören und man merkt, dass sie einen stören, dann sollten sie angesprochen bzw. konfrontiert werden. Ein wohlwollendes Überhören kann dazu führen, dass die Phrasen als Muster der Kommunikation etabliert und dauerhaft verwendet werden. Es bleibt dabei stets ein gewisser Beigeschmack, entweder indem man sich doch permanent leicht herabgewürdigt oder beleidigt fühlt oder, dass sie einen dann doch Schritt für Schritt in Rage bringen. Vor allem wenn diese Sätze von mehreren an der Verhandlungen Beteiligten kommen, wird beabsichtigt, die Bühne der größeren Runde zu nutzen, um andere abzuwerten. Aus diesem Grunde ist es wichtig, diese Muster zu unterbrechen und nicht über sich ergehen zu lassen, auch wenn es einem persönlich vielleicht gar nicht so viel ausmachen würde. Es geht jedoch immer auf beiden Seiten der Verhandlung darum, gewisse Duftmarken zu setzen, die klare Grenzen des Umgangs und des Tons der Kommunikation aufzeigen.

Persönliche Ansprache

Mitunter hilft es, zur Verstärkung des Zuhörens den Verhandlungsgegenüber hin und wieder beim Namen zu nennen und persönlich anzusprechen. Dies sollte jedoch mit Bedacht getan werden, damit es nicht unglaubhaft wirkt, oder als Angriff verstanden wird. Es kann jedoch die Aufmerksamkeit des Gesprächspartners schärfen und somit auch die

Betroffenheit, wenn sein Name, egal ob »du« oder »sie« hin und wieder aufgerufen wird.

Haltlose Drohungen

Ebenso verhält es sich mit den, in Verhandlungsgesprächen oft formulierten, haltlosen Drohungen, dass die Betriebsräte Schuld an der wirtschaftlichen Misere des Betriebes und letztlich deren Pleite sein sollen. Solche Behauptungen sind unrealistisch und unwahr. Es gibt keinen Nachweis, dass eine Firma wegen ihres Betriebsrates schließen musste. Managementfehler werden nicht gerne zugegeben, weil sie gerade gegenüber der Mitbestimmungsseite gesichtsverlierend zu sein scheinen. Aber sie werden und wurden gemacht. Betriebe bewegen sich stets auch in einem wirtschaftlichen und politischen Kontext, der ebenso Auswirkungen auf die Ergebnisse der Firma hat. Der Betriebsrat ist dabei *eine* Einflussgröße, aber sicherlich nicht diejenige, die allein Gedeih und Verderb der Firma bestimmt.

Beispiele für Reaktionen auf haltlose Drohungen:

- »Liebe/r Herr/Frau XYZ, sie wissen selbst, dass diese Behauptung nicht der Realität entspricht. Noch nie ist eine Firma wegen ihres Betriebsrates pleite gegangen. Lassen Sie uns nach Lösungen für unsere Probleme suchen, im Sinne der Firma und im Sinne der Belegschaft.«
- »Wir kennen diese Behauptungen nun schon zu genüge. Die Schieflage der Firma ist sicher nicht entstanden, weil wir in den letzten Jahren mehr Lohn für unsere Beschäftigten verhandelt haben. Da gibt es andere Gründe. Lassen sie uns in Ruhe die Zahlen analysieren, gerne auch mit externem Sachverstand, und dann über gemeinsame Lösungen verhandeln. Klar ist aber auch, dass unsere Belegschaft hier in diesem Land lebt und hier ihre Rechnungen bezahlen muss.«
- »Ich bitte Sie, diese haltlosen Behauptungen zu unterlassen. Gegenseitige Angriffe bringen uns an dieser Stelle nicht weiter. Wir tragen die Verantwortung für die Firma mit. Allerdings scheint uns die einzig naheliegende Reaktion des Managements sehr schnell der Griff in die Geldbörse der Belegschaft zu sein. Es gibt sicherlich auch weitere Lösungsmöglichkeiten. Wir sind bereit zu verhandeln.«

Situation statt Problem

Statt »das Problem ist …« sollte man besser formulieren »die Situation sieht folgendermaßen aus«, und dies mit Beispielen und Argumenten belegen. Das Problem des einen ist nicht unbedingt das Problem des anderen. Die Diskussion könnte dahin abdriften zu diskutieren, was überhaupt ein Problem ist. Eine persönliche Sichtweise auf eine Situation kann man keinem nehmen, sie ist für die schildernde Person real und man sollte nicht über deren Definition debattieren.

Rhetorische Weichmacher vermeiden
Alle Formulierungen im Konjunktiv, wie: »Könnten wir versuchen«, »Sollten wir nicht besser«, aber auch: »Glaube ich«, »Denke ich«, »Vermute ich«, »Sag ich mal so…«, »Ich würde vorschlagen« transportieren Unsicherheit und Unentschlossenheit. Besser sind klare Formulierungen, wie: »So sehe ich das«, »Wir machen Folgendes«, »Ich schlage konkret vor«. Es geht also darum, sich nicht schon durch die Wortwahl und den Sprachgebrauch kleiner zu machen als notwendig oder sich selbst gar in die Rolle eines Bittstellers zu bringen.

4. Verhandlungstechniken

Zur Umsetzung der Verhandlungsstrategie können unterschiedliche Techniken bzw. Werkzeuge angewandt werden. Aus der Erfahrung von Verhandlungsgesprächen haben sich verschiedene hilfreiche Verhandlungstechniken herauskristallisiert, deren Verwendung erfolgsversprechend sein kann. Natürlich passt nicht jede der Techniken in jedem Gespräch, in jeder Situation und zu jedem Verhandlungspartner, dennoch können sie helfen, gute Verhandlungen durchzuführen. Zu bedenken ist jedoch, dass auch die Verhandlungspartner mit großer Wahrscheinlichkeit Techniken verwenden werden und es somit auch zu einer Art Wettbewerb der Techniken kommt, was sicherlich irgendwie auch ganz spannend sein kann. Wichtig ist jedoch zu erkennen, dass diejenige Seite, die keine Techniken verwendet, möglicherweise gegenüber der Seite, die sie verwendet, schon im Vornhinein im Nachteil sein kann.

Reihenfolge der Argumente
Die Reihenfolge, in der die Argumente vorgebracht werden, hat Einfluss auf deren Kraft innerhalb eines Verhandlungsgesprächs. Es wäre hilfreich, darauf zu achten, dass die besten und kräftigsten Argumente nicht unmittelbar zu Beginn der Verhandlung gebracht werden. Zu Beginn sind die zweitstärksten Argumente ausreichend, auch um zu sehen, mit welchen Argumenten die Gegenseite aufwartet. Das entstehende Hin-und-Her der Argumente und Begründungen erlaubt einen ersten Überblick über die Argumentationslinie, die Strategie und eine erste Einschätzung zu den Verhandlungszielen der Verhandlungspartner. Hat man diese Übersicht,

kann man die eigenen Argumente sortieren und danach in eine Steigerung eintreten und die stärksten Argumente einsetzen. Es kann also hilfreich sein, die Gegenseite zu locken, dass sie früh ihre Taktik und ihre Trümpfe offenlegt, um danach in Ruhe die eigene Technik anzuwenden.

Fragen stellen

Wie bereits oben erwähnt, ist es enorm wichtig, Verständnisfragen zu stellen. Ebenso ist eine hilfreiche Verhandlungstechnik, *gesprächsleitende* Fragen zu stellen, nach dem Motto: »Wer fragt führt!« Gute Fragen können in einem Verhandlungsgespräch dazu führen, dass die Verhandlungspartner mehr preisgeben, als sie eigentlich wollten. Sie können dazu führen, dass die Verhandlungspartner unsicher werden und selbst ihre Argumente entkräftet bzw. diese als unhaltbar entlarvt werden.
Die wichtigste Technik bei Fragen ist die, dass offene W-Fragen gestellt werden. Offene Fragen ermöglichen, wie der Begriff nahelegt, Antworten in alle Richtungen. Sie geben dabei keine der möglichen Antworten vor, sondern überlassen dem Gegenüber die freie Auswahl. Geschlossene Fragen hingegen engen die Antwortmöglichkeit ein und dezimieren somit den möglichen, zusätzlichen Informationsgewinn der offenen Fragen. Die W-Frage bedeutet, dass die Frage mit einem Frage-Wort eingeleitet wird, welches mit dem Buchstaben »W« beginnt, wovon es sehr viele gibt. Die Fragen können dabei in die Breite gehen, d. h. für einen großen und breiten Informationsgewinn sorgen, sie können aber auch in die Tiefe gehen, d. h. in Details hinein fragen und sie können Unterschiede erfragen, d. h. Handlungsalternativen ergründen.

Beispiele für offene Fragen:

- »Was genau ist ihr Plan?«
- »Wie stellen Sie sich die Zeit nach den Gehaltskürzungen vor? Was soll wann geschehen?«
- »Was sind ihre genauen Argumente, die Stellenstreichungen zu begründen? Ich bitte sie, dass noch weiter auszuführen?«
- »Welche konkrete Strategie möchten Sie anwenden, um neue Märkte zu erschließen?«
- »Wer sollte ihrer Meinung nach genau gekündigt werden und in welchem Bereich?« »Mit welcher Begründung?«

Natürlich ist es denkbar, dass die Verhandlungspartner klare und eindeutige Antworten verweigern oder schlichtweg noch nicht kennen. Man sollte sich hier jedoch nicht beirren lassen und in Ruhe auf Antworten warten oder sie nach Einleitung einer Verhandlungsunterbrechung einfordern. Der Betriebsrat hat das Recht auf alle notwendigen Informationen und sollte hier nicht zu schnell beidrehen, es geht schließlich um etwas. Natürlich kann an dieser Stelle ins Spiel kommen, dass die Informationen zu viel, zu komplex oder zu kompliziert werden. Hier besteht die Möglichkeit der externen Beratung für den Betriebsrat durch die Gewerkschaften oder Sachverständige. Möglicherweise sind dies zeitgleich ein Druckmittel gegenüber dem Arbeitgeber.

Duftmarken setzen

Wie weiter oben bereits erwähnt, kann es sinnvoll sein, recht früh in Verhandlungen oder schon im Vorfeld ein klares Eröffnungsangebot zu platzieren. Hierdurch wird ein Rahmen vorgegeben, an dem sich die Gegenseite orientieren kann. Damit hat man einen kleinen psychologischen Vorteil errungen, der für die weitere Verhandlung richtungsweisend sein kann. Man steckt quasi das Revier, innerhalb dessen die Verhandlung stattfindet, ab und kommt damit den Verhandlungspartnern zuvor, was sich als Vorteil erweisen kann, denn man kann sich immer wieder auf das sicherlich wohldurchdachte Eröffnungsangebot beziehen. Es befindet schließlich im Raum.

Beweglich bleiben

Wie bereits oben erwähnt, ist es bei Verhandlungen wichtig, nicht durch absolute Härte überzeugen zu wollen, obwohl möglicherweise die eigenen Argumente entkräftet wurden und es Flexibilität in der Argumentation brauchen würde. Wie bereits erwähnt sind harte Verhandlungen um Interessen erfolgreicher als harte Verhandlungen um starre Positionen. Es kann der Zeitpunkt in Verhandlungen kommen, in dem man durch bloße Sturheit unglaubwürdig wird. Verhandelt man mit der Kompromissstrategie, so ist klar, dass es wichtig wird, ab einem gewissen Punkt aufeinander zuzugehen. Dabei erlangt nicht immer die Partei einen Nachteil, die zuerst einlenkt. Es kann ein moralischer Vorteil sein, den ersten Schritt zu einem Kompromiss einzugehen, diesen allerdings auch zu vermarkten, d. h. mit in die Argumentationslinie einzufügen, dass man diesen wichtigen ersten Schritt getan hat und nun die Gegenseite an der Reihe ist, ihrerseits ein Entgegenkommen zu zeigen.

Meta-Ebene beachten

Verhandlungen finden stets auf der inhaltlichen Ebene statt, also *was* verhandelt wird. Beobachtet und analysiert werden kann aber auch stets die sog. Meta-Ebene, die Art und Weise, *wie* verhandelt wird. Wenn z. B. auf Betriebsratsseite mehrere Kollegen an der Verhandlung beteiligt sind, so kann eine Rollenaufteilung unter den Beteiligten sein, dass sich ein Kollege auf die fachlich-inhaltliche Ebene konzentriert und ein anderer auf die Beobachtung der Verhandlung selbst. Hier kann beobachtet werden, mit welcher Strategie die Gegenseite arbeitet, welche Techniken sie verwendet und welche Auswirkungen dies auf die eigene Strategie haben kann. In Verhandlungspausen oder nach Verhandlungsunterbrechungen können die Beobachtungen analysiert und in die eigene weitere Verhandlungsstrategie überführt werden. Verhandlungen berühren immer den Bereich der Psychologie und werden nicht selten auf dieser Ebene gewonnen oder verloren. Aus diesem Grund ist es wichtig, sich nicht nur im Austausch fachlicher Argumente zu trainieren, sondern kontinuierlich auch die eigenen Reaktionen auf verhandlungspsychologische Aspekte zu trainieren.

Zusammenfassung der Verhandlungsstände

In Verhandlungen werden viele Informationen ausgetauscht, manchmal kann die Vielfalt der Informationen und der Argumentationen verwirren. Es ist deshalb wichtig, dass in regelmäßigen Abständen oder zu Zeitpunkten, an denen es aus taktischen Gründen sinnvoll ist, Zusammenfassungen formuliert werden. Auch hier kann es einen kleinen psychologischen Vorteil für denjenigen sein, der die Zusammenfassung zuerst anbietet. In der Zusammenfassung kann aufgezählt werden, was die derzeitig wichtigsten Forderungen der jeweiligen Seiten sind, wie eventuell bereits erzielte Kompromisse oder Einigungen lauten und was noch offen ist. Zusammenfassungen helfen auch dabei, Missverständnisse aufzuzeigen. Sie helfen aber auch eventuell genutzte faule Tricks zu entlarven, also Argumente oder Forderungen, die übergangen werden sollten oder auf irgendeine Art und Weise untergejubelt wurden. Zusammenfassungen sortieren und strukturieren die Verhandlung und demonstrieren Übersicht bei der Seite, die die Zusammenfassung anbietet. Zusammenfassungen können aber auch ein wichtiges Mittel sein aufzuzeigen, was noch nicht verhandelbar ist, da noch wichtige Informationen fehlen. Sie können eine weitere sehr wichtige Verhandlungstechnik einleiten, die bewusste Unterbrechung der Verhandlung.

5. Unterbrechungen von Verhandlungen

Verhandlungen bewusst und gezielt zu unterbrechen ist ein ebenso wichtiger Bestandteil von Verhandlungen wie alle bereits geschilderten Techniken oder Strategien. Eine Unterbrechung gibt Raum, die Argumentation, die Taktik und Strategie zu überdenken und sich neu auszurichten. Sie sollte von daher immer dann, wenn man das Gefühl hat, dass sie notwendig sei, genutzt werden, oder es aber offenkundig ist, weil z. B. festgestellt wird, dass wichtige Informationen fehlen.

Wann sollten Unterbrechungen genutzt werden?

- Wenn die Verhandlung ins Stocken gerät, weil sich die Argumente im Kreis drehen. Es braucht manchmal Abstand, um zu neuen Argumenten zu kommen oder die bereits vorgetragenen Argumente zu verstärken.
- Wenn in der Verhandlung plötzlich neue Zahlen und Daten vorgetragen wurden, zu denen es noch nicht die Zeit gab, sich damit in Ruhe auseinander zu setzen. Es sollte nie unter Zeitdruck verhandelt werden, auch wenn die Gegenseite dieses Mittel gerne einsetzt. Das korrekte Verstehen aller Informationen braucht Zeit, Ruhe und Konzentration.
- Wenn Beratungen mit externem Sachverstand notwendig geworden sind. Nicht alle Zahlenwerke der Firmenleitung erschließen sich sofort. Manchmal braucht es dazu fachkundige Unterstützung, die zwischen zwei Verhandlungsphasen eingeholt werden kann.
- Wenn festgestellt werden muss, dass die eigenen bisherigen Ziele nicht mehr haltbar sind und aufgrund veränderter Informationen oder Umstände überdacht werden müssen. Verhandlungen sind in der Regel keine linearen, also von vorne bis hinten planbare Ereignisse. Es kommen immer wieder Informationen auf, die Einfluss auf den Prozess und dessen Inhalte haben. Ebenso ist die Strategie des Verhandlungsgegners nicht immer vorhersehbar.
- Wenn es notwendig erscheint, sich mit den eigenen Kollegen zu besprechen, über Taktik, die Rollen, Inhalte oder Ziele. Dies sollte genutzt werden, wenn eine neue Abstimmung untereinander erfolgversprechender ist, oder, wenn festgestellt wird, dass man gegeneinander arbeitet, sich also widersprüchlich in der Argumentation gibt. Man sollte der Gegenseite keine Gelegenheit anbieten, sich als Verhandlungsteam spalten zu lassen. Sobald sich hierzu ein Gefühl der Unsicherheit oder der Störung ergibt, sollte dies unmittelbar geklärt werden.

Wie können Verhandlungsunterbrechungen eingeleitet werden?

- Wie bereits oben erwähnt, ist der erste Schritt die Zusammen-fassung des bisher Besprochenen. Danach erfolgt die Argumentation darüber, warum eine Unterbrechung für die eigene Seite wichtig geworden ist.

- Auf keinen Fall sollte man sich von der Gegenseite dazu überreden lassen, nicht in eine Unterbrechung zu gehen. Der Wunsch und die Einleitung einer Unterbrechung gehört zu den verhandlungspsychologischen Komponenten und sollte deshalb nicht die Hinführung zu einer kleinen Teilniederlage sein.
- Zur Not können sich die Verhandlungskollegen mit einem kurzen Rückzug, mit vorher vereinbarten Zeichen oder Codes oder aber dem Wunsch nach einer biologischen Pause auf die Einleitung der Unterbrechung vereinbaren. Aber auch hier sollte letztlich mit einer Stimme gesprochen werden.
- Es ist auch denkbar, dass man bei der Gegenseite widersprüchliche Argumentationen feststellt und man merkt, dass man sich deswegen nicht auf gemeinsam geteilte Ergebnisse verlassen kann. In diesem Fall kann man die Gegenseite höflich aber gezielt darum bitten, die eigenen Positionen oder Interessen abzustimmen und nochmal zu präsentieren.
- Eine Unterbrechung braucht keine Erlaubnis. Man sollte sich hier nicht klein machen. Schließlich geht es um etwas. Nicht nur um die Ergebnisse, sondern auch um den eigenen Verhandlungserfolg gegenüber dem Gremium und gegenüber der Belegschaft. Deshalb sollte Zeitdruck stets relativiert und Unterbrechungen bewusst und gezielt eingeleitet werden. Man braucht dazu keine Erlaubnis, sondern es wird verhandelt, wie lange die Unterbrechung dauern wird und zu welchem exakten Zeitpunkt und an welchem Ort weiterverhandelt wird.
- Allerdings ist eines zu beachten: Eine Unterbrechung schürt die Erwartung auf beiden Seiten danach, dass nach der Unterbrechung ein neuer Vorschlag auf den Tisch kommt und die Verhandlung weitergehen kann. Es kann also auch nützlich sein, in der Zwischenzeit Überlegungen dazu angestellt zu haben, was die eigene Reaktion sein wird, sollte die Gegenseite sich nicht weiterbewegt haben. Ebenso können in der Verhandlungspause erste Gedanken über eine möglicherweise weitere Eskalation gemacht werden. Dieses Szenario kann dann in Ruhe vorgetragen werden.
- Letztlich sind gezielt eingeleitete Unterbrechungen auch dazu gut, eventuell aufgetretene Verhandlungsfehler zu korrigieren, abzuwenden oder zu vermeiden.

6. Fehler bei Verhandlungen

Wie in allen Dingen im Leben, bei denen man aus Fehlern lernt, können wir dies auch in der Verhandlungsführung tun. Niemand ist mit perfekten Kompetenzen geboren und alle Menschen in Organisationen lernen in und aus ihren Rollen heraus. Es ist keine Schande Fehler zu machen, es wäre jedoch eine Schande, sie nicht zu nutzen, um besser zu werden. Von daher können und werden Fehler wahrscheinlich passieren. Der gleiche Fehler sollte jedoch kein zweites Mal geschehen. Um im Vorfeld schon auf einige sehr häufige Verhandlungsfehler hinzuweisen, folgt nun eine typische Auswahl.

Es gibt kein Verhandlungsziel

»Mal sehen, was passiert« ist kein Ziel. Diese Haltung kann für den Beginn von Verhandlungen nützlich sein, wo eventuell noch die Terrains abgesteckt werden und man Informationen über die Argumente und Strategie der anderen Seite erhalten möchte. Als insgesamte Strategie ist dieser Satz jedoch weniger hilfreich, weil er die eigene Position bzw. die dahinter liegenden Interessen zu weich gestaltet und es deswegen schwieriger wird Forderungen aufzustellen. Im Vorfeld einer Verhandlung sollten die Maximal- und die Minimalforderungen zu jedem einzelnen Verhandlungsthema definiert werden. Zwischen diesen beiden Forderungen entsteht der Verhandlungsspielraum, mit dem man im wahrsten Sinne des Wortes spielen kann. Die Minimalforderung wird in der Verhandlung nicht kommuniziert, mit der Maximalforderung kann eingestiegen werden. Danach folgt der Austausch der Argumente. Die Minimalforderung definiert die Linie, die als rote Linie angesehen werden kann, um entweder die Verhandlung zu unterbrechen und um ein anderes Angebot zu bitten oder aber um anzukündigen, dass die Ver-handlungen hier beendet sein werden und eine Eskalation eingeleitet wird, indem z. B. die Einigungsstelle angerufen wird, Aktionen gestartet werden oder vor Gericht gezogen wird. Die realistische Definition der Minimal- und Maximalziele sind unabdingbare Voraussetzungen für erfolgreiche Verhandlungen.

Es wird zu schnell eingelenkt

Verhandlungen haben Ähnlichkeit mit manchen Situationen, die man vielleicht vom Pokern her kennt. Manchmal wird geblufft, manchmal wird ein Pokerface aufgesetzt und es wird verhindert, sich gegenseitig in die Karten schauen zu können. Viele Drohszenarien der Arbeitgeberseite sind überzogen, sie sollen Angst und Schuldgefühle schüren. Die komplette Mitbestimmung wird in Frage gestellt oder verunglimpft und die Gewerkschaften seien ohnehin rote Tücher. Diese Argumente sind nicht neu und entstammen vielfach einer Welt der Vorurteile über die Mitbestimmung oder aber auch Unerfahrenheit im Umgang mit Mitbestimmung. Einschüchterungsversuche haben das Ziel, Betriebsräte zu schwächen, sie klein zu halten und in Verhandlungen schnell zu gewünschten eigenen Ergebnissen zu kommen. Aus diesem Grund sollte ein Einlenken bei Verhandlungen nur auf der Basis von nüchternen Zahlen und der daraus ableitbaren Möglichkeiten erfolgen, niemals aufgrund von Einschüchterungsversuchen. Deshalb ist Standhaftigkeit eine wichtige Haltung, denn sie kontert Einschüchterungsversuche aus und stützt die Konzentration auf die vorliegenden Daten. Mit der Zeit bekommt man ein Gefühl dafür, was die psychologische Seite der Einschüchterung ausmacht und wie man lernen kann *drüber zu stehen.*

Schlechte Vorbereitung und unzureichende Informationen

Verhandlungen sind keine Improvisationsbühne. Es geht um harte Fakten mit klaren Auswirkungen für die Belegschaft und den Betrieb. Sich im Vorfeld nicht ausreichend über die Fakten zu informieren, kann ein sehr großer Fehler sein. Zum einen werden die eigenen Argumente, die Strategie und Ziele ausgehebelt und zum anderen wird man als Verhandlungspartner unglaubwürdig und möglicherweise zum leichten Spielball. Es bedeutet Aufwand, sich im Vorfeld von Verhandlungen durch die vorgelegten Daten zu arbeiten, dennoch ist es wichtig. Eventuell kann auch hier, im Sinne einer Rollenverteilung zwischen zwei oder mehreren Kollegen des Gremiums, je nach Fachexpertise, die Vorbereitung aufgeteilt werden. In der Regel gibt es bereits Spezialisten im Gremium, deren Sachverstand genutzt werden kann. Führt man eine gute und erfolgreiche Verhandlung aufgrund eigener Kenntnisse über die Fakten, erkennt die Gegenseite, dass die Verhandlungen keine leichte Sache werden und man genießt automatisch Respekt als *harter* oder *unangenehmer* Verhandlungspartner. Genau das sollte das Ziel sein, durch gute, umfangreiche und gründliche Vorbereitung.

Der Ton wird lauter

Wie bereits weiter oben erwähnt, sind Verhandlungen psychologische Inszenierungen, bei denen alle Register der Verhandlungsführung gezogen werden können. Von Beleidigungen, Provokationen über Bluff bis hin zu gezielten, auch persönlichen Angriffen. Lässt man sich jedoch zu schnell und zu stark provozieren und zu Wutausbrüchen verleiten, wird, wie ebenfalls bereits erwähnt, die eigene Kompetenz dabei durch zu viel Adrenalin im Blut abgeschwächt und es fallen einem die eigenen guten

Argumente nicht mehr ein. Bei starken Emotionen wird der Zugang zu unserem Wissen und unserer Erfahrung im Gehirn abgeriegelt und es beginnt ein emotionaler Kampf, bei dem es letztlich nur noch um den Sieg geht, nicht mehr aber um den vernünftigen Austausch von guten Argumenten. Die Gefahr ist groß, das eigene Gesicht zu verlieren und massive Fehler zu begehen. Man hat sich nicht mehr im Griff und verliert den Respekt des Gegenübers. Als Verhandlungspartner ernst genommen zu werden ist jedoch essenziell, denn man kann letztendlich nur darüber eine Verhandlungsmacht aufbauen.
Es kann jedoch in besonderen Ausnahmefällen sinnvoll sein, über diese Regel hinwegzusehen und ganz bewusst Emotionen in die Verhandlung einzuführen. Starke Empörung, Erschütterung oder ein kontrollierter, bewusst gestalteter Wutausbruch können starke Mittel sein, um beim Gegenüber Verwirrung auszulösen und ihn wiederum aus dem Konzept zu bringen. Auch wenn dieses Mittel nicht jedem liegen mag, kann es kontrolliert eingesetzt seine Wirkung erzielen und Bewegung in die weitere Verhandlung bringen. Der Unterschied zur *echten* Emotion ist jedoch der, dass es sich hierbei um eine Inszenierung handelt, die bewusst als solche eingesetzt aber auch wieder verlassen werden kann.

Nicht auf die Argumentation der anderen Seite reagieren

Wie bereits oben dargestellt, ist Zuhören eine Kompetenz mit enormer Kraft. Zuhören, gute Fragen stellen und manchmal auch schweigen, um die Gegenseite zum Reden zu bringen. Wer zu viel redet, verplappert sich vielleicht auch mal und gibt mehr Preis als vorgesehen. Ebenso ist es wichtig, alle Argumente des Gegenübers zu verarbeiten. Kein Argument sollte im Raum stehen bleiben, ohne dass darauf reagiert wird. Hierzu gehört auch, dass gute und unwiderlegbare Argumente der Gegenseite anerkannt werden. Man muss sie ja nicht überschwänglich in den Himmel loben. Man macht sich allerdings selbst unglaubwürdig, nur mit Trotz und Sturheit zu verhandeln und kann durchaus auch in solchen Punkten fair bleiben. Die Argumente, die jedoch leicht zu widerlegen sind, sollten Schritt für Schritt entkräftet werden, damit die Gegenseite kein unrealistisches Bild des Verhandlungsverlaufs ableiten kann.

Sich klein machen

Vielleicht musste man sein bisheriges Berufsleben lang lernen, zu Autoritätspersonen *aufzuschauen*, schließlich gehört es zum Spiel in Unternehmen, das Meister, Werksleiter, Abteilungsleiter oder Geschäftsführer Respektspersonen sind, die mit dem Einsatz von struktureller Macht und der Androhung von Konsequenzen agieren. Plötzlich findet man sich nun in einer Rolle als BR-Vorsitz oder Verhandlungspartner mit diesen Leuten und soll schwierige Themen verhandeln. Dieser Rollen-wechsel ist nicht für alle einfach umzusetzen. An dieser Stelle kann eine mentale Vorbereitung auf die Rolle als Verhandlungsführender helfen. Man hat nämlich auch Macht. Das BetrVG regelt eindeutig die Rechte und Pflichten der Mitbestimmung. Man würde nicht am Verhandlungstisch sitzen, wenn dies nicht allein auch schon Macht bedeuten würde. Und letztlich braucht die Geschäftsleitung den Betriebsrat, weil ohne ihn kein Vorwärtskommen in mitbestimmungspflichtigen Feldern möglich ist. Genau diese Punkte sollte man sich im Vorfeld von Verhandlungen einprägen und sich in eine mentale Haltung bringen, die dies in Kraft und eine Würde des Amtes umwandelt. Es ist nicht nötig, sich aus alten Verhaltensmustern heraus klein zu machen. Vermeidet man dies, wird man sehr schnell merken, dass die Gegenseite beginnt, einen ernst zu nehmen, und dass man sich Schritt für Schritt zu einem ernstzunehmenden Gesprächspartner auf Augenhöhe entwickeln kann. Es beginnt allerdings im Kopf und kann letztlich durch bewusste Reflexion und Gespräche mit erfahrenen Kolleginnen und Kollegen trainiert werden.

Alleine verhandeln

Viele BR-Vorsitzende verhandeln aus Zeitgründen und letztlich aus Gewohnheit alleine. In kleineren Betrieben ist das vielleicht notwendig und angebracht. Je komplexer die Verhandlungsgegenstände jedoch werden, desto eher ergibt es Sinn, mindestens zu zweit oder mit einer Verhandlungsdelegation in Verhandlungen zu gehen. Man hat dadurch die Möglichkeit durch eine bewusste Rollenverteilung das gemeinsame Potential zu erhöhen. Wie bereits weiter oben dargestellt, kann eine Kollegin die Verhandlung inhaltlich führen und die zweite nimmt die Rolle der Beobachterin der Verhandlung, mit der Möglichkeit Impulse zur Verhandlungssteuerung einzubringen, ein. Ein weiterer wichtiger Punkt ist jedoch der, dass man dadurch, dass man zu zweit ist, stets eine Zeugin dabei hat. Es kommt nicht selten vor, das Verhandlungsergebnisse im Nachhinein, noch bevor sie protokolliert wurden, oder dann auch im Protokoll selbst, falsch wiedergegeben werden. Teils aus Unachtsamkeit, teils mit Strategie. Vier Ohren hören mehr als zwei. Dadurch wird es einfacher, diese Fehler aufzuspüren und in die Korrektur zu bringen. Ein weiterer wichtiger Punkt ist der, dass durch die Anwesenheit mehrerer Personen jegliche Art von Manipulation oder gar Korruption verhindert werden kann. Mitunter kann es eine Strategie der Gegenseite sein, mit einfachen Korruptionsangeboten oder -fallen zu arbeiten und den Vorsitzenden oder die Vorsitzende dadurch in Misskredit zu bringen oder abhängig zu machen. Hier reichen bereits sehr simple Tricks bzw. Fallen aus. Hat ein Vorsitzender oder eine Vorsitzende erstmal den Ruf, mit der Geschäftsleitung zu »kuscheln«, wird die komplette Mitbestimmung ausgehebelt und erleidet einen insgesamt schweren Schaden im Betrieb.

Das beste Argument kommt zu früh

Natürlich geht es bei Verhandlungen darum Druck aufzubauen, von Beginn an. Der Verhandlungspartner soll früh merken, dass es keine leichte Runde für ihn werden wird. Deshalb beginnt man mit sehr starken Argumenten oder Ansagen, aber noch nicht mit dem besten bzw. stärksten Argument. Erst wenn die Verhandlung fortgeschritten ist und die Gegenseite bereits erste Ermüdungserscheinungen zeigt, ist die Zeit reif, die stärksten Argumente zu bringen. Das bringt einen psychologischen Vorteil. Die Gegenseite ging bislang möglicherweise davon aus, dass alles auf dem Tisch liegt und ein für sie gutes Verhandlungsergebnis in Reichweite ist, und dann kommt nochmal ein *Hammer*. Allgemein wird in diesem Zusammenhang von der 2-3-1-Taktik gesprochen. Sie besagt, zuerst die zweitbeste Argumentation anzubieten, danach mit den drittbesten Argumenten dafür sorgen, dass die Gegenseite verhandlungsmüde wird. Zum Ende hin kommen dann die stärksten Argumente, um das Momentum auf die eigene Seite zu bringen. Sehr häufig zeigt sich, dass hierdurch die stärksten Kompromisse möglich sind oder aber wirklich ein stärkeres Durchsetzen bei Verhandlungen gelingen kann. Natürlich muss davon ausgegangen werden, dass auch der Verhandlungsgegner mit Taktik und Strategie verhandelt. Von daher gilt immer die Devise, zu beobachten, nicht nur was inhaltlich passiert, sondern auch die Meta-Ebene und daraufhin die eigene Strategie immer wieder neu nachzujustieren. So kann man Schritt für Schritt lernen und nach und nach feststellen, dass Verhandlungsführung irgendwie auch sportlich betrachtet werden kann; und somit auch, verbunden mit einem gewissen Ehrgeiz, Spaß machen kann.

Schlechter Stil

Aus der Kommunikationsforschung ist bekannt, dass Menschen im Gespräch mit anderen oder beim Zuhören von Vorträgen nur zu einem geringen Teil auf den Inhalt des Gespräches achten. Der größte Teil der Aufmerksamkeit konzentriert sich auf die Stimme, die Mimik und Gestik und auf die Körperhaltung des Gesprächspartners[3]. Dieser Prozess geschieht automatisch und kann nur durch bewusstes Zuhören mit hoher Konzentration abgefedert werden. Nicht ohne Grund gelingt es Schauspielern, die

3 Vgl. Kapitel IV.3.

in solchen Dingen trainiert sind, Texte auf einer Art und Weise zu präsentieren, die ergreifen und sich über längere Zeit im Hirn einbrennen können. Wir sollten bei Verhandlungen diesen Aspekt nicht vernachlässigen. Der Stil der Kommunikation, d. h. der Ton, das Auf-treten, die Sprache und die Kleidung spielen eine Rolle, ob man das mag oder nicht. Es ist zwar wichtig, nicht künstlich oder unecht zu wirken, jedoch sollte man die eigenen Chancen durch eine Missachtung einer gewissen Etikette nicht verschlechtern. Konkret heißt das zu beachten, wie ich mich bei wichtigen Verhandlungen anziehe. Die Kleidung und das Aussehen sollten beim Gegenüber nicht abstoßend wirken. Eine gewisse Empfängerorientierung kann Sinn machen. Ebenso kann man versuchen, die eigene Stimme und die Mimik und Gestik so zu gestalten, dass sie *wichtiger* wirkt als bspw. bei einem Gespräch mit einem Kollegen im Pausenraum. Man kann sich hierbei wie ein Schauspieler in die Rolle eines wichtigen Verhandlungsführers hineindenken und die Rolle *überstreifen*. Tagtäglich kann man dies bei Gesprächen wichtiger Menschen im Fernsehen in Talkshows oder auf Diskussions-Podien beobachten. Die meisten von ihnen, denen auch zugehört wird, beherrschen dieses Spiel. Es geht dabei nicht um anbiedern, das darf an dieser Stelle nicht verwechselt werden. Es geht darum, den psychologischen Aspekt, der hiermit verbunden ist, nicht zum eigenen Nachteil werden zu lassen. Denn wenn man dies in eine negative Richtung übertreibt, wird man vom Gegenüber weniger ernst genommen und dies erschwert die Verhandlung und die Aussicht auf Erfolg ungemein.

Verhandlungen werden nicht nachbereitet

Als letzter hier behandelter Fehler bei Verhandlungen schauen wir auf die große Chance aus in der Verhandlungsrunde gemachten Fehlern lernen zu können. Es ist eine gute Lernmöglichkeit, nach Verhandlungen in kleiner Runde die Verhandlung nach zu besprechen und offen und ehrlich zu analysieren, wo man selbst eventuell Fehler gemacht hat. Klar ist, dass eine Verhandlung nie nach einem vorgeschriebenen Drehbuch verläuft. Schließlich sind die Verhandlungspartner ebenso wie man selbst häufig trainiert und erfahren. Verhandlung bedeutet also auch viel Spontanität, manchmal schnelle Improvisation. Verhandlungen führen bedeutet gute inhaltliche Vorbereitung aber auch Intuition, das schnelle reagieren auch dem Bauch heraus. All dies bietet eine große Bandbreite, vieles richtig zu machen, aber auch für Fehler. Kluges und nachhaltiges Reflektieren bedeutet, die gröbsten Fehler anzuschauen und sie derart zu durchdenken, dass sie bei den nächsten Verhandlungsrunden nicht nochmal passieren können. Nur so kann aus Fehlern gelernt werden, auf gut Glück in den nächsten Runden sollte man hierbei nicht hoffen.

Beispiele für Fragen zur Selbstreflexion von Fehlern bei Verhandlungen:

- Wie kam es genau dazu, dass unser Gegenüber an einer bestimmten Stelle Oberwasser bekam?
- An welcher Stelle und warum war unsere Argumentationstaktik schwach?
- Wodurch oder womit habe ich uns in der Verhandlung selbst geschwächt?
- Wie kam es genau, dass ich an einer Stelle laut und beleidigend wurde?
- Was genau hat mich in dieser Situation getriggert?
- Wie möchte ich in der nächsten Verhandlung reagieren, wenn eine ähnliche Situation eintritt?
- Was würde ich allgemein bei einer nächsten Verhandlung so nicht mehr machen?
- Wie war unsere Rollenaufteilung? War sie zielführend oder haben wir uns an manchen Stellen gegenseitig gestört?
- Wie können wir die Rollenverteilung für die nächste Verhandlung optimieren?
- Wie und wodurch habe ich die Verhandlung durch mein Auftreten zu unseren Gunsten gestaltet? Wo habe ich uns eher geschadet?
- Was möchte ich mir in diesem Zusammenhang für die nächste Verhandlungsrunde konkret vornehmen?
- Hatte ich ein gutes Gefühl, was meine Vorbereitung auf die Verhandlung betrifft, oder war ich an manchen Stellen spürbar unsicher?
- Wie kann ich sicherstellen, bei der nächsten Runde gut vorbereitet zu sein?
- Welche sonstigen Gelegenheiten möchte ich nutzen, um meine Verhandlungskompetenz zu trainieren?

7. Fragen zur Vorbereitung auf Verhandlungen

Für eine gute Vorbereitung auf Verhandlungen kann es hilfreich sein, sich konkrete Fragen selbst zu stellen und diese gewissenhaft zu beantworten. Verhandlungen sollten nicht im Sinne des Versuchs und Irrtums geführt werden. Dafür sind sie zu wichtig. Die folgende Liste an Fragen kann bei der Vorbereitung helfen. Sicherlich kann die Liste noch durch weitere Fragen ergänzt werden. Vielleicht sind einige Fragen für die eigene aktuelle Situation und das anstehende Thema eher weniger relevant. Die Empfehlung an dieser Stelle ist jedoch aus den Fragen eine Art Checkliste zu gestalten, die im Vorfeld von Verhandlungen durchgearbeitet werden kann. Durch eine zunehmende Häufigkeit durch-geführter Verhandlungen kann die Liste sicherlich mehr und mehr in Routine übergehen.

Checkliste für die Durchführung von Verhandlungen:

1. Was sind unsere Haupt-Ziele für die anstehende Verhandlungsrunde?
   - auf der inhaltlichen Ebene für die Beschäftigen
   - auf der psychologischen Ebene der Zusammenarbeit mit dem Arbeitgeber
2. Was sind unsere konkreten inhaltlichen Ziele?
   - Welches ist das Minimal-Ziel, das wir erreichen wollen?
   - Was wäre ein realistisches Ziel für einen Kompromiss?
   - Was ist unser maximales Ziel?
   - Mit welchem Eröffnungsangebot starten wir?
   - Mit welcher konkreten Taktik gehen wir vor?
   - Wie ist die genaue Reihenfolge unserer Argumente?
3. Verhandeln wir mehrere Themen oder nur ein Thema?
4. Was genau verlangen wir von der Gegenseite?
5. An welcher Stelle könnten wir einen Kompromiss anbieten?
6. Wie ist unsere Rollenverteilung?
   - Wer von uns leitet die Verhandlung?
   - Wer macht Notizen, beobachtet die Taktik und Strategie des Gegenübers?
   - Wie verständigen wir uns bei Irritationen oder Störungen?
   - Brauchen wir geheime Zeichen?
   - Wer leitet eine Unterbrechung ein?
7. Wie gut kennen wir bereits die Argumente der Gegenseite?
   - Mit welchen Argumenten werden sie kommen?
   - Mit welchen Argumenten könnten wir auf welches der Gegenseite reagieren?
   - Was werden ihre Interessen sein?
   - Welche gemeinsamen Interessen könnte es geben?
   - Von welchem Ergebnis können beide Seiten profitieren?
   - Was ist unsere konkrete rote Linie?
8. Organisatorisches
   - Wie und wo wird die Verhandlung stattfinden (in Präsenz oder online)?
   - Wer lädt ein? In welchem Raum werden wir uns treffen?
   - Wer wird alles dabei sein?
   - Wie ist der Zeitrahmen?
   - Wie werden wir uns am Tisch verteilen?
   - Auf was im Raum möchten wir schauen können?
   - Was möchten wir eher im Rücken haben?
   - Wer soll die Verhandlung leiten, am besten der BR-Vorsitzende?
9. Sind wir gut genug vorbereitet?
   - Haben wir alle notwendigen Informationen erhalten? Was fehlt noch?
   - Haben wir alle Informationen gut verstanden?

   - Wie sicher können wir in die Verhandlung gehen?
   - Welche Fragen müssen noch geklärt werden?
   - Welche konkreten Fragen werden wir stellen, bevor wir eigentlich starten?

10. Nach der Verhandlung
    - Was werden wir konkret tun, sollten wir in der Verhandlung scheitern?
    - Mit wem müssen wir uns schnell besprechen?
    - Was werden wir der Belegschaft mitteilen?
    - Wie entgegnen wir Gerüchten?
    - Wie behalten wir die Kommunikationshoheit in der Belegschaft?
    - Wie wollen wir konkret bezüglich der Verhandlungsthemen weiter vorgehen?
    - Was besprechen wir wann auf unserer nächsten BR-Sitzung?

8. Zusammenfassende Tipps zur Durchführung von Verhandlungen

Zum Abschluss des Kapitels folgt nun eine stichwortartige Zusammenfassung zur Durchführung von Verhandlungen. Für eher Ungeübte kann diese Übersicht eine letzte Erinnerungsmöglichkeit vor einer Verhandlung sein, oder aber sie kann als Kopie mit bei den eigenen Unterlagen im Verhandlungsgespräch liegen, um ab und zu einen Blick darauf werfen zu können. Die Gegenseite muss die Liste ja nicht einsehen können.

Zusammenfassende Tipps zur Durchführung von Verhandlungen

- Ich muss mich **nicht klein** machen – Ich **habe** Verhandlungsmacht!
- Ich kann die Verhandlung auf **Augenhöhe** gestalten!
- Ich **steuere** das Gespräch und stelle viele **Fragen**!
- Ich kann jederzeit eine **Unterbrechung** der Verhandlung einleiten!
- Ich bleibe inhaltlich **beweglich** und kompromissbereit!
- Ich **fasse** regelmäßig das bisher besprochene **zusammen**!
- Ich bleibe **ruhig** und **gelassen**, auch bei persönlichen Angriffen!
- Ich verliere meine **vorher überlegten Ziele** nicht aus dem Blick!
- Ich trage zu einer **konstruktiven** Verhandlungs-Atmosphäre bei!
- Verhandeln bedeutet **Interessen** aushandeln – nicht kämpfen!

VII. Wie Menschen lernen

Wir haben in den vorangegangenen Kapiteln viele Inhalte aus der Themenwelt der sozialen Kompetenzen betrachtet. Einige der Themen kamen beim Lesen vielleicht bekannt vor, einige waren vielleicht neu. Die zu diesem letzten Kapitel des vorliegenden Buches abzuleitenden Fragen wären: Was aus meinen Erkenntnissen der Texte möchte ich gerne behalten bzw. umsetzen? Wie kann man neue Verhaltens- oder Denkweisen trainieren? Wie kann man am besten dazulernen?
Auch hier kann uns die Hirnforschung wiederum gute Dienste erweisen. Sie bietet Erkenntnisse darüber, wie wir Wissen und Handeln lernen bzw. abspeichern können, also in neue Gedanken oder Verhaltensmuster überführen können.

1. Informationsaufnahme des Gehirns

Unser Gehirn ist grundsätzlich darauf ausgerichtet zu lernen. Ein Leben lang. Eigentlich lernen wir andauernd. Der Grund dafür ist, dass unser Gehirn uns schützen möchte, vor Gefahr, vor Krankheit oder anderen für uns Menschen bedrohliche äußere Einflüsse. Von daher bekommen wir häufig gar nicht mit, was wir genau lernen, denn unser Gehirn übernimmt das für uns und entscheidet, wie Informationen in unser Gehirn gelangen, dort verarbeitet und abgespeichert werden.
Grundsätzlich kennt unser Gehirn drei Arten von Speicher, das Langzeitgedächtnis, das Kurzzeitgedächtnis und das Ultrakurzgedächtnis. Wie welche Information wohin gelangt und dort bleibt, hängt davon ab, mit welchen Sinneskanälen wir sie aufnehmen und wie viele unterschiedliche Sinneskanäle beteiligt sind. Jeder von uns kann mühelos nachempfinden, dass viele Dinge, die wir in der Schule lernen mussten, nach kurzer Zeit wieder vergessen wurden, weil wir sie nur mit unserem Kurzzeitgedächtnis erlernt haben. In der Regel befanden wir uns in einem Modus des teil-

nahmslosen Lernens, ohne Motivation und ohne überhaupt einen Sinn darin zu erkennen, gerade diesen speziellen Inhalt nun zu lernen. Für unser Gehirn denkbar ungünstige Bedingungen, um nachhaltig zu lernen. Aus diesem Grund hat der Lernstoff gerade mal bis zur nächsten Prüfung überlebt und wurde danach wieder vergessen. Für unser Gehirn ein normaler und auch notwendiger Vorgang, denn zu viele Informationen überlasten unser Gehirn. Haben wir aber nachmittags, nach der Schule beispielsweise, an unserem Mofa herumgeschraubt und es hat uns jemand gezeigt, wie man eine neue Antriebskette einbaut, wissen wir das meistens heute noch. Und das nicht nur, weil wir es möglicherweise danach öfter wiederholt haben. Nein, auch deswegen, weil dieser Lernvorgang mit viel mehr Sinnen vonstattenging, die es allesamt unserem Gehirn erleichtert haben zu lernen. Da waren die Hände, die das Material, dessen Beschaffenheit, Temperatur, dessen Oberfläche (dreckig, ölig, u. ä.) und Gewicht gespürt und ertastet haben. Wir haben sehr ausgeprägte Sinneskanäle in unserem Körper, die von den Fingerspitzen unmittelbar zum Gehirn führen. Was wir also mit den Händen tun, wirkt im Gehirn anders als etwas, das wir lediglich über unsere Ohren aufnehmen. Hätte uns jemand nur erklärt, wie man die Kette wechselt, ohne dass wir es selbst hätten tun können, wüssten wir es nach kurzer Zeit möglicherweise ebenfalls nicht mehr. Aber es sind noch mehr Sinne beim Wechsel, beim aktiven Schrauben an der Kette eines Mofas beteiligt. Der Geruchssinn z. B., wie riecht ein Mofa, wie das Öl, das Werkzeug, wie der Raum, die Garage, die Werkstatt, in der die Arbeit stattfindet? Auch Gerüche werden mitabgespeichert, wenn wir etwas tun. Wir können uns bei vielen markanten Situationen auch an Gerüche erinnern. Dann weiter: Wie ist die Temperatur um uns herum, ist es kalt, warm? Wie ist das Wetter, trocken, nass? Schwitzen wir? Dann: Wie ist unser Gefühl zu dieser Tätigkeit? Sind wir konzentriert, vorsichtig, stolz? Freuen wir uns über jeden geglückten Arbeitsschritt? Und letztlich, wie ist das Gefühl, wenn wir nach erfolgreicher Arbeit mit dem reparierten Mofa wieder durch die Gegend fahren können? Es gibt sogar noch mehr Sinneskanäle, die an Aktivitäten beteiligt sein können, wir belassen es aber an dieser Stelle bei den eben genannten. Forschungen zum Thema Lernen besagen, dass die Wahrscheinlichkeit des Behaltens von Lerninhalten sehr stark davon abhängt, welche Sinne beim Lernen *wach* sind.

Informationsaufnahme und Wahrscheinlichkeit des Behaltens

selbst machen	90 %
nacherzählen/erklären	70 %
hören + sehen	50 %
sehen	30 %
hören	20 %

Anhand dieser Zahlen ist klar zu sehen, dass aktives Tun wesentlich effektiver für nachhaltiges Lernen ist, als bloßes sehen oder hören. Je mehr Sinneskanäle bei der Informationsaufnahme gleichzeitig ange-sprochen werden, desto eher werden die Informationen im Gehirn abgespeichert und umso besser können sie wieder abgerufen werden.
Für die Arbeit in und mit Gruppen, in der Rolle als Vorsitz oder neues Mitglied im Gremium oder Ausschuss bedeutet dies, dass das Hineinwachsen in die Rolle, oder das inhaltliche Lernen der notwendigen Gesetze u. ä. am allerbesten durch aktives Tun funktioniert, sowie durch das Erzählen dessen, was man getan hat, tun möchte, plant oder die gedankliche Reflexion einer Tätigkeit. Es ist also enorm wichtig, aktive Beteiligung aller zu organisieren und zu ermöglichen, damit alle ins Tun kommen und dabei lernen können. Das kann, wie bereits erwähnt, niedrigschwellig beginnen und sich dann im Schwierigkeitsgrad oder der Komplexität steigern. Es muss das Gefühl erzeugt werden, dass man durch Tun lernt und das dies ein Erfolgserlebnis sein kann. Erzeugt man jedoch das Gefühl einer permanenten inhaltlichen Überforderung, verhalten sich einige der Beteiligten wie früher in der Schule. Sie kommen, setzen sich dazu, bleiben aber teilnahmslos und passiv.

Wichtige Hinweise für ein individuelles Lernen:

- Ausprobieren (lassen) ist nachhaltiges Lernen.
- Fehler dürfen dabei passieren, denn durch sie lernt das Gehirn zusätzlich.
- Freiräume schaffen für die Mitglieder des Gremiums, um sich und die Themen ausprobieren zu können.
- Beiträge klar definieren und dann allerdings auch darauf bestehen.
- Jeder Betriebsratsvorsitzende hat klein angefangen und ist Schritt für Schritt professioneller geworden.
- Alle interaktiven Lernformen, die viele Sinne ansprechen, wie bspw. Seminare, erhöhen die Möglichkeit des nachhaltigen Lernens, gerade bei schwierigen Themen.
- Gleiches kann aber auch für Arbeitsgruppen im Gremium, interne Klausuren oder Workshops innerhalb des Gremiums gelten.

2. Lernen und Vergessen

Hier schließt sich die Frage an, wie wir lernen können, ohne wieder zu vergessen, oder aber die Frage, warum wir dennoch wieder vergessen?
Je häufiger wir Gelerntes anwenden, um so sicherer ist es, dass wir dies im wahrsten Sinne des Wortes verinnerlichen. Wenn wir Gelerntes nicht in die Anwendung bringen (können), ist die Wahrscheinlichkeit hoch, dass wir das Gelernte wieder vergessen. Unser Gehirn hat deswegen die drei oben genannten Speicherbereiche entwickelt, damit es (und damit wir) von der Fülle der Reize, die jeden Tag auf uns einströmen, nicht überfordert wird. Manche Informationen sind nach kurzer Zeit wieder vergessen, wenn wir diese nicht aktiv aufnehmen und verarbeiten, da es sonst zu einer Überflutung von Informationen kommen würde. Für die Arbeit im Gremium ist demnach wichtig, neben dem, dass die Mitglieder lernen können und auch sollen, das Gelernte in Anwendung zu bringen, was oft nicht leicht ist.

Hinweise zum Lernen im Gremium:
- Betriebsräte kommen häufig hochmotiviert aus Weiterbildungen und Seminaren, haben aber vorher nicht geklärt, wie sie ihr neues Wissen aktiv einbringen können.
- Manchmal stören sie die Abläufe des Gremiums oder die Routine des Betriebsratsvorsitzenden dadurch.
- Oft werden die Betriebsräte dann gebremst und auf den Boden der Tatsachen zurückgeholt.
- Dies kann dazu führen, dass sie ihr neues Wissen nicht anwenden können und es deshalb nach relativ kurzer Zeit wieder verpufft.

Tipps für ein gemeinsames Lernen im gesamten Gremium:
- Eine gemeinsame Grundlagenbildung ist unabdingbar, alle brauchen das gleiche Basiswissen über die rechtlichen Grundlagen der Mitbestimmung.
- Eine gezielte, gemeinsam abgestimmte Weiter-Bildungsplanung ist sinnvoll, ebenso eine Planung von Ausbau-Wissen.
- Bevor Mitglieder in eine Weiterbildung gehen, kann sehr hilfreich sein zu klären, wie das neue Wissen konkret in das Gremium eingebracht werden kann.
- Ein kleiner Arbeitsauftrag, wie zum Beispiel eine kleine Präsentation der groben Inhalte des besuchten Seminars in einer der ersten Sitzungen danach, gibt dem Gremium eine Übersicht und vertieft gleichzeitig das Wissen des präsentierenden Kollegen.

- Eine klare Einbindung des neuen Wissens in die Abläufe der Arbeit des Gremiums, gibt Raum für die Anwendung und somit die Verfestigung.
- Durch diese Vorgehensweise wird die Kompetenz Einzelner und somit die des gesamten Gremiums nachhaltig erhöht.
- Die Motivation Einzelner steigt, weil sie einen Platz, eine Bedeutung und damit Relevanz für die Arbeit in und mit dem Gremium erlangen.

Literatur

Baschab, F.: Mobbing: Auch im Betriebsrat ein Thema. In: AiB 1/2025

Baschab, F.: 7 Fragen zur Führung eines Gremiums. In: Betriebsrat und Mitbestimmung, 9/2024

Baschab, F.: Führen, ohne zu herrschen. In: AiB 2/2024

Baschab, F.: Bedingungen für selbsttragende Kooperation in Gruppen – Intra- und Interpersonelle Faktoren für eine Selbststeuerung in sozialen Systemen. (Diss.). Zugänglich in Universitätsbibliotheken. 2023

Baschab, F.: Mediation: Unter welchen Bedingungen die Methode Erfolg hat. In: Frankfurt in Takt. Magazin der Hochschule für Musik und Darstellende Kunst. Frankfurt am Main. 2021-2, S. 36 – 37

Baschab, F.; Kaiser, J.: Betriebsratsvorsitzende: Führen und Leiten in demokratisch gewählten Gremien. In: Irene Schulz (Hg.): Industrie im Wandel – Bildungsarbeit in Bewegung. Praxishandbuch. 1. Aufl. Frankfurt am Main: Bund-Verlag, 2019

Baschab, F.: Maximal oder optimal. Der konstruktive Umgang mit Aggressionen im Geschäftsleben. In: Macher. Das regionale Wirtschaftsmagazin. Ausgabe 7. Jahrgang 2/2006

Baschab, F.: Betriebsratsführung: 5 Fallstricke vermeiden. In: AiB 2/2024

Bauer, J.: Prinzip Menschlichkeit. Warum wir von Natur aus kooperieren. 6. Aufl., aktualisierte Taschenbucherstausg. Hamburg: Hoffmann und Campe, 2008

Csikszentmihalyi, M.; Stopfel, U.: Flow im Beruf. Das Geheimnis des Glücks am Arbeitsplatz. Stuttgart: Klett-Cotta, 2004

Eidenschink, K.: Die Kunst des Konflikts. Heidelberg, 2024

Edding, C.; Schattenhofer, K. (Hg.): Handbuch Alles über Gruppen. Theorie, Anwendung, Praxis. Weinheim, Basel: Beltz, 2009

Endreß, M.: Vertrauen. Transcript-Verlag, 2002

Esser, A./Wolmerath, M.: Mobbing und psychische Gewalt. Der Ratgeber für Betroffene und ihre Interessenvertretung, Bund-Verlag, 2015

Fisher, R./William U./Patton, B.: Das Harvard-Konzept. Campus, 1991

Geisbauer, W.: Führen mit Neuer Autorität. Stärke entwickeln für sich und das Team. 1. Aufl. Heidelberg: Carl-Auer Verlag, 2018

Geisbauer, W.: Reteaming und Neuer Autorität. Lösungsorientiert in eine neue Arbeitswelt. 1. Aufl. Heidelberg: Carl-Auer Verlag, 2023

Gührs, M./Nowak, C.: Das konstruktive Gespräch. Limmer-Verlag, 2002

Löhmer, C.; Standhart, R.: Themenzentrierte Interaktion. Die Kunst, sich selbst und eine Gruppe zu leiten. 2. Aufl. Mannheim: PAL Verlagsgesellschaft, 1994

Malik, F.: Führen Leisten Leben. Wirksames Management für eine neue Welt. Durgesehene und erweiterte Neuausgabe. Frankfurt: Campus Verlag, 2019

Maturana, H. R.; Radatz, S. (Hg.): Evolutionäres Management. Antworten auf die Management- und Führungsherausforderungen im 21. Jahrhundert. 1. Aufl. Wien: Verl. Systemisches Management, 2003

McClelland, D. C.: Human motivation. Cambridge [England], New York: Cambridge University Press, 1987

Peters, Th.; Ghadiri, A.: Neuroleadership – Grundlagen, Konzepte, Beispiele. Erkenntnisse der Neurowissenschaften für die Mitarbeiterführung. 2. Aufl. Wiesbaden: Springer Gabler, 2013

Pondy, L. R.: Organizational Conflict: Concepts and Models. Administrative Science Quarterly, 12/1967

Watzlawick, P.; Bavelas, J. B.; Jackson, D. D.: Menschliche Kommunikation. Formen, Störungen, Paradoxien. Nachdr. der 8. unveränd. Aufl. Bern: Huber, 1993

Portner, P.: Besser verhandeln. Gabal, 2015

Rehbock, A./Helms, H.: Tipps für Betriebsrats- und Ausschussvorsitzende. 4., aktualisierte und neu überarbeitete Aufl. Bund-Verlag, 2022

Richter, T./Groth, T.: Wirksam führen mit Systemtheorie. Kernideen für die Praxis. Carl-Auer, 2023

Riemann, F.: Grundformen der Angst. Eine tiefenpsychologische Studie. 36. Aufl. München [u. a.]: Reinhardt, 2003

Rosenthal, R./Jacobson, L.: Teachers' Expectancies: Determinants of Pupils' IQ Gains. Psychological Reports. 19 /1966, S. 115-118.

Rosenberg, M. B.: Gewaltfreie Kommunikation. Aufrichtig und einfühlsam miteinander sprechen, 2001

Scharmer, Otto C.: Essentials der Theorie U. Grundprinzipien und Anwendungen, Heidelberg, 2019

Schmidt, G.: Liebesaffären zwischen Problem und Lösung. Hypnosystemisches Arbeiten in schwierigen Kontexten. 6. Aufl. Heidelberg: Carl-Auer-Verlag, 2010

Schmidt, G.: Einführung in die hypnosystemische Therapie und Beratung. 8. Auflage. Heidelberg: Carl-Auer, (Carl-Auer-Compact), 2016

Schwartau, B.: Betriebsratsarbeit gut organisiert. Bund-Verlag, 2019

Simon, F. B.: Einführung in die systemische Organisationstheorie. 1. Aufl. Heidelberg: Auer (Carl-Auer Compact), 2007a

Simon, F. B.: Einführung in Systemtheorie und Konstruktivismus. 2. Aufl. Heidelberg (Carl-Auer Compact), 2007b

Simon, F. B.: Einführung in die Systemtheorie des Konflikts. 1. Aufl. Heidelberg: Auer (Carl-Auer Compact), 2010

Sprenger, R. K.: Magie des Konflikts. Warum ihn jeder braucht und wie er uns weiterbringt. Pantheon Verlag München, 2022

Storch, M.: Embodied communication. Kommunikation beginnt im Körper, nicht im Kopf. 1. Aufl. Bern: Huber (Verlag Hans Huber, Sachbuch Psychologie), 2014

Wyrwa, H.: Konfliktsystem Mobbing. Carl-Auer-Verlag, 2012

Internet-Quellen:

Schmidt, G.: Milton-Erickson-Institut Heidelberg, *www.meihei.de*

Gallup-Institut: *www.gallup.com*

Schmid, B./Messmer, A.: Vier Dimensionen eines Verantwortungssystems. *https://www.isb-w.eu/campus/en/modell/Vier-Dimensionen-eines-Verantwortungssystems-2004MX1782D*

Podcasts:

Baschab, F.: Podcast AiB Audio. Strategien beim Umgang mit schwierigen Kollegen. *https://www.bund-verlag.de/aib-podcast.* 06/2024

Baschab, F.: Podcast AiB Audio. Wie führt man als BR-Vorsitzender ohne Chef zu sein. *https://www.bund-verlag.de/aib-podcast.* 01/2024

Sonstige:

Mobbing wirkungsvoll begegnen – ein Ratgeber der IG Metall. Arbeitshilfe 16. IG Metall Vorstand, 2017.

Stichwortverzeichnis